Ich und die Gleichaltrigen
Seite 5

6 Mit sich selbst zurechtkommen
6 Wenn die Gefühle Achterbahn fahren
7 So lerne ich, meine Gefühle auszudrücken
8 Die fünf „Wut-Faktoren"
10 Emotionen kontrollieren
12 Veränderungen in der Pubertät
14 Sich selbst wahrnehmen
15 Selbstbewusstsein, Optimismus und Pessimismus
16 Kritik geben, Kritik akzeptieren
18 Mit Gleichaltrigen gut zurechtkommen
18 Freunde sind wichtig
20 Die Jugend von heute
21 Wer bin ich und wohin will ich?
22 Ich und die anderen
24 Ich will dazugehören
26 Carolin Schneider: Neue Freunde
28 Lernen, „Nein" zu sagen
29 Der Ton macht die Musik
30 Wenn sich zwei streiten …
33 Wie entscheidet man sich richtig?
34 Hans-Martin Große-Oetringhaus: Faustrecht
36 Einzelgänger und Außenseiter
37 Was ist eigentlich Mobbing?
40 Das kann und weiß ich jetzt …

Sich für andere einsetzen
Seite 41

42 Ich setze mich für andere ein
43 Möglichkeiten und Grenzen von Hilfeleistungen
44 Bedürftigkeit in der Familie:
Monika Feth: Die blauen und die grauen Tage
46 Menschen als Vorbilder
50 Soziales Engagement in Vereinen
51 Freiwillig anderen helfen – ein ganzes Jahr!
53 An unserer Schule – Wir helfen uns gegenseitig
54 Organisation und Durchführung eines sozialen Projektes
56 Das kann und weiß ich jetzt …

Den Wert der Natur erkennen
Seite 57

58 Wir Menschen und die Natur
59 Persönlicher Umgang mit der Natur
60 Wie Menschen die Natur sehen
62 Clemens Arvay: Mein Freund, der Baum
63 Natur als unsere Lebensgrundlage
64 Bionik – die Natur als Lehrmeister der Technik
65 Was fühlen Tiere?
66 Unser Umgang mit der Natur und seine Folgen
67 Ein Tag in Toms Leben
68 Massentierhaltung
69 Tierversuche
70 Ziele von Naturschutz
71 Der Ruf nach Wildnis macht Förster wild
72 Aktiver Schutz von Natur und Umwelt
74 Das kann und weiß ich jetzt …

Mensch und Natur in den Religionen und Weltanschauungen
Seite 75

76 Der Mensch und die Natur
77 Klimawandel
78 Wie sich der Mensch die Welt vorstellt …
79 Eine Reise um die Welt
80 Indien
81 Hinduismus
83 Die Kloster-Kids in Laos
84 Buddhismus
85 Israel – Ursprung des Judentums und Christentums
87 Saudi-Arabien – Ursprung des Islam
89 Speisevorschriften im Judentum und Christentum
91 Lucy ist Veganerin
92 Das kann und weiß ich jetzt …

1 Ich und die Gleichaltrigen

Mit sich selbst zurechtkommen

> Pubertät* ist, wenn die Eltern anfangen, komisch zu werden.

Wenn die Gefühle Achterbahn fahren

Sicher hast du es selbst auch schon erlebt: Mal bist du super gut drauf und dann – scheinbar ohne Grund – völlig deprimiert. Diese **Stimmungsschwankungen** nerven, vor allem, weil
5 sie so unberechenbar sind und viele nicht wissen, wo sie herkommen.

Während der **Pubertät** – also etwa zwischen 11 und 17 Jahren – stellt sich der **Hormonhaushalt** in deinem Körper völlig um.
10 Diese Umstellung bewirkt, dass du dich nach und nach vom Mädchen zur Frau entwickelst bzw. vom Jungen zum Mann. Aber die Veränderungen in deinem Hormonhaushalt haben auch Einfluss auf dein Gefühlsleben. So kommt es da-
15 zu, dass du eben noch total gut drauf bist und im nächsten Moment total niedergeschlagen.

Dazu kommt noch, dass du dich nicht nur körperlich, sondern auch seelisch zu einem Erwachsenen entwickelst.
20 Du wirst selbstständiger, löst dich langsam vom Einfluss deiner Eltern und gehst erste Liebesbeziehungen ein. All das läuft meistens nicht ohne Stress ab. Da passiert es schon mal, dass du dich überfordert fühlst und zwischen guter

Laune, Albernheit, Traurigkeit, Ärger oder Ver- 25 zweiflung hin und her schwankst.

Neue Fragen und Wünsche tauchen in vielen Jungen und Mädchen auf. Zum Beispiel: „Warum bin ich ausgerechnet in diese Familie geboren worden?", oder „Wozu lebe ich eigent- 30 lich?" Das Gefühl, von niemandem richtig verstanden zu werden, lässt einen in dieser Zeit manchmal verzweifeln. Und dann gibt es da noch das Problem, sich im eigenen Körper nicht besonders wohlzufühlen. All das kennen vie- 35 le Jugendliche – Jungs genauso wie Mädchen. Das ist zwar kein Trost, macht aber klar, dass du nicht allein damit bist. Dieser Teil der Pubertät ist zwar anstrengend, aber normal und sogar wichtig. Es dauert eben, bis du mit all diesen 40 Dingen umzugehen lernst.

Die gute Nachricht: Das bleibt nicht so! Nach etwa ein bis zwei Jahren nach Beginn der Pubertät sind die hormonellen Vorgänge in deinem Körper weitgehend abgeschlossen. Dann 45 fühlst du dich wieder wohler und die extremen Stimmungsschwankungen lassen nach.

Nach www.bravo.de

Begriffsklärung:

Pubertät (auch Adoleszenz): Während der Pubertät (lateinisch „pubertas" = „Geschlechtsreife") entwickeln sich Jugendliche über einige Jahre hinweg zu Erwachsenen. Dabei durchleben sie physisch (körperlich) und psychisch (geistig) starke Veränderungen.

---

1 *Betrachte die Bilder auf Seite 5. Beschreibe, was die Jugendlichen auf den Bildern denken bzw. fühlen. Warst du schon einmal in einer ähnlichen Situation?*

2 *Fasse gemeinsam mit deiner Banknachbarin/deinem Banknachbarn aus dem Text zusammen: Was passiert in der Pubertät? Welche Probleme können in der Pubertät auftreten?*

3 *Besprecht zu zweit oder in der Klasse, wie ihr mit der Pubertät zurechtkommt.*

So lerne ich, meine Gefühle auszudrücken

1 *Versuche, innerhalb von 60 Sekunden so viele Gefühle wie möglich in dein Heft zu notieren. Bemühe dich, Adjektive zu verwenden.*

2 *Entwirf jetzt eine Tabelle und ordne die notierten Gefühle drei verschiedenen Emotionen zu. Zum Beispiel:*

glücklich   gelangweilt   verärgert

3 *Erstelle dein persönliches Gefühlstagebuch. Führe das Tagebuch an mindestens zwei aufeinanderfolgenden Tagen. Trage dabei immer die Uhrzeit und deine aktuelle Gefühlslage ein. Wenn du möchtest, kannst du auch einen Grund für deine momentane Gefühlslage angeben. Das kann dir später bei der Auswertung helfen, dich zu erinnern und herauszufinden, warum du manchmal besser und manchmal schlechter drauf bist.*

Uhrzeit	Gefühlslage/Stimmungsbarometer	Grund (optional)
07:15	(Skala 0–10, bei 7 markiert)	schlecht geschlafen
08:00	(Skala 0–10, bei 3 markiert)	Freunde in der Schule treffen
11:40	(Skala 0–10, bei 5 markiert)	keine Ahnung
14:10	(Skala 0–10, bei 1 markiert)	Fußball spielen
16:30	(Skala 0–10, bei 7 markiert)	Lernen
17:50	(Skala 0–10, bei 9 markiert)	Stress mit Eltern
19:20	(Skala 0–10, bei 3 markiert)	mit Lara telefoniert
...		

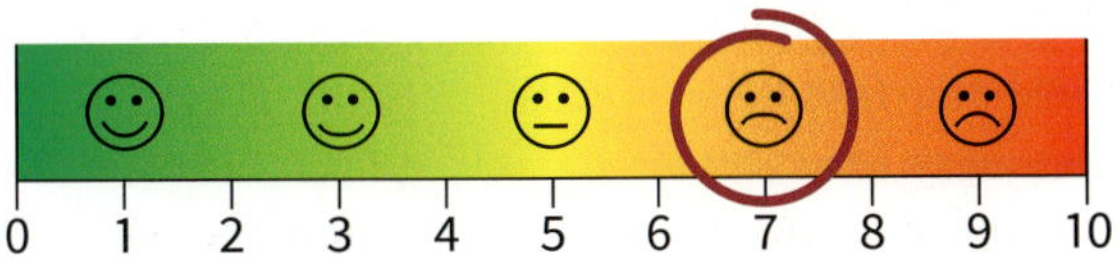

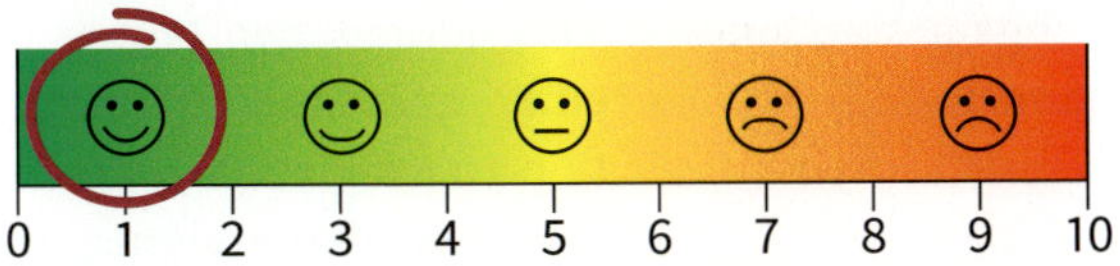

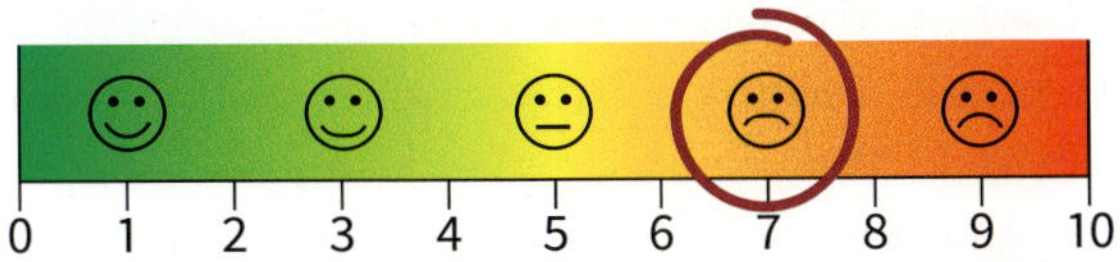

Die fünf „Wut-Faktoren"

Der letzte Tropfen, der das Fass zum Überlaufen bringt, ist dir sicherlich bekannt. Wenn ein Wort, eine Geste oder auch nur ein Blick ausreicht, um innerlich in Wallung zu geraten. [...]
5 Und schwupp rutscht es dir raus: ein Wort, ein Satz, ein ganzer Schwall an Inhalten, die besser ungesagt geblieben wären. Doch zu spät, denn ein Wort ist wie ein Blatt, das vom Baum fällt. Es fliegt nie wieder hinauf. [...]
10 Doch wieso passiert es manchen Menschen immer wieder, dass sie von ihren Emotionen überrollt werden und regelmäßig überreagieren? Es gibt verschiedene Faktoren, die dazu führen, dass Menschen übersteigert emotional
15 reagieren. [...]

1. Zu lange unerwünschte Zustände erdulden und nicht ansprechen
Aus einem sehr starken Herzensbedürfnis heraus erdulden manche Menschen unerwünschtes
20 Verhalten anderer viel zu lange, ohne es anzusprechen. Dadurch stauen sich negative Emotionen über einen längeren Zeitraum an und entladen sich dann vollkommen unerwartet und oftmals auch übersteigert wie ein Gewitter in
25 einer belastenden Situation. So passiert es dann häufig, dass eine Kleinigkeit das Maß vollmacht und die angestauten Emotionen gesammelt herausplatzen. Meistens sagt der Betroffene dann Dinge, die der Situation nicht angemessen sind
30 und den Bogen absolut überspannen. [...]

2. Nicht zuhören
[...] Wir [hören] oftmals nur das [...], was wir hören WOLLEN [...]. Dadurch entstehen natürlich auf lange Sicht unheimlich viele Missver-
35 ständnisse, die ebenfalls Frustration bei allen Beteiligten hervorrufen. Einem Menschen wirklich aufmerksam zuzuhören, ist eine Meisterdisziplin und diese Fähigkeit erfordert ein gewisses Maß an Menschenliebe und Achtsamkeit. [...]

40 **3. Unklare Kommunikation**
Die Worte, die wir wählen, haben maßgeblichen Einfluss auf unsere Wahrnehmung und Beur-

teilung und daher Auswirkungen auf andere. Menschen, die zu wenig und zu unpräzise kommunizieren, verursachen sehr viele Probleme. 45 Zwischenmenschlich wie auch fachlich. [...] So einfach es auch zu sein scheint, so schwierig ist dies offensichtlich in der Umsetzung, sich klar, präzise und wohlwollend auszudrücken. Die durch eine unklare Kommunikation verursach- 50 ten Probleme führen sehr oft ebenfalls zu Überreaktionen bei den Beteiligten, weil man sich auf Dauer unverstanden und sogar in seinen Bedürfnissen ignoriert fühlt. Wann immer du etwas sagst, sei dir der Bedeutung deiner Worte 55 immer bewusst und wähle sie bewusst.

4. Zu hohe Erwartungen
Menschen, die sich selbst und anderen immer wieder Höchstleistungen abverlangen, neigen dazu, permanent enttäuscht zu werden und ihr 60 Umfeld genau dies spüren zu lassen. [...] Setz dich nicht unnötig täglich unter Stress, indem du dir zu viel vornimmst. Überlege dir lieber, was tatsächlich dringend und wichtig ist und schreib die wichtigsten drei bis fünf Punkte auf, 65 die du schaffen möchtest. Alles, was du dann noch erledigen kannst, fühlt sich wie ein zusätzlicher Erfolg an.

5. Identifikation mit der Situation
Vielen Menschen fällt es unheimlich schwer, in 70 einer emotionalen Situation Person von Funktion zu trennen. Sie identifizieren sich sehr mit dem aktuellen Ereignis, dem sie sich als Person komplett ausgeliefert fühlen. Und genau das stresst unheimlich. Bei den meisten Konflikten 75 dreht es sich jedoch um bestimmte Verhaltensweisen, also um das TUN und nicht um das SEIN. Ungeachtet dessen, was man getan hat, IST man jedoch immer gleich wertvoll. Auch wenn ich einen Fehler gemacht habe, bin ich der 80 gleiche liebenswerte Mensch wie vorher auch. In deiner Funktion als [Schüler oder Schülerin, als Freund oder Freundin, als Sohn oder Tochter, als Partner oder Partnerin usw.] kannst du kritisiert werden und diese Kritik konstruktiv 85

als Wegweiser annehmen. Sobald du jedoch die Kritik auf deine gesamte Person beziehst, wirst du emotional, weil eine Abwertung der eigenen Person immer schmerzt. Also stell dir beim nächsten Konflikt doch einfach die Frage: Geht es hier um mich als Person oder um meine Funktion? 90

www.lebensfreude-evelyn-wenzel.com

1 *Entscheide, welcher „Wut-Faktor" für dich persönlich am gefährlichsten ist. Begründe deine Wahl.*

2 *Ordne die unten abgebildeten Situationen zwischen Lisa und ihrer Mutter den fünf „Wut-Faktoren" zu.*

3 *Stellt die unten abgebildete Situation zwischen Lisa und ihrer Mutter szenisch nach und ordnet sie anschließend den fünf „Wut-Faktoren" zu.*

Lass mich! Der ganze Stress in der Schule ist mir grad echt zu viel!

Wieso hast du eigentlich immer an mir was auszusetzen?

Was laberst du? Die letzte Fünf hatte ich in Mathe!

Ja, ja! Wie du meinst!

Emotionen kontrollieren

Wut ist eine natürliche und gesunde Emotion. Aber wenn sie außer Kontrolle gerät, kann das schlimme Konsequenzen für unsere persönlichen Beziehungen, unsere Gesundheit und un-
5 sere Stimmung nach sich ziehen.

Zwei wichtige Elemente können dabei zu einem friedlicheren Leben führen: sich darüber im Klaren zu sein, aus welchen Gründen wir zornig werden, und effektive Mittel zu erlernen,
10 wie wir mit Wutausbrüchen umgehen können.

Die Wut verstehen lernen

Die Emotion „Wut" ist nicht grundsätzlich gut oder schlecht. Es ist normal, sich aufzuregen, wenn man schlecht oder ungerecht behandelt
15 wird. Das Gefühl an sich ist also nicht das Problem. Es ist eher die Frage, was du mit diesem Gefühl machst, die den entscheidenden Unterschied ausmacht. Wut wird dann zum Problem, wenn auch andere von der Art, wie du mit ihr
20 umgehst, verletzt werden.

Das Problem ist, dass Menschen mit einer starken Persönlichkeit ihrer Wut oft Ausdruck verleihen und sie herauslassen müssen. Und das wirkt sich dann wiederum auf Menschen in ih-
25 rem Umfeld aus. Aber es ist möglich zu lernen, wie man dieser Emotion Ausdruck verleiht, ohne dabei anderen zu schaden. Wenn dir das gelingt, wirst du dich nicht nur besser fühlen, sondern es wird dir auch helfen, deine Bedürf-
30 nisse besser zu befriedigen.

Die eigene Wut unter Kontrolle zu bringen, ist allerdings harte Arbeit. Aber mit ein bisschen Übung kommt man zum Ziel und die Belohnung kann sehr groß sein. Zu lernen, wie man seinen Zorn kontrolliert und ihn richtig zum Ausdruck 35 bringt, kann dir helfen, bessere Beziehungen aufzubauen, deine Ziele zu erreichen und ein gesundes, glückliches Leben zu führen.

Schritt 1: Entdecke, was wirklich hinter deiner Wut steckt
40
Wenn du dich fühlst, als würdest du außer Kontrolle geraten, musst du herausfinden, was der Grund dafür ist. Oft sind Probleme, mit Wut umzugehen, die Konsequenz von etwas, das du in deiner Kindheit gelernt hast. Dann reagierst 45 du auf eine Weise, wie du es bei anderen Menschen aus deinem Umfeld beobachtet hast. In solchen Fällen bedeutet das, dass man eine bestimmte Vorstellung, wie man Ärger zum Ausdruck bringt, aufgeschnappt und akzep- 50 tiert hat (z. B. indem man jemanden anschreit, mit Dingen um sich wirft, auf etwas einschlägt, die Tür zuschlägt, kreischt usw.). Wenn du dieses Verhalten übernommen hast, dann können traumatische Ereignisse oder hohe Stresslevel 55 dazu führen, dass du für Wut anfällig wirst und dieses Verhalten wieder zum Vorschein kommt. Normalerweise verbergen sich hinter der Wut andere Gefühle. Wenn du das Gefühl hast, dass der Zorn in dir hochkommt, dann frage dich, 60

ob du eigentlich wirklich zornig bist oder ob du Wut einfach nur zeigst, um andere Emotionen wie Scham, Unsicherheit, Schmerz und Verletzlichkeit zu überdecken. [...]

Schritt 2: Erkenne, was deine Wut auslöst und welche Warnzeichen es gibt

Bevor man vor Wut förmlich explodiert, gibt es im Körper Warnzeichen, die man beobachten kann und auf die man achten sollte. Zorn ist eine normale körperliche Reaktion. Achte deshalb auf die Warnzeichen, die dir signalisieren, dass du gerade kurz davor stehst, vor Ärger zu platzen. Lege dir ein paar Taktiken zurecht, die dir helfen, mit deiner Wut umzugehen, bevor sie ganz außer Kontrolle gerät.

Um dazu in der Lage zu sein, solltest du darauf achten, wie sich Wut in deinem Körper bemerkbar macht. Folgende Zeichen können dabei auftreten:

- Knoten oder Hitzegefühl im Bauch,
- den Kiefer anspannen oder die Fäuste ballen,
- schnellere Atmung,
- Kopfschmerzen,
- der Wunsch oder das Bedürfnis umherzulaufen,
- Schwierigkeiten, sich zu konzentrieren,
- starkes Herzklopfen oder Herzrasen,
- Anspannung in deinen Schultern.

Schritt 3: Lerne, wie du dich abkühlen kannst

Wenn du die Warnzeichen für sich anbahnenden Ärger und seine Auslöser zu erkennen gelernt hast, kannst du schnell reagieren und deine Wut angehen, bevor sie außer Kontrolle gerät. Es gibt viele Techniken, die dabei helfen, wieder herunterzukommen und den Zorn wieder unter Kontrolle zu bringen. Einige einfache Tipps hierzu lauten:

- Konzentriere dich darauf, was dein Körper während der Wut fühlt. Wenn man sich regelmäßig darauf konzentriert, welche Prozesse im Körper ablaufen, während man wütend ist, hilft das, die emotionale Intensität der Wut selbst zu reduzieren.
- Atme einige Male tief durch. Langsam und tief zu atmen hilft, der Anspannung entgegenzuwirken. Wichtig dabei ist, wirklich tief und aus dem Bauch heraus zu atmen und so viel Luft wie möglich einzusaugen. Atme dann langsam und kontrolliert wieder aus.
- Bewege dich. Bewegung hilft, aufgestaute Energie loszuwerden.
- Benutze deine Sinne. Nutze die entspannende Wirkung, die deine Sinne haben: Hör Musik, stell dir bildlich einen Ort vor, der dich beruhigt.
- Dehne dich oder massiere die Stellen, die unter Spannung stehen. Bewege deine Schultern. Massiere deine Kopfhaut. Dabei ist es wichtig, genau die angespannten Körperbereiche zu entspannen.
- Zähle langsam von zehn herunter. Das Ziel dieser Technik ist es, die rationale Seite des Gehirns zu aktivieren und sich so über seine eigenen Gefühle klarer zu werden.

Schritt 4: Suche dir einen gesunden Weg, deiner Wut Ausdruck zu verleihen

Oftmals ist es einfach notwendig, all den Ärger herauszulassen, der sich in uns aufgestaut hat. Dabei ist es jedoch entscheidend, dass man seine Gefühle auf eine gesunde Art und Weise zum Ausdruck bringt. Wenn er mit Respekt und in richtiger Weise kommuniziert wird, kann Zorn zu einer großartigen Energiequelle und Inspiration für Veränderung werden.

Nach www.gedankenwelt.de

1 *Kennst du noch andere Methoden, um Wut zu kontrollieren?*

2 *Entwickle weitere Strategien, um mit Trauer, Depressionen, Eifersucht, Antriebslosigkeit, Liebeskummer und Schüchternheit angemessen umzugehen.*

Veränderungen in der Pubertät

Pubertät – Was ist das?

Die Pubertät ist eine wichtige Lebenskrise. Krisen bedeuten immer Veränderung, Herausforderung und neue Chancen, wenn man sie bewältigt hat. In der Pubertät formen sich Körper und Psyche um. Hormoneller Wandel, Stimmungsschwankungen und körperliche Veränderungen beeinflussen sich gegenseitig. Langsam erwacht auch die Sexualität mit all ihren Herausforderungen.
In dieser Lebensphase lässt du die Kindheit hinter dir, die sowohl Einengung als auch Schutz war. Du machst dich auf den Weg, du selbst zu werden.
Freunde werden jetzt wichtiger als die Familie. Neue Fragen drängen auf Antworten: Wer bin ich? Wie bin ich? Wie möchte ich sein? Wen mag ich? Wer mag mich? Was macht mich als Mensch aus?

1 *Setzt euch in Vierergruppen zusammen. Stellt euch gegenseitig Fragen und begründet eure Antworten. Beispielsweise: Welche Musik magst du? Was bedeutet Musik für dich? Welche Kleidung trägst du gerne oder würdest du gerne tragen? Welche Hobbys hast du? Welche Spiele spielst du gerne?*
Geht respektvoll miteinander um und versucht, die Antworten des anderen zu akzeptieren und nicht zu bewerten.

Körperliche Veränderungen

Talgdrüsen* werden aktiver Stimmbruch* *Gebärmutter**
Becken wird breiter Achselbehaarung erscheint Glied* wird länger
Schambehaarung* erscheint **Bartwuchs beginnt** **Hüfte wird breiter**
Schweißdrüsen werden aktiver Brüste wachsen V-Form Adamsapfel* tritt hervor
vermehrte Produktion von Östrogen* Sanduhrform
Brustbehaarung erscheint **vermehrte Körperbehaarung** erste Regelblutung*
vermehrte Produktion von Testosteron* Eierstöcke* beginnen, Hormone zu produzieren
Hoden* wachsen und beginnen, Hormone zu produzieren Vulva* wächst verbreiterte Schultern
Eizellen* reifen heran erster Samenerguss **Spermien* reifen heran**

2 *Erstelle eine Tabelle und ordne die obigen Begriffe richtig zu. Lass dir von deinen Klassenkameraden oder von deiner Lehrkraft die mit * markierten Begriffe erklären. Finde Synonyme.*

Veränderungen bei Jungen und Mädchen	Veränderungen bei Jungen	Veränderungen bei Mädchen
…	…	…

Psychische Veränderungen

In der **ersten pubertären Phase (10.–12. Lebensjahr)** überschwemmen dich die Eindrücke der starken körperlichen Veränderungen. Du weißt nicht recht, wie du damit vor dir selbst und vor anderen umgehen sollst. Du schwankst zwischen Stolz, depressiven Anflügen und Vorstellungen, wie du gerne sein willst. Vielleicht vergleichst du dich sehr mit anderen, was Selbstzweifel fördert.
In der **zweiten Phase (13.–15. Lebensjahr, auch Hochpubertät genannt)** wird eine Frage wichtig: Wer bin ich? Die Suche nach der eigenen Identität beginnt. Selbstzweifel werden stärker. Minder-

wertigkeitsgefühle wechseln sich mit Größenfantasien ab. Es gibt Augenblicke, in denen du dich unbesiegbar fühlst. Und es gibt Zeiten, in denen du dich am liebsten irgendwo verkriechen möchtest. Deine Eltern findest du nicht mehr ganz so toll. Ab und zu kommt es mit ihnen zum Krach. Wichtiger sind deine Freunde, deine Clique oder einfach nur die Gleichaltrigen.

In der **dritten Phase (16.–18. Lebensjahr)** legt sich der Sturm in dir ein wenig. Du entwickelst eine Ahnung davon, wer du bist. Ein neues Selbstwertgefühl entsteht in dir, das sich allerdings erst noch stabilisieren muss. Du willst irgendwo dazugehören. Daher legen Mädchen und Jungen großen Wert auf Kleidung und Style. Mädchen schminken sich und Jungen zeigen ihre Muskeln. Man neigt dazu, sich in diesem Alter zu überschätzen, und verhält sich leichtsinnig. Das Denken kreist vor allem um sich selbst und das ist wichtig! Denn es geht um Sinnfindung, darum, seine eigenen Anschauungen zu entwickeln und darum, unabhängig von den Eltern die ersten Schritte in ein selbstständiges Leben zu tun.

Während der Pubertät wird dein Gehirn zur Großbaustelle. Es löscht bis zu 30 000 Nervenverbindungen – pro Sekunde! Gleichzeitig erlebt es einen Wachstumsschub. Am Ende der Pubertät wird dein Gehirn seine Rechenleistung bis zu 3 000-fach gesteigert haben. Weil dein Körper ständig mit inneren Umbauprozessen beschäftigt ist, wirkst du manchmal etwas verpeilt auf andere.

Soziale Veränderungen

In der **ersten pubertären Phase** gehst du auf Distanz zu deinen Eltern und den Erwachsenen. Du erzählst ihnen nicht mehr alles und willst deine eigenen Geheimnisse haben. Um deine Ruhe vor den lästigen Fragen der Erwachsenen zu haben, greifst du ab und zu mal zu einer Lüge. Dein Zimmer schmückst du mit Postern. Musik, Promis und Stars werden wichtig.

In der **zweiten Phase** geht es zur Sache. Wissenschaftler würden sagen: Es kommt zu gesteigertem Rollenverhalten. Jungen müssen ihre Männlichkeit beweisen. Sie werden zu „Machos", provozieren ständig und legen sich mit anderen und mit den Eltern an. Mädchen fangen an, sich übertrieben zu schminken und zu stylen. Du suchst Verbindung zu Menschen, die du richtig gut findest. Ein ungestörter Rückzugsort, in der keiner und schon gar nicht die Eltern „nerven", wird unverzichtbar.

In der **dritten Phase** beginnst du, deine eigene Rolle unabhängig von deinen Eltern in der Gemeinschaft neu zu definieren: Was will ich beruflich machen? Was will ich mit meinem Leben überhaupt anfangen? Du interessierst dich für die Lebensmodelle anderer Menschen, vielleicht für Religion und Spiritualität oder für Politik. Jetzt können auch teilweise extreme Lebensentwürfe, wie sie etwa von Sekten angeboten werden, einen Reiz auf dich ausüben. Denn du willst irgendwo dazugehören und suchst Halt und Unterstützung bei den Veränderungen in deinem Leben.

1 *Analysiere, in welcher Phase der Pubertät du dich gerade befindest. Kannst du die im Text beschriebenen Veränderungen bestätigen? Was ist bei dir ähnlich und was ist bei dir anders?*

2 *Schätze ein, welche Veränderungen (körperliche, psychische oder soziale) dir am meisten zu schaffen machen und mit welchen du ganz gut zurechtkommst.*

3 *Erläutere die Bedeutung der Sprüche zur Pubertät. Formuliere selbst einen Spruch zur Pubertät.*

Pubertät ist himmelhoch jauchzen und zu Tode betrübt sein.

Pubertät ist, wenn man grübelt und nicht weiß, worüber.

Die Pubertät ist die Zeit, in der Jungen und Mädchen nicht wissen, ob sie sich gegenseitig schlagen oder küssen sollen.

Pubertät ist, wenn die Eltern anfangen, schwierig zu werden.

Sich selbst wahrnehmen

What matters most

is how you see yourself.

1 *Erkläre das Bild.*

2 *Erläutere die Bedeutung des Spruches. Übersetze ihn ins Deutsche. Stimmst du dieser Aussage zu?*

3 *Wie siehst du dich im Spiegel? Bist du mit dir zufrieden? Versuche dabei, nicht auf einzelne Körperstellen zu achten, sondern dich als Ganzes zu sehen. Schau dir jetzt selbst in die Augen und beschreibe sie.*

4 *Klebe an deine Zimmertür ein großes Blatt Papier oder die Doppelseite einer alten Zeitung. Male mit einem Stift, wie breit nach deiner Schätzung dein Oberkörper, deine Taille und dein Becken sind. Miss jetzt mit einem Maßband die gezeichneten und die echten Breiten nach. Hältst du dich für breiter oder schmaler, als du bist? Falls deine Einschätzung und die Wirklichkeit stark voneinander abweichen, sprich mit einem Erwachsenen deines Vertrauens darüber.*

5 *Unterscheide die Begriffe „Selbstwahrnehmung" und „Fremdwahrnehmung" bzw. „Selbstbild" und „Fremdbild". Das Bild unten hilft dir.*

6 *Erkläre die Begriffe „positives" und „negatives Selbstbild".*

Selbstbewusstsein, Optimismus und Pessimismus

Selbstbewusstsein bedeutet, sich seiner selbst bewusst zu sein. Selbstbewusstsein wird oft mit **Selbstsicherheit** verwechselt, die man sich antrainieren kann und die manchmal etwas künstlich wirkt. Selbstbewusstsein heißt, sich selbst zu kennen und mit seinen Stärken und Schwächen umgehen zu können. Das bedeutet z. B. auch, sich Hilfe zu holen, falls es einem schlecht geht.

Je mehr ich mir meiner selbst bewusst bin, desto genauer kann ich einschätzen, wie ich Dinge beeinflussen kann. Wenn ich glaube, mein Leben selbst in der Hand zu haben, habe ich eine hohe **Selbstwirksamkeit** und bin optimistisch gestimmt. Wenn ich mich abhängig fühle und das Gefühl habe, dass in meinem Leben alles über meinen Kopf hinweg bestimmt wird, habe ich wenig Selbstwirksamkeit und bin pessimistisch gestimmt.

Wenn man das Gefühl der Selbstwirksamkeit verliert, fühlt man sich ohnmächtig, hilflos und ausgeliefert. Dies führt zu Frustration und zu depressiven Verstimmungen. Man ist müde, lustlos und hat das Gefühl, dass alles keinen Sinn hat. Hält dieser Zustand über eine lange Zeit an, kommt es zu einer depressiven Grundhaltung und Depressionen.

Ob jemand selbstbewusst ist oder nicht, kann man auch daran erkennen, wie jemand mit Erfolg und mit Misserfolg umgeht. Aufschlussreich ist, welche Ursache jemand seinem Erfolg oder Misserfolg zuschreibt.

Gründe bzw. Ursachen für Erfolg bzw. Misserfolg liegen zum Teil in den eigenen Fähigkeiten (Intelligenz, Fleiß usw.), zum Teil in äußeren Umständen (Pech, zu schwere Aufgaben usw.).

Entscheidend ist jedoch, wie man die Ursachen bewertet. **Optimisten** schreiben Erfolge eigenen Fähigkeiten und Misserfolge äußeren Umständen zu (Pech). **Pessimisten** schreiben Erfolge äußeren Umständen (Zufall) und Misserfolge eigenen Fähigkeiten zu.

Optimisten sind erfolgsorientiert und verfolgen realistische Ziele. Sie besitzen ein hohes Selbstbewusstsein und haben ein positives Selbstbild. Pessimisten sind misserfolgsorientiert und verfolgen unrealistische Ziele. Sie besitzen wenig Selbstbewusstsein und haben ein negatives Selbstbild.

7 *Recherchiere im Internet den Begriff „Selbstwirksamkeit".*

8 *Recherchiert in Gruppen den Zusammenhang zwischen Selbstwirksamkeit und depressiver Verstimmung.*

9 *Diskutiert in der Gruppe, was man machen kann, wenn man eine Abnahme an Selbstwirksamkeit und depressive Verstimmungen bei sich bemerkt.*

10 *Informiere dich über kostenlose Hilfsangebote für Jugendliche bei Depressionen.*

Kritik geben, Kritik akzeptieren

Sicherlich kennst du das auch: ein peinlicher Auftritt, blöde Sprüche, ein mieser Musikgeschmack oder ein völlig unpassendes Outfit. Aber du weißt nicht, wie du es dem anderen sagen kannst, ohne ihn zu verletzen. Ein ehrliches und konstruktives Feedback zu geben, fällt vielen Menschen schwer, besonders dann, wenn es kritisch ausfällt.

Feedback (das heißt Rückmeldung) zu geben oder zu nehmen, ist keine einfache Angelegenheit. Es kann manchmal wehtun, peinlich sein, Abwehr auslösen oder neue Schwierigkeiten heraufbeschwören. Denn niemand akzeptiert leichten Herzens, in seinem Selbstbild von anderen korrigiert zu werden. Eine Feedback-Situation ist oft knifflig. Es hilft daher, wenn

konstruktiv · reversibel · beschreibend, nicht wertend · brauchbar · möglichst neue Aspekte · nicht zu viel auf einmal · erbeten, nicht aufgezwungen · rechtzeitig · genau · ehrlich · konkret · persönlich · angemessen · Ich-Botschaft · sachlich richtig · aufbauend · an Stärken ansetzen · Äußeres ansprechend · nicht nur negativ

Feedback-„Geber" und **Feedback-„Nehmer"** bestimmte Regeln einhalten.

Regeln beim Feedback-Geben

1. Gib nur dann Feedback, wenn dies gewünscht ist.
2. Verwende Ich-Botschaften, um auszudrücken, was du gefühlt und wahrgenommen hast.
3. Sei bei deinen Äußerungen wohlwollend, aber ehrlich.
4. Begegne dem Feedback-Nehmer taktvoll und mit Respekt.
5. Gib dein Feedback rechtzeitig.
6. Gehe bei deinem Feedback davon aus, dass du dich auch irren kannst. Sei bereit, auch einmal eine Aussage zurückzunehmen.
7. Bleibe stets konstruktiv: Deine Mitteilungen sollten aufbauend und motivierend wirken.
8. Beschreibe deine subjektiven Gefühle, Vermutungen und Wahrnehmungen, ohne zu werten.
9. Sei bei deinen Beschreibungen genau und konkret. Achte darauf, dass das, was du mitteilst, sachlich richtig und angemessen ist.
10. Sprich nicht zu viel auf einmal an. Lass dem Feedback-Nehmer Zeit, dein Feedback zu verarbeiten. Weise auf das hin, was dir änderbar und damit für den Feedback-Nehmer brauchbar erscheint.

Regeln beim Feedback-Nehmen

1. Gib eindeutig zu verstehen, ob und wann du Feedback wünschst.
2. Versuche, das Feedback an dich heranzulassen, und vermeide innere und äußere Abwehrhaltungen.
3. Begegne dem Feedback-Geber auch körpersprachlich respektvoll und wende dich ihm zu.
4. Höre genau und konzentriert so lange zu, bis der Feedback-Geber seine Mitteilungen beendet hat.
5. Unterbrich den Feedback-Geber nicht. Verzichte auf Rechtfertigungen oder Erklärungen.
6. Bei Unklarheiten darfst du dich beim Feedback-Geber vergewissern, ob du ihn auch richtig verstanden hast. Verwende Ich-Botschaften und gib mit deinen eigenen Worten wieder, wie

du das Mitgeteilte verstanden hast. Benutze die Technik des aktiven Zuhörens (siehe unten auf dieser Seite).

7. Frage nach, wenn du etwas nicht verstanden hast. Oder bitte gegebenenfalls um eine Konkretisierung der Mitteilung. Vermeide allerdings ein Ausfragen des Feedback-Gebers.

8. Teile dem Feedback-Geber mit, ob das, was du zu hören bekommen hast, für dich hilfreich ist. Und teile mit, ob du das Feedback für konstruktiv und aufbauend hältst.

9. Melde dem Feedback-Geber rück, ob er zu viele Themen auf einmal angesprochen hat. Sage ihm, ob du mit dem Feedback grundsätzlich etwas anfangen kannst.

10. Überlege nach dem Feedback in Ruhe und mit der Bereitschaft zu angemessener Selbstkritik, was du im Rahmen des Feedbacks erfahren hast. Entscheide dann, ob du Anregungen aus dem Feedback umsetzen willst und, falls ja, welche.

Nach http://www.teachsam.de

1 *Erstelle für den Feedback-Nehmer eine Mindmap. Fasse die wichtigsten Regeln darin zusammen.*

2 *Wende die Feedback-Regeln an, um einem/r Klassenkameraden/in Rückmeldung über ein Referat zu geben.*

Hinhören, zuhören, aktiv zuhören

Nur 20 % unserer Kommunikation laufen über das, **was** wir sagen, 80 % dagegen darüber, **wie** wir es sagen. „Wie" bedeutet Körpersprache, Mimik, Gestik, Augenausdruck. In unserer Kommunikation schwingt alles mit, was wir an guten und schlechten Erfahrungen bisher in unserem Leben gemacht haben. Das heißt, wir bringen unsere eigenen Erwartungen und Blickwinkel so stark ein, dass wir oft gar nicht mitbekommen, was der andere uns eigentlich sagen will.

Eine gute Technik, sich zu vergewissern, ob man den anderen wirklich verstanden hat, ist das **aktive Zuhören**. „Aktiv zuhören" bedeutet, die Aussage des Gesprächspartners in eigene Worte umzuformulieren. Dabei reichert man sie mit seinem eigenen Verständnis dessen an, was der andere vermutlich ausdrücken will. Anschließend teilt man seine Rückmeldung dem Gesprächspartner möglichst in Form einer Ich-Botschaft mit. An der Reaktion des Gesprächspartners kann man ablesen, ob man ihn richtig verstanden hat.

Techniken des aktiven Zuhörens

verbal
- zustimmen: „Ich verstehe."
- nachfragen/Unklares aufklären: „Wie meinst du das?" „Das verstehe ich nicht."
- rückformulieren/zusammenfassen: „Wenn ich dich richtig verstanden habe, meinst du …"
- eigene Gefühle mitteilen: „Es freut/ärgert mich, dass …"

nonverbal
- nicken
- Blickkontakt
- offene Körperhaltung
- Mimik
- Gestik

Mit Gleichaltrigen gut zurechtkommen

Freunde sind wichtig

Die Shell-Jugendstudie untersucht seit 1953 Einstellungen, Werte, Gewohnheiten und Sozialverhalten von Jugendlichen in Deutschland. Die Untersuchungen haben immer wieder gezeigt, dass Jugendlichen Freundschaft besonders wichtig ist.

1 *Wie wichtig sind für dich Freunde?*

2 *Würdest du für dich persönlich eine andere Rangordnung festlegen als die hier in der Shell-Studie gezeigte Auswertung?*

3 *Was können dir deine Freunde „geben", das deine Eltern nicht können?*

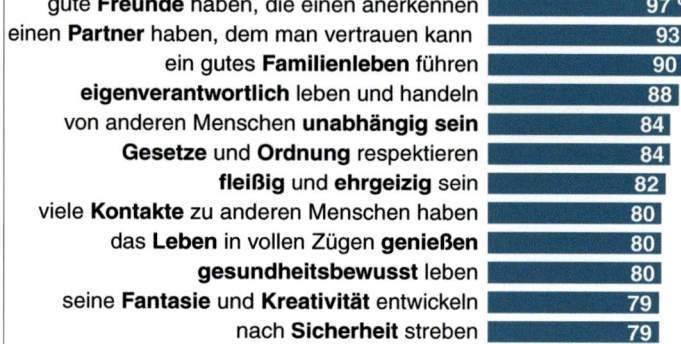

Wichtige Werte: Freunde und Familie

Von den befragten Jugendlichen (12 bis 25 Jahre) halten diese **Werte** für wichtig:

gute **Freunde** haben, die einen anerkennen	97 %
einen **Partner** haben, dem man vertrauen kann	93
ein gutes **Familienleben** führen	90
eigenverantwortlich leben und handeln	88
von anderen Menschen **unabhängig sein**	84
Gesetze und **Ordnung** respektieren	84
fleißig und **ehrgeizig** sein	82
viele **Kontakte** zu anderen Menschen haben	80
das **Leben** in vollen Zügen **genießen**	80
gesundheitsbewusst leben	80
seine **Fantasie** und **Kreativität** entwickeln	79
nach **Sicherheit** streben	79

Von den befragten Jugendlichen blicken in ihre persönliche **Zukunft** ...

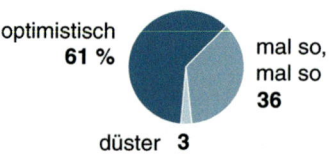

optimistisch **61 %**
mal so, mal so **36**
düster **3**

dpa·23183

repräsentative Befragung von 2 558 Jugendlichen (12 bis 25 Jahre) von Januar bis März 2015 im Auftrag von Shell
Quelle: 17. Shell Jugendstudie

4 *Lies die folgenden Sprüche über Freundschaft durch und diskutiere darüber in der Klasse. Versuche, selbst einen Spruch oder eine Definition von Freundschaft zu formulieren.*

Freundschaft ist wie ein Baum. Es kommt nicht darauf an, wie hoch er ist, sondern wie tief die Wurzeln sind!

Ein Freund ist ein Mensch, vor dem man laut denken kann.

Freunde sind da, wenn andere gehen.

*Freunde sind Wegweiser zum wahren Ich. Thomas Romanus (*1971)*

Freundschaft, das ist eine Seele in zwei Körpern. Aristoteles (384–322 v. Chr.)

Wahre Freunde erkennt man erst in schlechten Zeiten.

Bester Freund, beste Freundin

In der Pubertät werden Freundschaften mit Gleichaltrigen wichtiger als die Eltern oder die Geschwister. Die „beste Freundin" ist besonders bei den Mädchen extrem wichtig. Sie ist die Vertrauensperson Nummer eins. Allerdings können auch solche Freundschaften von kurzer Dauer sein und in die Brüche gehen, wenn plötzlich eine andere „beste Freundin" auftaucht.

Jungs haben es da einfacher. Sie haben oft auch einen „besten Freund". Wenn der jedoch gerade keine Zeit hat, ist es für sie kein Problem, mit anderen Kumpels abzuhängen.

Auch im Erwachsenenalter gehen Jungs und Mädchen mit ihren Freundschaften unterschiedlich um. Männer bevorzugen es, nur einen einzigen, wirklich guten Freund und darum herum viele Bekannte zu haben. Für Frauen dagegen sind gute Freundinnen wichtig. Vielleicht, weil Frauen eher intime Dinge von sich preisgeben und mit ihren Freundinnen besprechen wollen. Männer dagegen verhalten sich reservierter. Für viele ist der Freundeskreis nicht dazu da, in persönlichen Dingen herumzukramen, sondern Spaß zu haben.

1 *Hast du eine beste Freundin/einen besten Freund? Beschreibe, wie sie/er sich von deinen anderen Freunden unterscheidet.*

2 *Diskutiert in der Klasse, ob es auch bei euch Unterschiede zwischen Mädchen- und Jungenfreundschaften gibt.*

Wahre Freunde – falsche Freunde

3 *Wie viele Freunde hast du? Nimm dir ein paar Minuten Zeit und schreibe die Namen all deiner Freunde auf.*

4 *Bist du auf Facebook? Schau doch mal nach, wie viele Freunde du dort hast. Wahlweise kannst du auch deine Kontakte auf dem Handy bzw. bei WhatsApp zählen. Entscheide anschließend, wie viele du davon als „wahre Freunde" bezeichnen würdest.*

5 *Beurteile, was eine „wahre Freundin"/einen „wahren Freund" ausmacht.*

Mehr als nur Freunde

Jeden Tag nach der Schule warten Lena und Paul auf den Bus. Paul sieht verstohlen zu Lena rüber. Meistens blickt Lena zurück. Paul lächelt sie an. Lena wird rot und schaut weg. Paul ist unsicher. Was soll er tun?

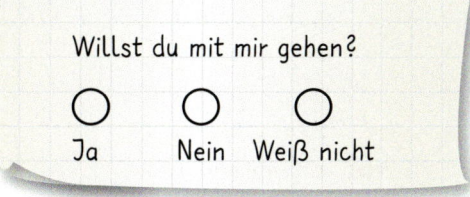

Mädchen und Jungs können ganz normal Freunde sein. Doch was passiert, wenn sich einer in den anderen verliebt? Dann verändert das die Beziehung zwischen den beiden. Und wenn nur einer Liebesgefühle empfindet? Es ist gut, seine Gefühle nicht zu verbergen. Für eine wirklich gute Freundschaft ist es wichtig, Gefühle offen anzusprechen.

6 *Einer will nur Freundschaft, der andere will mehr. Kann das funktionieren? Diskutiert darüber in der Klasse.*

Die Jugend von heute

Die Jugend von heute hat schlechte Manieren, verachtet die Autorität, hat keinen Respekt mehr vor älteren Leuten und diskutiert, wo sie arbeiten sollte. Die Jugendlichen widersprechen ihren Eltern, legen die Beine übereinander und tyrannisieren ihre Lehrer.

Sokrates (469–399 v. Chr.),
griechischer Philosoph

1 *Stimmst du Sokrates' Aussage über die Jugend zu? Was würdest du ändern bzw. ergänzen?*

2 *Was denkst du? Findest du es „normal", dass Jugendliche „Autorität verachten" und häufig älteren Leuten bzw. ihren Eltern widersprechen? Berichte in der Klasse, wem du zuletzt widersprochen hast, und warum.*

3 *Sieh dir die folgenden Bilder an und beurteile, was daran typisch für die Jugend von heute ist. Finde weitere Beispiele.*

Wer bin ich und wohin will ich?

Das wichtigste Thema der Pubertät ist die Identitätsfindung. Du machst dich in dieser Lebensphase auf den Weg, deine eigene, individuelle und einzigartige Identität auszubilden. Das
5 heißt, es geht nicht darum herauszufinden, wer du sein musst oder sein sollst. Es geht darum, den Kontakt mit deinem eigentlichen Selbst aufzunehmen. Die Kernfrage lautet: „Wer bin ich?"

Der Wunsch nach Freiheit und Selbstständigkeit
10 **(Autonomie)** ist während der Pubertät ganz normal. Dabei zweifeln Jugendliche zunehmend die Autorität von Eltern, Lehrkräften und anderen Bezugspersonen an und hinterfragen Werte und Normen der Gesellschaft.

Beim Versuch, unabhängiger von ihren El-
15 tern zu werden, loten Jugendliche immer wieder ihre Grenzen aus. Somit wird auch das Verhältnis der Autorität zwischen Kindern und ihren Eltern immer wieder neu geordnet. Dabei geht es im Grunde stets um die gleichen Themen,
20 zum Beispiel: Wie lange darf ich abends weggehen? Welche Kleidung darf ich tragen? Darf ich mir ein Piercing stechen lassen? Warum muss ich mein Zimmer schon wieder aufräumen?

In der Phase der eigenen Identitätsfindung
25 spielen vor allem Freunde und Gleichaltrige eine tragende Rolle, aber auch Vorbilder aller Art. Hauptgrund dafür sind die Veränderungen des äußeren Erscheinungsbildes, welche zwangsläufig mit der Pubertät einhergehen. Jugendli-

che suchen nach Vergleichsmöglichkeiten bei 30 Gleichaltrigen oder bei ihren Idolen.

Pubertierende orientieren sich sehr stark an den Einstellungen, dem Aussehen und den Äußerungen Gleichaltriger, auch wenn diese naturgemäß vor dem gleichen Problem wie 35 sie selbst stehen. Konkret bedeutet das: Jeder möchte seine Einzigartigkeit in Form von Kleidungsstil, Meinung und Ansichten, Verhalten usw. zum Ausdruck bringen, gleichzeitig aber auch in der Gemeinschaft der Gleichaltrigen als 40 vollwertiges Mitglied akzeptiert werden.

Wann die Suche nach der eigenen Identität abgeschlossen ist, ist schwer zu sagen. Genauso wenig kann man ein festes Alter ansetzen, ab dem man (psychologisch gesehen) kein Jugend- 45 licher mehr, sondern ein Erwachsener ist.

Nach www.praxis-jugendarbeit.de

1 *Erstelle eine Collage, ein Poster oder einen Steckbrief deines Vorbildes und stelle sie/ihn in der Klasse vor. Erkläre, warum du dich gerne mit ihr/ihm vergleichst oder ihr/ihm nacheiferst.*

2 *Überlege, wie wichtig es dir ist, von Gleichaltrigen anerkannt zu werden. Würdest du dafür auch deinen Kleidungsstil, deine Ansichten oder dein Verhalten ändern?*

3 *Welche Freiheiten wünschst du dir von deinen Eltern oder Lehrern?*

4 *Erkundige dich, welche Rechte und Pflichten du laut Gesetz mit welchem Alter hast.*

5 *Überlege, welche Merkmale bzw. Anzeichen es gibt, dass man kein Jugendlicher, sondern ein Erwachsener ist.*

Ich und die anderen

1 *Beschreibe, welche unterschiedlichen Gruppen hier abgebildet sind.*

2 *In welchem Verhältnis bzw. in welcher Beziehung zueinander stehen die einzelnen Personen auf den Bildern?*

Jeder ist Mitglied einer Gruppe

Im Laufe unseres Lebens treffen wir auf verschiedenste Gruppen. Jeder von uns gehört einer Vielzahl von Gruppen an. Nicht immer haben wir jedoch Einfluss darauf, welcher Gruppe wir angehören wollen. In manche treten wir freiwillig und bewusst ein, in andere wiederum zufällig und mehr oder weniger unfreiwillig.

Die kleinste Gruppe ist ein Paar (z. B. Liebespaar, Mutter und Kind, Banknachbarn in der Schule), das aus zwei Individuen (= Einzelwesen) besteht. Darüber hinaus gibt es noch viele Gruppenformen mit einer jeweils unterschiedlichen Anzahl von Gruppenmitgliedern.

Jede Gruppe, der wir angehören, prägt unsere Persönlichkeit und hat Einfluss auf unsere Sozialisation, also die Art und Weise, wie wir in eine Gemeinschaft oder in die Gesellschaft hineinwachsen.

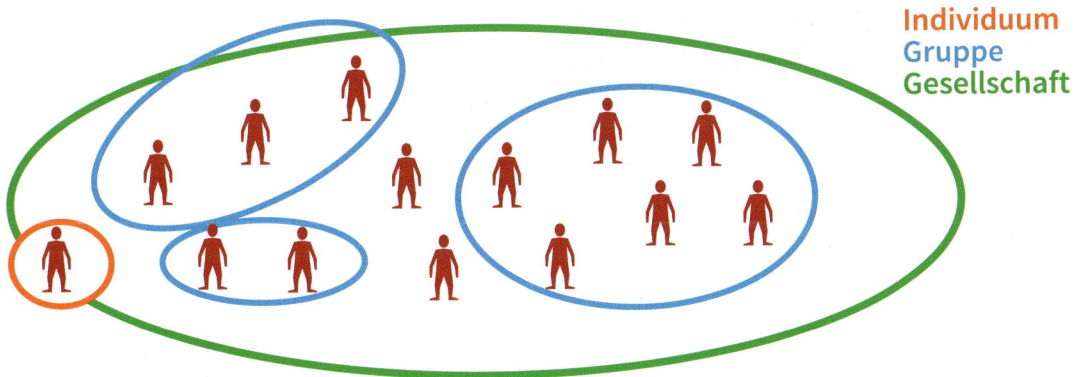

Individuum
Gruppe
Gesellschaft

1 *Unterscheide die Gruppen von Seite 22 in freiwillig und in unfreiwillig gebildete.*

2 *Erkläre den Unterschied zwischen den Begriffen „Individuum", „Gruppe" und „Gesellschaft".*

Je nachdem wie stark wir uns einer Gruppe verbunden fühlen, unterscheidet man zwischen:

Primärgruppen

Primärgruppen sind kleine Gruppen mit wenigen Mitgliedern, die sich alle sehr gut kennen. Diese eher stabile Gruppenform beruht auf dem engen emotionalen und gegenseitig prägenden Kontakt der Gruppenmitglieder untereinander. Primärgruppen geben dem Einzelnen ein Gefühl der Geborgenheit und der Zugehörigkeit (Wir-Gefühl).

Sekundärgruppen

Sekundärgruppen sind tendenziell größere und losere Gruppen. Die Zugehörigkeit basiert meist auf Freiwilligkeit und kann daher leicht beendet werden. Das verbindende Element sind gemeinsame Überzeugungen, Ziele und Interessen. Für den Zusammenhalt ist weniger Emotionalität als das Befolgen fester Regeln wichtig. Innerhalb von Sekundärgruppen können Primärgruppen entstehen.

3 *Fasse die Merkmale von Primär- und Sekundärgruppen stichpunktartig zusammen. Entscheide anschließend, welche Gruppen von Seite 22 zu Primär- und welche zu Sekundärgruppen zählen. Finde weitere Beispiele.*

Ich will dazugehören

Die Gruppe der Gleichaltrigen (= Peergroup), die meist besser über die aktuellen Geschehnisse und technische Neuerungen Bescheid weiß als die Eltern, ist eine wichtige Informationsquelle für Jugendliche. Die Peergroup hilft dabei, die elterliche Autorität infrage zu stellen, und versucht, sich von den Ansichten der Erwachsenenwelt zu distanzieren. Die Peergroup ist also eine Art Sicherheitsnetz für Jugendliche während der Zeit der Loslösung vom Elternhaus.

> **Peergroup**
> Unter dem Begriff „Peergroup" versteht man Jugendgruppen, Cliquen oder Banden, die das Verhalten von Kindern und Jugendlichen wesentlich beeinflussen und daher sehr wichtig für die Entwicklung von Persönlichkeit und Identität sind.
>
> *https://www.elternwissen.com*

Eine Peergroup zeichnet sich aus durch
- gleichaltrige Gruppenmitglieder,
- räumliche Nähe,
- ähnliche Interessen (z. B. Musik, Sport),
- Abgrenzung zur Erwachsenenwelt (z. B. durch Frisur, Kleidung),
- meist eine Hierarchie innerhalb der Gruppe (Anführer),
- große Bedeutung für den Jugendlichen,
- häufig Entwicklung eines eigenen Sprachstils (Jugendsprache).

1 *Auch innerhalb einer Klasse gibt es verschiedene Peergroups. Setzt euch in eurer Peergroup zusammen und listet auf einem Plakat die einzelnen Merkmale eurer Peergroup auf. Stellt eure Ergebnisse anschließend der ganzen Klasse vor. Benennt Gemeinsamkeiten zu anderen Peergroups innerhalb eurer Klasse.*

2 *Versuche zu erklären, warum du dich für einen bestimmten Freundeskreis entschieden hast. Welche Kriterien müssen für dich erfüllt sein, damit du dich für eine bestimmte Gruppe entscheidest?*

> ### Projektidee: Jugendsprache
> Verfasst als Klasse oder in mehreren Gruppen eine bzw. mehrere Kurzgeschichten, Comics, Dialoge usw., in denen ihr ausschließlich Jugendsprache verwendet.
> Alternativ könnt ihr einen literarischen Text in Jugendsprache „übersetzen" oder die Hausordnung eurer Schule auf Jugendsprache umschreiben.

Gruppen entwickeln sich

Gruppen sind keine starren Gebilde, sondern entwickeln und verändern sich ständig. Eine Gruppe ist nicht einfach die Summe ihrer Mitglieder. In jeder Gruppe bilden sich mit der Zeit Strukturen heraus. Die Gruppe entwickelt sozusagen ein Eigenleben.

Im Allgemeinen läuft die Entwicklung einer Gruppe in vier Phasen ab:

- **Orientierungsphase (Forming):** Wird eine Gruppe neu gebildet, wissen die Mitglieder noch nicht, wie sie einander einschätzen können. Es herrscht Unsicherheit, manchmal sogar Angst. Man versucht, sich gegenseitig kennenzulernen und herauszufinden, welche Verhaltensmuster in der Gruppe angebracht sind. In dieser Phase besteht die starke Tendenz, sich an einen möglichen Gruppenführer oder Sprecher anzuschließen. Die Gruppe orientiert sich insgesamt am Gruppenziel.
- **Konfliktphase (Storming):** In dieser Phase kommt es zu Konflikten zwischen den Mitgliedern. Einzelne widersetzen sich dem Gruppenziel oder akzeptieren die Gruppennormen nicht. Es bilden sich Untergruppen mit verschiedenen Gruppensprechern, die gegenseitig ihre zwischenmenschlichen und gruppenbezogenen Konflikte austragen.
- **Organisationsphase (Norming):** In dieser Phase entsteht der Gruppenzusammenhalt, das Wir-Gefühl. Die Konflikte sind ausgetragen und die Mitglieder akzeptieren sich gegenseitig. Gemeinsam werden Gruppennormen aufgestellt und je nach Eignung die Rollen verteilt. Das Gruppenziel wird festgelegt und in Angriff genommen.
- **Leistungsphase (Performing):** Die Gruppe kann sich nun auf ihre Aufgabe konzentrieren. Gruppennormen und Rollen sind von allen akzeptiert und werden für das Erreichen des Gruppenziels genutzt.

http://gesellschaft.psycho-wissen.net

Dieser phasenhaft verlaufende Gruppenbildungsprozess ist nicht zwingend notwendig. Er lässt sich aber häufig bei der Bildung von Gruppen beobachten. Die einzelnen Phasen können unterschiedlich lang und intensiv sein. Neue Mitglieder oder neue Gruppenziele können den Prozess erneut in Gang bringen.

1 *Wie würdet ihr eure Klassengemeinschaft beschreiben? Was macht für euch ein „gutes Klassenklima" aus? Welche Kriterien müssen erfüllt sein?*

2 *Überlegt, in welcher Phase sich eure Klassengemeinschaft im Moment befindet. Versucht gemeinsam herauszufinden, wie ihr in die nächste Phase kommen könnt. Was muss sich dafür in eurer Klasse ändern bzw. was gilt es zu bewahren?*

3 *Im Schaubild gibt es noch die Phasen „Warming" und „Adjourning". Was ist damit wohl gemeint? Wann kommt es zu diesen Phasen?*

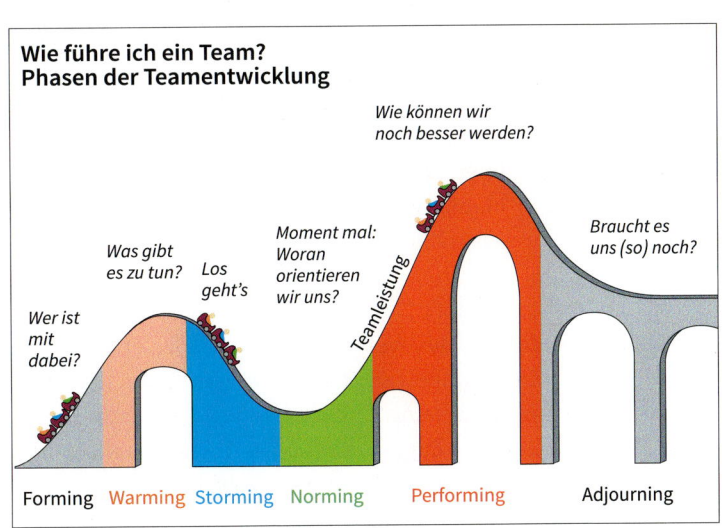

Wie führe ich ein Team? Phasen der Teamentwicklung

Forming — Warming — Storming — Norming — Performing — Adjourning

Neue Freunde

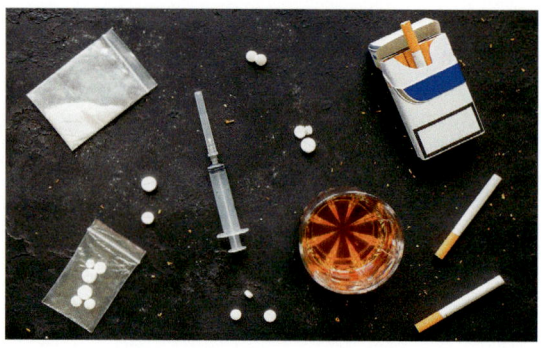

Tobias war froh. Er hatte neue Freunde gefunden. Es ging ziemlich schnell, da er erst vor zwei Wochen von Stuttgart nach Berlin gezogen war. Heute war Freitag. Tobias freute sich immer
5 über Wochenenden. Vor allem dieses Wochenende konnte er nicht erwarten. Seine neue Clique traf sich. Das machte immer Spaß. Tobias' neue Freunde waren sehr cool. Das war auch der Grund, warum er so gerne mit ihnen Zeit
10 verbrachte. Nach der Schule fragte Oliver, einer aus seiner Clique, ihn: „Kannste heut um 18 Uhr zur alten Firma kommen?" Tobias bejahte.

Die alte Firma war ein altes Haus am Stadtrand, das nicht mehr benutzt wurde. Tobias'
15 Clique traf sich immer dort, weil da sonst keiner war. In der alten Firma hatten sie ihre Ruhe und konnten machen, was sie wollten.

Tobias stand Punkt 18 Uhr vor der alten Firma. Da kamen auch schon Ruben und Lars aus
20 Tobias' Clique zu ihm her. „Hey Toby, schön, dass du gekommen bist! Lass uns reingehen. Olli kommt auch gleich", sagte Ruben fröhlich.

Die Jungs setzen sich auf einen umgefallenen Balken in der alten Firma. Nach einigen
25 Augenblicken betrat auch Oliver die Firma. Er hatte seinen grauen Rucksack dabei. Auf seinem Gesicht war ein Lächeln. „Dann lass es uns mal tun", sagte er lächelnd. Tobias verstand nicht, von was er redete. Oliver setzte sich zu den
30 anderen und stellte seinen Rucksack vor sich. Dann holte er eine Schachtel Zigaretten und ein Feuerzeug raus. Er gab Lars und Ruben eine Zigarette. Dann fragte er Tobias: „Willst du auch eine?" Tobias zögerte, da er noch nie geraucht
35 hatte. Aber er wollte sich auch vor seinen neuen Kumpels nicht blamieren. Deswegen nickte er. Oliver gab ihm eine Zigarette und das Feuerzeug. Er lachte: „Du kriegst zuerst Feuer, weil du nun auch zu uns gehörst!" Bei diesen Worten
40 wusste Tobias, dass es das wert war. Er fühlte sich mit seinen drei Kumpels so cool und stark.

Tobias zündete sich seine Zigarette an und fing schon beim ersten Zug an zu husten. Ruben, Lars und Oliver lachten laut los. Tobias
45 wurde rot und nahm noch einen Zug. Wieder

musste er husten. Die Jungs lachten immer lauter. Tobias wünschte sich, dass das alles nur ein Traum war und er gleich aufwachen würde. Aber er wachte nicht auf. Er saß immer noch in dieser blöden alten Firma mit der blöden Zi- 50 garette im Mund und die anderen brüllten vor Lachen. „Sag doch gleich, dass du noch nie geraucht hast!", lachte Ruben laut. Tobias meinte: „Klar hab ich schon geraucht. Heute ist nur ein dummer Tag", log Tobias, um cool zu sein. Die 55 anderen schauten ihn lachend an und sparten sich einen Kommentar.

Nach einer Weile fragte Lars: „Hast du auch schon mal Drogen genommen?" Tobias lief ein kalter Schauer den Rücken runter. Doch er er- 60 widerte: „Natürlich, was denkt ihr denn?" Oliver kramte in seinem Rucksack rum und holte eine Spritze raus. „Auch schon gespritzt?", fragte er und hob die Spritze hoch. „Klar", meinte Tobias, den langsam sein Mut verließ. Lars nick- 65 te: „Gut, dann kannst du ja mitmachen!" Tobias hatte Angst. Aber er hatte sich mit der Zigarette schon genug blamiert. Noch einmal blamieren war nicht drinnen. Die Jungs würden ihn sonst noch aus ihrer Clique rausschmeißen! Oliver 70 nahm die Spritze und spritzte sich in den Arm. Sein Blick wurde entspannt und als er die Spritze wieder rausnahm, sah er sehr glücklich aus. „Jetzt du, Toby", sagte Ruben und reichte Tobias die Spritze. Tobias' Herz schlug so sehr, dass 75 er es für unmöglich empfand, dass die anderen es überhören konnten. Er nahm die Spritze und legte sie an seinem Arm an. Doch als er gerade zustechen wollte, sah er auf einmal einen Schatten hinter sich. Er drehte sich um und blickte 80 direkt in das Gesicht eines Polizisten.

Carolin Schneider

1 *Tobias zwang sich, gegen seinen Willen an der Zigarette zu ziehen, weil er wusste, „dass es das wert war". Wie kannst du dir sein Verhalten erklären?*

2 *Finde Gründe, weshalb Tobias in Bezug auf seine angeblichen Erfahrungen mit Drogen lügt.*

3 *Fühle dich in Tobias ein. Denkst du, dass er sich tatsächlich die Spritze gegeben hätte?*

4 *Hast du auch schon einmal etwas getan, was du eigentlich nicht wolltest, nur um deinen Freunden zu gefallen?*

5 *Was wäre wohl passiert, wenn sich Tobias anders entschieden hätte? Schreibe die Geschichte entsprechend um.*

„Nein" sagen ist nicht immer leicht

1 *Stimmst du dieser Aussage zu? Erkläre deine Meinung.*

2 *Fällt es dir leicht, „Nein" zu sagen?*

> *„Nein" ist ein kompletter Satz. Er braucht weder Erklärung noch Rechtfertigung!*

Es gibt Situationen, in denen ein klares Nein als Erklärung genügen muss. Etwa wenn ein Mädchen nicht will, dass ein Junge sie küsst oder sie begrapscht. Auch sollten echte Freunde immer ein Nein akzeptieren, wenn du etwas nicht willst, dich dabei unwohl fühlst oder dich sogar strafbar machen könntest.

In vielen Situationen fällt es uns sehr schwer, Nein zu sagen. Etwa dann, wenn Freunde, Eltern, Lehrer oder Klassenkameraden einen Wunsch oder eine Bitte an uns richten. Die Gründe, nicht Nein sagen zu wollen, sind von Mensch zu Mensch verschieden. Denke einmal an dich selbst: In manchen Situationen – oder bei manchen Menschen – kommt dir das Nein ganz einfach über die Lippen. Bei anderen Menschen ist es schon schwieriger. Vielleicht gibt es Fälle, wo du schon aus Prinzip Ja sagst. Warum? Folgende Gründe könnten auch bei dir zutreffen:
- Weil ich anderen eine Hilfe sein möchte (Helfersyndrom).
- Weil ich niemanden enttäuschen will.
- Weil ich Angst habe, nicht mehr gemocht zu werden.
- Weil ich Angst vor den Konsequenzen habe.
- Weil ich überrumpelt wurde.
- Weil ich Angst habe, etwas zu versäumen.

3 *Erkläre die einzelnen Gründe, warum viele Menschen nicht Nein sagen können. Treffen diese Gründe auch auf dich zu? Nenne weitere Gründe.*

4 *Bei welchen Menschen fällt es dir leichter, Nein zu sagen? Welchen Menschen kannst du hingegen keine Bitte abschlagen und sagst fast immer Ja?*

5 *Hätte ein einfaches Nein von Tobias in der Geschichte „Neue Freunde" (Seite 26) gereicht? Begründe deine Aussage.*

Lernen, „Nein" zu sagen

Selbstverständlich hilft man seinen Freunden gerne oder erfüllt ihnen einen Wunsch. Doch von Zeit zu Zeit muss man auch mal Nein sagen, wenn man z. B. keine Zeit hat, überfordert wäre oder schlicht keine Lust hat.

Wie kannst du lernen, Nein zu sagen? Nicht das Nein an sich entscheidet über die Reaktion des anderen, sondern **wie** du es sagst. Wenn du das nächste Mal jemandem einen Wunsch oder eine Bitte abschlagen musst, versuche es doch mal mit einer der folgenden Formulierungen:

- „Ich kann dir nicht helfen, weil ich gerade noch viel zu erledigen habe."
- „Ich würde dir gerne helfen, aber jetzt ich bin gerade mitten in einer wichtigen Arbeit. Kannst du mich später noch einmal fragen?"
- „Ich würde mir gerne darüber Gedanken machen. Ich gebe dir morgen Bescheid."
- „Dafür bin ich nicht die/der Richtige. Du könntest es bei … versuchen."
- „Das kann ich nicht. Tut mir leid."
- „Das möchte ich nicht. Tut mir leid."

Beim Neinsagen kommt es also darauf an, den anderen nicht vor den Kopf zu stoßen. Besser ist, durch einen wertschätzenden Umgangston beim anderen Verständnis zu erzeugen. Außerdem ist es immer hilfreich, eine Alternative anzubieten.

Nein sagen in vier Schritten
Freundlichkeit und Bestimmtheit schaffen Akzeptanz

Freundlich und bestimmt Nein sagen
Nein, ich kann dir nicht helfen

Um Verständnis für mein Nein bitten oder eine Alternative aufzeigen

Mein Nein kurz begründen, ohne lange Erklärung oder Rechtfertigung

Klar Nein sagen

Auf das Anliegen des anderen eingehen und Verständnis zeigen

1 *Stellt die folgenden Beispiele szenisch nach und wendet dabei die Strategien des „richtigen Neinsagens" an.*
   a) *Du sitzt gerade an deinen Hausaufgaben. Deine Mutter kommt und sagt dir, du sollst den Müll rausbringen.*
   b) *Deine Freundin/dein Freund bittet dich, ihr/ihm dein Fahrrad für eine Woche zu leihen.*
   c) *Dein Lehrer fragt dich, ob du ein Referat in Englisch über London vorbereiten kannst. Du bist allerdings nicht sehr gut in Englisch.*
   d) *Einer aus deiner Clique fordert dich auf: „Komm, nimm auch 'nen Schluck Wodka!"*

Der Ton macht die Musik

Wenn wir von einem Menschen ein anderes Verhalten erwartet haben, wollen wir ihm unsere Enttäuschung oder Kritik gerne mitteilen. Oft tun wir das in Form von Du-Botschaften. Leider führt das meist nicht zum gewünschten Ergebnis beim anderen.

- „Nie kannst du pünktlich sein!"
- „Ich möchte einmal erleben, dass du deine Hausaufgaben rechtzeitig machst."
- „Kapierst du denn nicht, dass mir das Angst macht, wenn du nie Bescheid sagst, dass du später kommst?"
- „Wie kannst du das vergessen? Ich bin dir doch komplett egal."
- „Du kannst es einfach nicht!"

Die Nachteile von Du-Botschaften

Der Angesprochene wird auf eine Du-Botschaft wohl nicht interessiert oder kooperativ reagieren. Ganz im Gegenteil. Weil eine Du-Botschaft, vor allem, wenn sie in einem erregten, lauten Ton vorgebracht wird, erlebt wird als

- Kritik, Abwertung oder Ablehnung,
- Schuldzuweisung,
- Bestrafung oder
- Besserwisserei.

Deshalb reagiert der Angesprochene entweder mit einem Gegenangriff, Schweigen, emotionalem Rückzug oder Gesprächsabbruch. Das führt meist zu weiteren Du-Botschaften nach dem Motto „Nie machst du …", „Das ist ja mal wieder typisch für dich!" oder „Immer sagst du …". Und schon landet man in einer weiteren Eskalationsrunde.

Der Vorteil von Ich-Botschaften

Es gibt kaum ein besseres Werkzeug, um Diskussionen, Konflikte und sonstige schwierige Gesprächssituationen zu entkrampfen als Ich-Botschaften. Sie sorgen schnell dafür, dass das Gespräch persönlicher wird. Sie wirken fast immer deeskalierend. Eine Ich-Botschaft besteht aus vier Teilen.

Beobachtung
Wenn du …

Gefühl
bin ich …

Bedürfnis
weil …

Wunsch
und ich möchte …

Stelle dir folgende Ich-Botschaft als Erläuterung vor: „Du kommst 25 Minuten zu spät zur Verabredung *(Beobachtung)*, was mich echt wütend macht *(Gefühl)*, da ich so 25 Minuten sinnlos Zeit absitze und mir Zuverlässigkeit sehr wichtig ist *(Bedürfnis)*. Bitte sei beim nächsten Mal zur verabredeten Zeit da oder melde dich frühzeitig, damit ich das einplanen kann *(Wunsch)*."

1 *Vergleiche die Ich-Botschaft mit der Technik des aktiven Zuhörens (Seite 17). Welche Gemeinsamkeiten kannst du erkennen?*

2 *Formuliere die oben stehenden Du-Botschaften als Ich-Botschaften.*

Wenn sich zwei streiten ...

1 *Was will diese Bildergeschichte ausdrücken? Erzähle die Geschichte Szene für Szene.*

2 *Wie hätte die Geschichte auch ausgehen können? Male eine andere Version ab der dritten Szene.*

Warum streiten wir?

Kümmere dich gefälligst um deinen eigenen Dreck!

Du hast mich angelogen!

Halt doch einfach deine Klappe!

Sag mal, geht's noch?

Wie konntest du nur?

Verpiss dich!

1 *Welche Vorgeschichte könnte hinter diesen Aussagen stecken? Erfinde eine Geschichte.*

2 *Wann hast du dich das letzte Mal mit deiner Freundin/deinem Freund gestritten? Erkläre den Grund für den Streit.*

3 *Berichte von Anlässen, aus denen es bei euch in der Schulklasse immer mal wieder zu Streit kommt.*

4 *Beim Streiten werfen wir uns manchmal gegenseitig Schimpfwörter an den Kopf. Erstelle eine Liste. Welche sind „o. k." und welche gehen gar nicht?*

5 *Stelle dar, wie du mit einem Streit oder einem Konflikt umgehst.*

Aufeinander zugehen

Streit und Konflikte in der Schule sind ganz normal. Wo viele Menschen auf begrenztem Raum zusammenkommen, kann es nicht immer nur harmonisch zugehen. Die meisten Streitereien sind eher harmlos und können von den Beteiligten selbst geklärt werden. Manchmal sind die Fronten jedoch so verhärtet, dass die Streitenden Hilfe von außen benötigen. Diese Aufgabe übernehmen Streitschlichter. Streitschlichtung ist eine Form der Konflikt-beratung und wird häufig auch als „Mediation" bezeichnet. Mediation bedeutet Vermittlung und ist ein Verfahren zur Konfliktlösung. Streitschlichter, also Mediatoren, sind häufig speziell dafür ausgebildete Schülerinnen und Schüler, die bei allen Parteien Vertrauen genießen. Ein Mediator ist als unparteiischer Dritter bei der Konfliktlösung behilflich. Die Lösung eines Konfliktes wird also nicht von den Streitschlichtern vorgegeben, sondern von den Kontrahenten erarbeitet. Dabei helfen die Streitschlichter den Betroffenen, sich über ihre Gefühle und Interessen klar zu werden und sie verständlich zum Ausdruck zu bringen. Das gemeinsame Ziel ist es, eine Lösung ohne Verlierer (Win-win-Situation) zu finden.

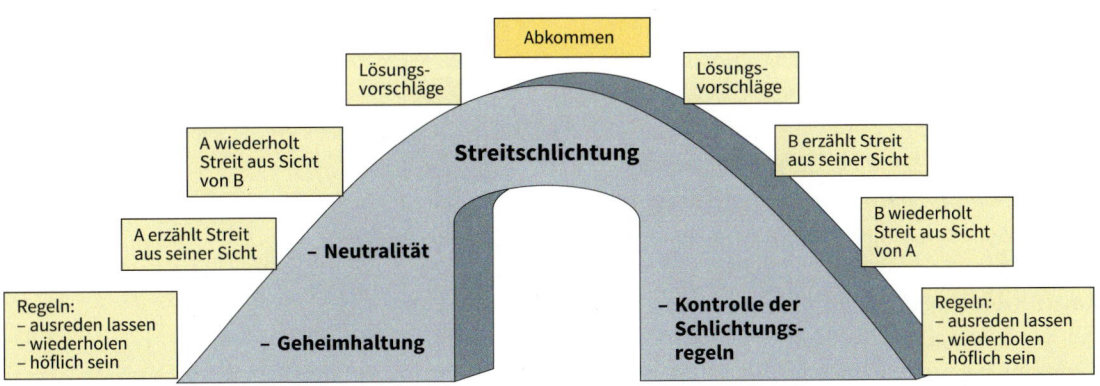

www.gertrud-baeumer-schule.de

1 Gibt es ein Streitschlichterteam an deiner Schule? Informiere dich über ihre Mitglieder und deren Arbeit.

2 Überlegt euch ein fiktives (ausgedachtes) Streitthema. Bestimmt jemanden aus eurer Klasse als Mediator und spielt ein Streitschlichtungsgespräch nach. Wahlweise kann in der ersten Runde auch eure Lehrkraft die Rolle des Moderators spielen.

3 Falls ihr an eurer Schule keine Streitschlichter habt, könnt ihr auch innerhalb der Klasse Streitschlichter beauftragen oder einen Klassenrat einberufen. Versucht es einmal.

4 Überlege dir, an wen du dich noch richten könntest, wenn du Hilfe bei der Lösung von Konflikten benötigst. An wen würdest du dich auf keinen Fall wenden?

Konflikte unterschiedlich lösen

Konflikte kann man auf unterschiedliche Weise lösen. Entscheidend ist dabei, ob man sich eher an seinen eigenen Interessen oder an den Interessen des anderen orientiert. Anders ausgedrückt: Wie stark ist meine Bereitschaft, in einem Streit nachzugeben?
Es gibt fünf unterschiedliche Muster:

Rückzug
Dem Konflikt aus dem Weg gehen

Nachgeben
Akzeptieren, dass man „verloren" hat

Durchsetzen
Mit allen Mitteln versuchen zu „gewinnen"

Kompromiss
Verhandeln, das heißt, jeder gibt etwas nach.

Kooperation
Zusammenarbeiten, das heißt, gemeinsam am Problem arbeiten.

1 Erstelle ein Ranking vom „besten" zum „schlechtesten" Konfliktlösungsstil.

2 Übertrage das Koordinatensystem in dein Heft und setze die fünf Konfliktlösungsstile an den richtigen Stellen ein.

3 Benenne die Konfliktlösungsstile, die eher einseitig sind und nicht zu einer dauerhaften Lösung des Konflikts führen.

Konfliktlösungsstrategien

Bei der Lösung von Konflikten lassen sich vier Grundmuster unterscheiden:

1. Bei einer Win-lose-Strategie versuchst du, um jeden Preis deine Interessen gegen deinen Konfliktpartner durchzusetzen.
2. Bei einer Lose-win-Strategie nimmst du in Kauf, dich den Forderungen deines Gesprächspartners vollständig zu unterwerfen. Du verzichtest auf deine eigenen Interessen, um die Harmonie wiederherzustellen und den Konflikt zu lösen.
3. Eine Lose-lose-Situation tritt auf, wenn beide Konfliktpartner versuchen, ihre Interes-

sen um jeden Preis durchzusetzen. Dadurch verschärft sich der Konflikt so lange, bis ihn beide Konfliktpartner nur noch verlieren können bzw. schon verloren haben.
4. Bei einer Win-win-Situation wird von den Konfliktpartnern eine Situation angestrebt, von der beide einen Vorteil haben. Das ist in der Regel ein Kompromiss.

http://wiki.brainstorm-werbung.de

4 Vergleiche die vier Konfliktlösungsstrategien mit den fünf Konfliktlösungsstilen und finde heraus, welche Strategie welchem Stil entspricht.

Wie entscheidet man sich richtig?

1 *Welches Sprichwort soll dieses Bild ausdrücken?*

2 *Hast du dich auch schon einmal in solch einer Situation befunden? Beschreibe, wie du dich entschieden hast. Lege die Gründe für deine Entscheidung dar.*

Dilemma-Geschichten

Paulas Problem

Diese Geschichte erzählt von Paula. Paula ist acht Jahre alt und klettert sehr gerne auf Bäume. Sie ist sogar die beste Kletterin in der Nachbarschaft. Eines Tages fällt sie von einem
5 Baum, verletzt sich aber nicht. Ihr Vater sieht den Sturz. Er ist besorgt und sagt ihr, sie solle ihm versprechen, nicht mehr auf Bäume zu klettern. Paula verspricht es und beide geben sich die Hand.

Am gleichen Tag trifft Paula ihre Freundin An-10 na und andere Freunde. Annas süßes Kätzchen sitzt auf einem Baum und kommt nicht mehr alleine herunter. Es muss sofort etwas getan werden, denn sonst könnte das Kätzchen vom Baum fallen. Da Paula die beste Kletterin ist, 15 fragen die Kinder sie, ob sie auf den Baum klettern könnte, um das Kätzchen zu retten. Doch Paula erinnert sich an das Versprechen, das sie ihrem Vater gegeben hat. *Thomas Lickona*

Das Geheimversteck

Henrik und Tobias sind die besten Freunde. Eines Tages verrät Henrik Tobias, dass er eine Höhle im Park gebaut hat, in der er eine Kiste mit Spielsachen und Heften versteckt hält. Hen-
5 rik sagt, dass er nach der Schule zur Höhle gehen wird, um dort allein zu spielen. Tobias darf aber keinem davon erzählen. Tobias verspricht

Henrik, dass er das große Geheimnis bei sich behalten wird. Nach der Schule trifft Henrik auf die Eltern von Tobias, die ihren Sohn mit dem 10 Auto von der Schule abholen wollten. Sie sind besorgt und fragen Henrik, wo Tobias ist, denn sie wollten vor einer Stunde mit ihm zur Großmutter fahren. *Thomas Lickona*

Mücken

Rosa zu ihrer Mama: „Eine Mücke darf man doch nicht töten, wenn sie einem nichts getan

hat, oder?" Mama: „Ach was, einfach draufhauen. Dann ist sie weg." *Georg Lind*

3 *Was ist ein Dilemma? Formuliere eine passende Definition.*

4 *Beschreibe, wie du dich in den jeweiligen Situationen entschieden hättest.*

Faustrecht

Ungeduldig hatte Tobias auf die erlösenden fünf Gongschläge gewartet, die das Ende der Pause und den Beginn des Unterrichts anzeigten. Nicht, dass Tobias gerne Mathematik gemacht
5 hätte. Im Gegenteil. Eigentlich zählte Prozentrechnung zu den Dingen, vor denen er sich am liebsten drückte. Aber das war jetzt unwichtig. Hauptsache, der Unterricht würde jetzt schnell wieder beginnen. Was und bei wem, war ihm
10 völlig egal. Während der Unterrichtsstunde war er vor Sebastian sicher. In den Pausen dagegen musste man sich vor ihm in Acht nehmen. Da war er unberechenbar. Darum hatte Tobias das Gongzeichen kaum erwarten können. Als es
15 endlich ertönte, war er doch zusammengezuckt. Er wusste ganz genau, dass hinter der Ecke im Flur, dort wo der Gang zu ihrer Klasse nach rechts abbog, Sebastian auf ihn warten würde.

Zögernd setzte sich Tobias in Bewegung.
20 Plötzlich hatte er es nicht mehr eilig. Wie konnte er nur an Sebastian vorbeikommen? Die anderen würden ihm nicht helfen. Entweder machten sie alles, was Sebastian wollte. Oder sie blickten fort und taten so, als ob sie nichts
25 mitbekommen würden. Die hatten doch genauso viel Angst vor Sebastian wie er. Selbst Arne. Warum sogar der einen großen Bogen vor Sebastian machte, verstand Tobias nicht. Arne war zwar nicht größer als er, aber ein Kreuz hat-
30 te der! Und Muskeln! Der musste doch doppelt so stark sein wie Sebastian. Leicht könnte der ihn aufs Kreuz legen. Oder gegen die Schulhofmauer klatschen. Aber nein. Arne wich ihm genauso aus wie alle anderen. Und selbst, wenn
35 Sebastian ihn provozierte, hielt er sich zurück. Wenn ich solche Arme hätte wie Arne, dachte Tobias, dann würde ich jetzt …

Tobias hatte den Eingang erreicht und trat in den Flur. Von hier aus konnte er die Ecke, hin-
40 ter der Sebastian stehen würde, bereits sehen. Unwillkürlich wurden seine Schritte langsamer. Die meisten Schülerinnen und Schüler waren bereits in ihren Klassenräumen verschwunden. Eine aus der Klasse unter ihm lief noch zum
45 Papierkorb neben dem Eingang und warf ihr

zusammengeknülltes Butterbrotpapier hinein. Tobias spürte seinen Magen knurren. Sein Butterbrot lag zerquetscht auf dem Aschenboden hinten am Schulhofzaun. Als er gerade zubei-
50 ßen wollte, war Sebastian von hinten gekommen, hatte seine Hand um seine gelegt und dann ganz fest zugedrückt. Immer fester, bis das Brot mit der Butter und der Salami aus seiner Hand herausgequetscht wurde und auf den Bo-
55 den fiel. Tobias hatte das Gefühl, als würde er ihm alle fünf Finger brechen. Laut hatte er aufgeschrien und dann versucht, sich loszureißen. Aber Sebastian hatte ihn so fest im Griff gehabt, dass er keine Chance hatte. Ein paar aus seiner
60 Klasse hatten sich zwar um die beiden gestellt, um zu sehen, was es da gab. Aber geholfen hatte ihm niemand. Als das Brot in der Asche lag, hatte Sebastian es mit dem Fuß direkt vor Arne gekickt. „Für dich!", hatte er gelacht. „Damit deine
65 Muskelpakete platzen!"

Aber Arne war ganz ruhig geblieben. Mit einem Schlag hätte er Sebastian auf den Boden werfen können. Aber er hatte nur „Du langweilst" gesagt und war weitergegangen, ohne
70 Sebastian oder ihn weiter zu beachten.

„Jetzt beeil dich! Die Stunde hat längst begonnen." Die Stimme des Mathematiklehrers hinter ihm klang verärgert. „Hier, nimm mir mal die Hefte ab."

75 Als Tobias sie auf den Lehrertisch ablegte, merkte er, wie der Blick von Herrn Salomo auf seine blutunterlaufenen Fingernägel fiel.

[…] Übungsarbeit. Sonst ging Herr Salomo bei Arbeiten immer zwischen den Tischen um-
80 her, um sicherzugehen, dass niemand abschrieb. Jetzt saß er die ganze Zeit an seinem Tisch und schaute durchs Fenster nach draußen. […]

Kurz bevor das Gongzeichen ertönen musste, sammelte er die Hefte wieder ein. […] Er ging
85 zur Tür. […] Langsam trat er auf den Flur hinaus. So resigniert hatte Tobias seinen Lehrer noch nie gesehen. Tobias sah ihm nach, selbst als er längst im Flur verschwunden war und die anderen die Sachen in die Schultasche und
90 Beutel packten. Als vor ihm Arnes Etui auf den

Boden fiel, wachte er aus seinen Gedanken auf. Er sah, wie Sebastian zwei Schritte nach vorne kam, wie zufällig mit der Hacke auf Arnes Etui trat und seinen Absatz noch einmal kräftig hin-
95 und herdrehte. Ein leises Knacken war zu hören. Dann sickerte blaue Tinte aus dem Etui auf den Boden.

„Du hättest dein Heft ruhig etwas mehr rüberhalten können", sagte er grinsend. „Meinst
100 du, ich will mir den Hals verrenken? Nein! Merk dir das! Fürs nächste Mal."

Tobias blickte gespannt auf Arne. Jetzt musste doch was passieren! Jetzt musste Arne doch zuschlagen. Das konnte der sich doch nicht ein-
105 fach so gefallen lassen. Der brauchte nicht klein beizugeben. Der nicht! Aber Arne hob nur das Etui auf, klappte es auseinander und stellte in einem betont sachlichen Ton fest: „Füller, Bleistift, Lineal. Etwa 35 Mark. Dann noch die Map-
110 pe. Zusammen 55 Mark. Du kannst mir das Geld gleich geben. Aber wie ich dich kenne, wirst du zu dumm dazu sein und warten, bis ich es dem Salomo gemeldet habe. Aber du kannst es dir ja noch einmal überlegen. Die Pause dauert fünf-
115 zehn Minuten."

Die nächste Stunde hatten sie wieder bei Herrn Salomo. Arne stand im Flur, um ihn abzufangen. Tobias konnte durch die geöffnete Tür sehen, wie er auf den Lehrer zutrat. Während
120 Arne von dem Vorfall berichtete und sein Etui zeigte, kamen die beiden in den Raum.

„Finde ich gut, dass du kommst, damit wir die Sache gemeinsam bereden und klären kön-

nen", sagte der Lehrer. Dann hielt er inne und sah Arne fragend an. „Aber warum hast du Se- 125 bastian eigentlich keine geknallt? Ich muss gestehen, ich hätte gedacht, dass du ihn verprügeln würdest. So wie du gebaut bist!"

„Ich bin im Boxverein." Es sah so aus, als ob Arne nicht wüsste, wo er seine Hände lassen 130 sollte. „Wenn ich bei einer Schlägerei mitmache, fliege ich raus. Das musste ich sogar unterschreiben."

„Solche Regeln habt ihr?", staunte der Lehrer. „Ich kenne mich da wirklich zu wenig aus. 135 Vielleicht solltest du uns da mal mehr davon erzählen. Oder uns einfach mal mitnehmen, wenn das erlaubt ist und welche von den anderen Interesse haben."

Und ob sie Interesse hatten! Sogar einige der 140 Mädchen wollten mitkommen. Nur Sebastian fand den Vorschlag ätzend. Doch als die meisten zusagten, brummelte er auch ein „von mir aus", damit es nicht so aussah, als ob er kneifen würde. 145

Arnes Boxlehrer hatte nichts gegen den Besuch. Sie durften sogar in den Ring steigen. Einer nach dem anderen. Als Sebastian sich durch die Seile schob und Arne geschmeidig vor ihm hin- und hertänzelte, mit der einen Faust das 150 Gesicht deckte und mit der anderen angriff, konnte Tobias genau sehen, wie Sebastians Knie zitterten. Nach diesem Nachmittag war es irgendwie anders in der Klasse.

Hans-Martin Große-Oetringhaus

1 *Überlege dir Gründe, weshalb Tobias sich auf das Ende der Pause freut.*

2 *Fühle dich in Arne ein. Weshalb wehrt er sich nicht gegen Sebastian?*

3 *Hinterfrage, inwiefern Arne ein Vorbild für Tobias und alle anderen sein kann.*

4 *Erkläre, warum es nach dem Nachmittag im Boxverein in der Klasse irgendwie anders war.*

5 *Stelle dar, wie du an Tobias' bzw. an Arnes Stelle gehandelt hättest.*

6 *Vergleiche und erkläre die Sprüche: „Sich nicht alles gefallen lassen" bzw. „Der Klügere gibt nach." Begründe, nach welchem der beiden Sprüche man deiner Ansicht nach bei Konflikten handeln sollte.*

Einzelgänger und Außenseiter

Loser!

Du hässliches Opfer!

Du bist so blöd!

Keiner braucht dich. Hau ab!

Du stinkst!

Du bist fett!

HAHA!

Nicht dazugehören, ausgegrenzt werden, alleine sein, sich dumme Sprüche anhören müssen … so sieht oft der Schulalltag von sogenannten Außenseitern aus.

Ein Außenseiter ist jemand, der in einer Gruppe nicht integriert ist, also nicht Teil einer Gruppe ist. In der Schule bedeutet das z. B., dass jemand nicht Teil der Klassengemeinschaft ist, sondern von den Mitschülern ausgeschlossen wird. Manche möchten freiwillig nicht zu einer Gruppe gehören und distanzieren sich (Einzelgänger). Meistens geschieht dies aber unfreiwillig und die Betroffenen leiden darunter.

Wie wird man zum Außenseiter?

In eine Außenseiterrolle gerät man hauptsächlich dadurch, dass man sich durch irgendein Merkmal von anderen unterscheidet. Etwa dass man anders aussieht, andere Musik hört, besonders aggressiv oder besonders schüchtern ist. Oft ist es aber auch so, dass man selbst gar nichts dazu beiträgt.

Viele schließen andere aus oder ärgern andere, damit sie selbst akzeptiert werden. Ein dummer Spruch bringt vielleicht ein paar Lacher von anderen Mitschülern ein. Das motiviert dann schon zum Weitermachen. Gerade in Schulklassen ist die Angst, zum Außenseiter gestempelt zu werden, ein Motiv, selbst andere auszugrenzen. Nach dem Motto: „Da verarsch' ich doch lieber einen anderen, bevor ich selbst beschimpft werde."

Betroffen? – So kannst du dir helfen

Versuche zunächst die Situation zu verändern und mehr Kontakt zu deinen Mitschülern zu bekommen. Es ist günstig, wenn du die Situation in deiner Klasse beobachtest: Wer sind diejenigen, die viel bestimmen? Wer hält sich eher raus? Welche Cliquen gibt es?

In jeder Klasse gibt es Mitläufer, die nur mitmachen, um nicht selbst angegriffen zu werden. Versuche einmal, offen auf diese zuzugehen. Du kannst auch versuchen, dich in Gespräche einzubringen. Wenn du hörst, dass über etwas gesprochen wird, von dem du auch eine Ahnung hast, dann rede einfach mit.

1 *Erläutere, ob Einzelgänger zwangsläufig auch Außenseiter sind. Gibt es einen Unterschied?*

2 *Überlege, welche weiteren Strategien man noch ausprobieren kann, um aus der Rolle des Außenseiters herauszukommen.*

3 *Diskutiert zusammen, wie man als Klasse jeden Einzelnen in die Klassengemeinschaft integrieren kann.*

Was ist eigentlich Mobbing?

Im Alltag benutzen viele Schülerinnen und Schüler das Wort „Mobbing" ziemlich gedankenlos, ohne zu wissen, was unter dem Begriff eigentlich zu verstehen ist. Was genau bedeutet Mobbing?

Herr Keller, die Carola mobbt mich!

Unter Mobbing versteht man nicht ein einmaliges Ärgern oder Schikanieren, sondern eine Gewaltform (körperlich oder psychisch), die sich durch bestimmte Merkmale von „normalen" Rangeleien und Konflikten unterscheiden lässt. Diese Merkmale kennzeichnen Mobbing:

- **Häufigkeit und Dauer**
  Mobbing liegt vor, wenn eine Schülerin oder ein Schüler wiederholt und über einen längeren Zeitraum, also mehrere Wochen oder Monate, angegriffen wird. Zudem muss eine gewisse Häufigkeit vorliegen. Beispielsweise muss der Schüler oder die Schülerin mindestens einmal in der Woche den negativen Handlungen eines Täters oder einer Tätergruppe ausgesetzt sein.
- **Kräfteungleichgewicht**
  Kennzeichnend ist zudem, dass die Kräfte zwischen Opfer und Täter ungleich verteilt sind. Sei es, dass der Täter körperlich sehr viel stärker oder mit Worten schlagfertiger ist, oder dass die Täter in der Überzahl sind.
- **Eigenständige Konfliktlösung kaum möglich**
  Meist können die Konfliktparteien, also Opfer und Täter, den bestehenden Konflikt nicht aus eigener Kraft und mit eigenen Mitteln lösen. Es ist keine eigenständige Konfliktlösung möglich.

Mobbing

Der Begriff Mobbing stammt aus dem Englischen und bedeutet „anpöbeln", „fertigmachen" (mob = Pöbel, mobbish = pöbelhaft). Mobbing ist eine Form der Gewalt gegen Personen über längere Zeit mit dem Ziel der sozialen Ausgrenzung. Es kann sich dabei um verbale, nonverbale und physische Gewalt handeln. Mobbing unter Schülern bezeichnet alle böswilligen Handlungen, die kein anderes Ziel haben, als eine Mitschülerin oder einen Mitschüler fertigzumachen.

www.schueler-gegen-mobbing.de

Mobbing tritt auf als:
- direktes Mobbing: alle körperlichen (physischen) und verbalen Attacken,
- indirektes Mobbing: nonverbale Attacken.

1 *Ergänze die folgende Tabelle.*

Erscheinungsformen von Mobbing

Direktes Mobbing		Indirektes Mobbing
körperlich	*verbal*	*nonverbal*
schlagen	beschimpfen	auslachen
treten	beleidigen	ignorieren
an den Haaren ziehen	verspotten	Sachen verstecken
…	…	…

Wer ist am Mobbing beteiligt?

Neben den Haupttätern nehmen auch weitere Personen eine tragende Rolle im Mobbinggeschehen ein. Denn sie unterstützen mit ihrem jeweiligen Verhalten die Handlungen der Mobber. Zu den Mobbingtätern gehören demnach streng genommen drei Personengruppen:

- die Haupttäter,
- die Mitläufer,
- die Dulder sowie die Zu- und Wegschauer.

www.bpb.de

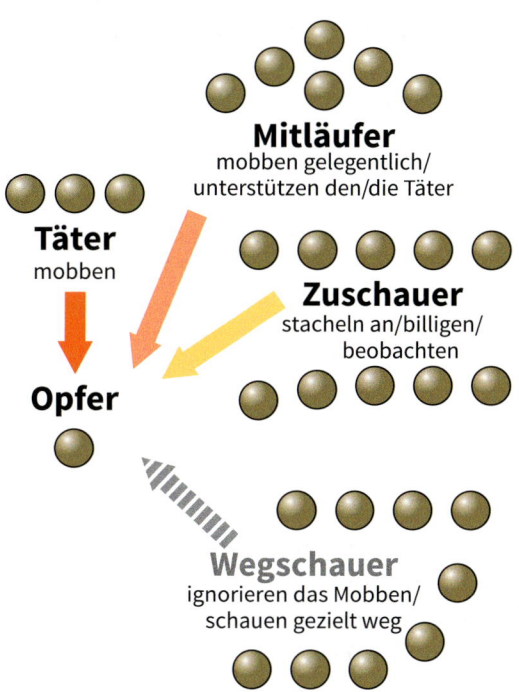

2 *Erkläre, warum auch Zuschauer zu den Mobbingtätern zählen.*

3 *Erläutere anhand des Schaubilds die „Funktionen" der einzelnen Rollen beim Mobbing.*

4 *Überlege dir, welche weiteren Rollen noch beim Mobbing beteiligt sein können.*

Auswirkungen von Mobbing

Mobbing wirkt auch dadurch, dass das Opfer das „Problem" erst einmal bei sich selbst sucht, und dies oft über längere Zeit. Nur selten informiert eine Schülerin oder ein Schüler sofort eine Lehrkraft oder erzählt den Eltern, was tagtäglich passiert. Die schlimmen Folgen von Mobbing können sich auf die gesamte Persönlichkeit auswirken:

- physische Schädigungen (Verletzungen),
- psychische Schädigungen (z. B. Zerstörung des Selbstbewusstseins),
- psychosomatische Reaktionen (z. B. Appetitlosigkeit, Bauchschmerzen, Albträume, Schlafstörungen),
- sonstige Reaktionen (z. B. Unkonzentriertheit, Leistungsrückgang, Fehltage durch „Krankheitstage" oder Schwänzen, Rückzug aus sozialen Beziehungen, Ängste, Depressionen, Suizidversuche bzw. vollzogener Suizid).

Bei jugendlichen Betroffenen können folgende Verhaltensweisen mögliche Anzeichen für Mobbing sein:

- Sie wollen nicht mehr zur Schule gehen.
- Sie wollen zur Schule gefahren werden.
- Ihre schulische Leistung lässt nach.
- Sie verlieren ständig Geld. (Das Geld wird von den Tätern erpresst.)
- Sie können oder wollen keine schlüssige Erklärung für ihr Verhalten geben.
- Sie beginnen zu stottern.
- Sie ziehen sich zurück.
- Sie haben Albträume.
- Sie verletzen sich selbst körperlich (Ritzen).
- Sie begehen einen Selbstmordversuch.

Was kann man gegen Mobbing tun?

Viele Mobbingopfer schämen sich, dass sie gemobbt werden, und leiden still vor sich hin. Es
ist jedoch wichtig, dass sie erwachsenen Personen, denen sie vertrauen, von Mobbingvorfällen
5 erzählen (Lehrern, Schulpsychologen, Eltern,
Freunden, Außenstehenden, Beratungsstelle).
Auch der Kontakt mit Betroffenen im Internet kann helfen, das Selbstbewusstsein wieder
aufzubauen und Wege aus der Opferspirale zu
10 finden. Doch diese Ratschläge sind leichter gesagt als getan, denn Mobbingopfer können sich
meist nicht mehr selbst wehren und brauchen
Unterstützung von außen.

Klassenkameraden, die zu- oder wegschau-
15 en, machen sich indirekt auch zu Tätern! Schüler müssen erwachsenen Personen von Mobbinggeschehen erzählen. Diese Person sollte
eine Person ihres Vertrauens sein (z.B. Klassen-
lehrer, Vertrauenslehrer, Schulpsychologe). Sie
20 sollten so stark sein nicht aufzugeben, bis ihnen
jemand zuhört.

Lehrer können Schüler ermutigen, über
Mobbingvorfälle zu berichten. Opfer müssen
geschützt und unterstützt werden, Täter sind
25 zur Rede zu stellen und aktiv in die Lösung mit
einzubeziehen. Klassenregeln sollten als prä-
ventive Maßnahmen gegen Mobbing vereinbart
werden.

Eltern sollten die Warnsignale von Mobbing
kennen. Sie sollten hellhörig werden, wenn das 30
Kind nicht mehr in die Schule gehen will, sich
oft krank fühlt, Albträume hat oder Schulsachen beschädigt nach Hause bringt. Bei Mob-
bingverdacht sollten sie die Schule informieren
und fordern, dass gehandelt wird. Wird nicht 35
gehandelt, sollten sie immer wieder vorstellig
werden und sich auch an die nächsthöhere Ins-
tanz wenden. Jedoch sollten Eltern nicht direkt
mit den Tätern Kontakt aufnehmen.

Nach www.schueler-gegen-mobbing.de

5 *An wen würdest du dich wenden, wenn du mitbekommen würdest, dass jemand aus deiner
Klasse gemobbt wird? Begründe deine Entscheidung.*

Präventivmaßnahmen

Am besten ist es natürlich, wenn Mobbingfälle gar nicht erst auftreten. Schulen sollten in der
Zusammenarbeit mit Kindern und Eltern Anti-Mobbingprojekte entwickeln. Dazu zählen z. B. die
Einführung eines sozialen Kompetenztrainings, das Aufstellen von Regeln und Vereinbarungen
gegen Mobbing/Gewalt, Klassenleiterstunden usw.

6 *Erarbeitet einen „Klassenvertrag", der wichtige Regeln des Zusammenlebens in der Klassengemeinschaft beinhaltet, damit Mobbingfälle erst gar nicht entstehen können.*

7 *Erstellt ein Plakat gegen Mobbing.*

8 *Überlegt euch, welche Anti-Mobbingprojekte ihr an eurer Schule starten könntet.*

Das kann und weiß ich jetzt …

Darüber weiß ich jetzt Bescheid:

Pubertät   Gefühle   Selbst- und Fremdwahrnehmung

Selbstbewusstsein   Optimismus, Pessimismus   Feedback

aktives Zuhören   wahre Freundschaft   Identität

Autonomie   Freiheit   soziale Gruppen   Peergroup

Nein sagen   Ich-Botschaften   Konfliktlösung   Dilemma

Einzelgänger und Außenseiter   Mobbing

1 *Erkläre die Veränderungen während der Pubertät. Erstelle dazu eine Tabelle, in der du stichpunktartig körperliche, psychische und soziale Veränderungen auflistest. Unterteile – falls möglich – die Veränderungen in verschiedene Phasen.*

Phase	Körperliche Veränderungen	Psychische Veränderungen	Soziale Veränderungen
…	…	…	…

2 *Erkläre, in welchem Zusammenhang Selbstwirksamkeit und Selbstbewusstsein mit Optimismus bzw. mit Pessimismus stehen.*

Projektidee

Filmanalyse „Herr der Fliegen"

Schaut euch den Film „Herr der Fliegen" aus dem Jahr 1990 an. Alternativ könnt ihr auch den gleichnamigen Roman von William Golding lesen.

- Arbeitet die Merkmale einer sozialen Gruppe heraus. Erstellt Poster mit Zitaten und Bildern vom Film (evtl. Screenshots), um die Merkmale einer sozialen Gruppe mit Beispielen aus dem Film zu hinterlegen. Achtet dabei vor allem auf folgende Punkte:
  – gemeinsame Regeln, Werte, und Ziele;
  – Symbole, Kleidung, Sprache;
  – Zusammenhörigkeitsgefühl (Wir-Gefühl).
- Hinterfragt, welche Gruppenrollen (z. B. Anführer, Mitläufer, Einzelgänger, Außenseiter) den einzelnen Charakteren zukommen.
- Versucht anhand passender Filmszenen und einzelner Charaktere die Begriffe Konfliktlösung, Neinsagen, Dilemma und Autonomie zu erklären.

2 Sich für andere einsetzen

Ich setze mich für andere ein

Hilfsbedürftigkeit
Ein Mensch wird als hilfe- oder hilfsbedürftig angesehen, wenn er materieller Unterstützung oder anderer Formen sozialer, fürsorglicher oder motorischer Unterstützung, Förderung, Begleitung oder Betreuung bedarf.

Nach http://de.wikipedia.org

1 *Sprecht in der Klasse über die Bedeutung dieser Definition. Welche Personengruppe ist davon ausgeschlossen?*

2 *Seht euch die Bilder auf der Seite 41 nochmals an. Hinterfragt, ob die oben stehende Definition auf alle abgebildeten Personen zutrifft.*

3 *Suche dir jeweils eine der Personen von Seite 41 aus und fühle dich in ihre Lage ein. Welche Gedanken oder Gefühle könnte sie gehabt haben? Schreibe auf.*

4 *Tauscht euch anschließend über eure Gedanken aus.*

Ich und die Bedürfnisse anderer
Hilfsbedürftige Menschen begegnen uns beinahe täglich im Alltag. In der eigenen Familie können dies etwa die Großeltern oder gesundheitlich beeinträchtigte Familienmitglieder sein. Auch in unserem sonstigen Lebensumfeld können wir auf Not leidende Personen treffen. Hilfsbedürftige Menschen haben Bedürfnisse wie andere Menschen auch. Sie haben jedoch nicht die gleichen Chancen wie andere. Deshalb sind sie auf Unterstützung angewiesen. Welche Möglichkeiten haben wir, Menschen zu helfen, die in eine Notlage geraten sind?

5 *Sammle Beispiele aus deinem Leben dafür, wie du hilfsbedürftigen Personen deine Unterstützung angeboten hast.*

6 *Wie hast du dich gefühlt, nachdem du einem Menschen in Not geholfen hattest? Tauscht euch aus.*

Möglichkeiten und Grenzen von Hilfeleistungen

Nicht nur du als Einzelner, auch Gemeinschaften oder sogar Staaten können hilfebedürftig sein. In Deutschland gibt es Gesetze, die definieren, wer hilfebedürftig ist und welche Rechte ihm zustehen. Im Sozialgesetzbuch heißt es dazu:

> Hilfebedürftig ist, wer seinen Lebensunterhalt nicht oder nicht ausreichend aus dem zu berücksichtigenden Einkommen oder Vermögen sichern kann und die erforderliche Hilfe nicht von anderen, insbesondere von Angehörigen oder von Trägern anderer Sozialleistungen, erhält.
> *§ 9 Abs. 1 SGB II*

Die Gerichte sind verpflichtet, ein menschenwürdiges Existenzminimum durch Rechtsschutz zu sichern.

1 *Gib den Inhalt des Paragrafen in eigenen Worten wieder. Wie könnte der Rechtsschutz für ein menschenwürdiges Existenzminimum aussehen?*

2 *Übertrage die folgende Tabelle in dein Heft. Ergänze sie mit weiteren Maßnahmen, die dir einfallen. Du kannst dazu auch im Internet recherchieren.*

Politik	Soziale Einrichtungen	Kirchliche Einrichtungen	Unternehmen
Zahlung von Sozialhilfe	Altennachmittage in Gemeinden	Kleidersammlung für Flüchtlinge	betriebliche Altersvorsorge
...	...	...	...

3 *Diskutiert in Gruppen über die gesammelten Möglichkeiten.*

Die Aufnahme von Flüchtlingen stellt ebenfalls eine Art der Hilfeleistung für Bedürftige dar. Der Flüchtlingsstrom vor allem der Jahre 2015 und 2016 stellte jedoch die EU und Deutschland vor große Herausforderungen. Viele Deutsche reagierten spontan hilfsbereit. Jedoch sind auch viele Deutsche verunsichert und verängstigt. Sie fragen sich, ob sich die große Zahl an Menschen aus anderen Kulturkreisen in Deutschland integrieren lässt.

4 *Informiert euch über die Gründe von Zuwanderung durch Flüchtlinge nach Deutschland.*

5 *Hinterfrage und beurteile: Wo siehst du die Grenzen von Zuwanderung?*

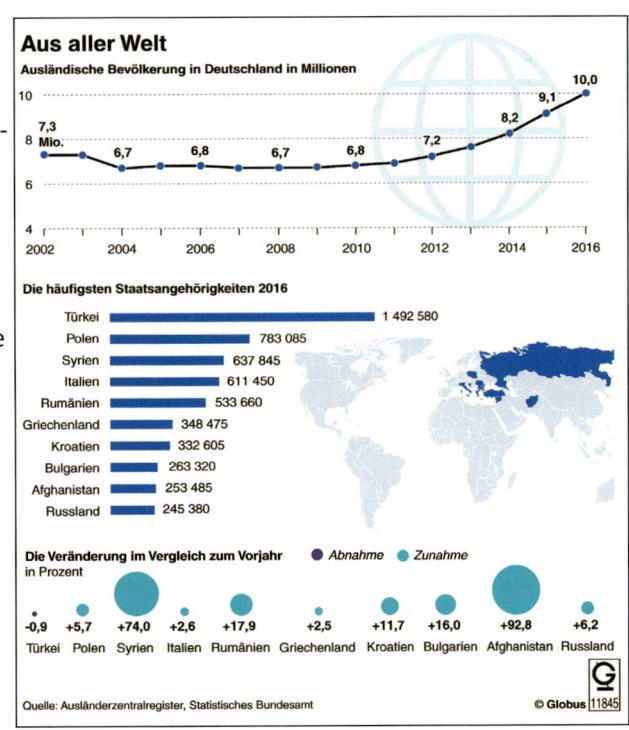

43

Bedürftigkeit in der Familie

In dem Kinderbuch „Die blauen und die grauen Tage" von Monika Feth geht es um das junge Mädchen Evi, das voller Ungeduld auf den Tag gewartet hat, an dem seine geliebte Oma ins Haus der Familie einzieht. Evis ältere Schwester Vera ist von der neuen Familiensituation weniger begeistert. Die Vorstellung, ihr Leben umkrempeln zu müssen, um mit einer alten, dazu noch verwirrten Frau zusammenzuleben, ist ein Horror für sie. Als Oma endlich da ist, kann Evi überhaupt nicht verstehen, warum sie „verwirrt" sein soll. Oma ist der gute Geist des Hauses. Seit sie sich um den Haushalt kümmert, ist alles viel schöner, gemütlicher und freundlicher geworden. Bis der Silvestertag kommt:

Bearbeitet nach Monika Feth

Als sie wieder aufwachte, hatte sie Mühe, sich zurechtzufinden. Zuerst glaubte sie, es sei Morgen, doch dann fiel ihr ein, dass Silvester war und Nachmittag. Im Zimmer war es schummrig.
5 Der Tag draußen war noch grauer geworden, der Himmel noch schwerer.

Benommen trat Evi in den erleuchteten Flur hinaus und kniff geblendet die Augen zusammen. Sie hörte die Mutter unten telefonieren.
10 Noch bevor sie die Worte verstand, wusste sie, dass es um Oma ging. Sie beugte sich übers Geländer und lauschte.

„Sie muss das Haus gegen Mittag verlassen haben", sagte die Mutter, „genau wissen wir es
15 nicht. Nein, niemand. Und Sie rufen mich an, wenn Sie etwas von ihr hören? Herzlichen Dank, Frau Klapproth. Ja, das hoffe ich auch."

Evi stieg die Treppe hinunter. „Mama?"

Die Mutter fuhr zu ihr herum, die eine Hand
20 noch auf dem Hörer, die andere gegen die Brust gepresst. „Mein Gott, hast du mich erschreckt!"

„Was ist passiert?"

Die Mutter fühlte ihr die Stirn. „Du wirst mir doch nicht krank? Seit Jahren hast du tags-
25 über nicht mehr geschlafen."

Ungeduldig schob Evi ihre Hand weg. „Ist Oma …"

Die Mutter gab sich gelassen. „Vielleicht macht sie ja nur einen Spaziergang."
30 „Einen Spaziergang? Bei dem Wetter?" Evi sah auf die Uhr. Zwanzig nach drei. „Und so lange? Wir müssen sie suchen!"

Die Mutter machte Licht in der Küche, stellte sich ans Fenster und sah hinaus. Der Schneeregen war stärker geworden, Matsch hatte 35 sich auf der Straße gesammelt. „Papa sucht sie schon."

„Und Vera?"

„Vera ist auf ihrer Party."

„Na, toll, Hauptsache, sie hat ihren Spaß." 40

„Da tust du ihr Unrecht. Papa sagt, Oma war noch hier, als Roland Vera abgeholt hat." Die Mutter begann, den Tisch zu decken. Evi sah ihr befremdet zu. Oma war verschwunden und sie dachte ans Essen! 45

„Wenn Oma nach Hause kommt, wird sie hungrig sein. Und ich bin es auch", sagte die Mutter nach einem Blick auf Evis vorwurfsvolle Miene.

Evi ließ sie stehen, sie lief zur Garderobe 50 und riss ihre Jacke vom Haken. Mit flatternden Händen schlang sie sich den Schal um den Hals, da klopfte es.

Omas Haare troffen vor Nässe, der Mantel hing schwer an ihr herab und ihre Schuhe wa- 55 ren durchweicht. Sie kam herein und nieste. Evi machte einen Schritt auf sie zu. Oma wich vor ihr zurück. Sie streifte den Mantel ab und ließ ihn einfach zu Boden fallen, dann ging sie in die Küche. Sie setzte sich an den Tisch und nieste 60 wieder.

„Mutter! Wo hast du gesteckt? Bert sucht dich überall!"

„Es riecht nach Schnee", sagte Oma.

65 „Hol ein Handtuch", sagte die Mutter zu Evi.
„Ein Handtuch?" Oma kicherte. „Willst du den ganzen Schnee aufwischen?"

Als der Vater wieder nach Hause kam, lag Oma schon mit einer Wärmflasche im Bett und
70 schlief. Sie aßen in bedrückter Stimmung zu Abend, räumten den Tisch ab und setzten sich ins Wohnzimmer. Es war mit Luftschlangen geschmückt, aber niemandem war mehr nach Feiern zu Mute.

75 „Lust auf Spielchen?", fragte der Vater munter. Er rieb sich die Hände, als könne er es nicht erwarten.

Evi hatte keine Lust, die Mutter auch nicht. Der Vater schaltete den Fernseher ein. Er drehte
80 den Ton so leise, dass sie Oma hören konnten, falls sie etwas brauchte.

Die Leute im Fernsehen schäumten über vor guter Laune, sie tanzten und lachten und bewarfen sich mit Konfetti. Im Hintergrund war eine riesige Uhr zu sehen. Langsam bewegten sich 85 die großen Zeiger durch den Rest des Jahres.

Die Mutter schaltete um. Sie entschieden sich für einen Film mit Heinz Rühmann, Die Feuerzangenbowle, der eben angefangen hatte. Evi sah kaum hin. Sie brauchte sich nichts mehr 90 vorzumachen, das neue Jahr würde ein Jahr ohne Oma werden. Vielleicht holten sie sie ja schon morgen ab, wenn sich ihr Aussetzer verschlimmerte.

Glücksvogel und Zauberglas, dachte sie, al- 95 les Quatsch. Und plötzlich wusste sie, was sie zu tun hatte. Sie würde tun, was sie sich schon lange vorgenommen hatte.

Monika Feth, Die blauen und die grauen Tage

Monika Feth: Über mich

Bücher waren schon immer meine Leidenschaft, aber ich stamme aus einer Arbeiterfamilie (mein Vater war der erste, der an einem Schreibtisch arbeitete), in der Lesen als Luxus für reiche Leute galt. Deshalb habe ich mir Studienfächer ausgesucht, für die ich den ganzen Tag lesen, lesen und lesen durfte, ohne dass mich jemand fragte, ob ich nichts Vernünftiges zu tun hätte ... [...]

Heute lebe ich als freiberufliche Schriftstellerin in einem kleinen Dorf in der Nähe von Köln. Ich schreibe Bücher für Kinder, Jugendliche und Erwachsene, arbeite für den Rundfunk und hin und wieder fürs Fernsehen.

www.monika-feth.de

1 *Was könnte mit der „Verwirrtheit" von Evis Oma gemeint sein? Nenne Anzeichen dafür aus dem Textauszug.*

2 *Evis Oma leidet an Demenz. Klärt mithilfe des Internets die Begriffe „Demenz" und „Alzheimer". Erläutert die Auswirkungen, die diese Krankheiten auf Nichtbetroffene haben können.*

3 *Stelle die Folgen dar, wenn die Familie die Oma nicht bei sich aufnehmen und unterstützen würde.*

4 *Versetze dich in Evis Lage. Wie geht sie mit der Situation um?*

5 *Lies den letzten Absatz des Textes nochmals durch. Überlege dir, was Evis Plan sein könnte.*

Menschen als Vorbilder

Vorbildliches Verhalten

Hast du Lust, heute mit zum Schwimmen zu gehen?

Danke, aber ich kann leider nicht.

Na los, komm schon – was machst du denn so Wichtiges?

Ich helfe im Altenheim aus und gehe mit den Bewohnern spazieren.

Oh Mann, das klingt aber ziemlich langweilig.

Ha ha, die alten Leute brauchen wohl einen Babysitter?

Was redet ihr da für einen Unsinn? Habt ihr denn gar kein Mitgefühl mit Leuten, die unsere Hilfe brauchen?

1 *Was haltet ihr von diesem Gespräch? Setzt euch mit den verschiedenen Sichtweisen der Jugendlichen auseinander.*

2 *Lies die folgenden Definitionen aufmerksam durch. Erkläre deinem Partner jeden Begriff mit deinen Worten und nenne je ein Beispiel.*

Empathie bezeichnet die Fähigkeit und Bereitschaft, sich in Empfindungen, Gedanken, Emotionen, Motive und Persönlichkeitsmerkmale einer anderen Person einzufühlen.

Unter **Tugend** versteht man eine positive Eigenschaft oder vorbildliche Haltung und im weitesten Sinne jede Fähigkeit, als wertvoll erachtetes Handeln zu vollbringen.

Der Begriff des „**Sozialen**" beschreibt in der Umgangssprache den Bezug eines Menschen auf einen oder mehrere andere. Sozial handelt, wer sich in andere einfühlend für das Gemeinwohl einsetzt und dabei auf die Bedürfnisse Schwächerer eingeht.

Nach https://de.wikipedia.org

3 *Im obigen Gespräch spricht ein Junge von Mitgefühl gegenüber älteren Personen. Schätze ein, ob er empathisch und sozial handelt. Reflektiere, was an seinem Verhalten tugendhaft ist.*

4 *Benenne weitere wertvolle, zum Begriff Tugend passende Fähigkeiten.*

Vorbilder in der Geschichte

Nicht nur in der heutigen Zeit finden sich Menschen, die Hilfsbedürftige selbstlos und manchmal sogar unter Lebensgefahr unterstützen. Auch in der Vergangenheit finden wir solche Vorbilder mit großem sozialem Engagement und Einsatz für andere.

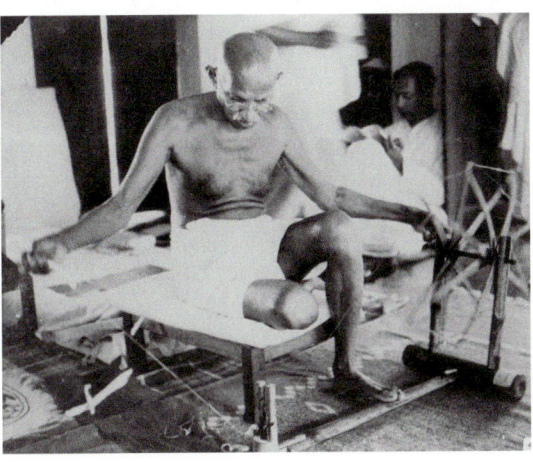

1 *Betrachte die Bilder und benenne die Personen.*

2 *Weißt du bereits, für wen oder was sich diese Menschen besonders eingesetzt haben? Berichte.*

3 *Informiere dich über das soziale Engagement der einzelnen Personen genauer im Internet.*

4 *Haben diese Menschen stets nur Gutes getan oder finden sich auch Beispiele für negatives Handeln in ihrem Leben? Berichtet darüber und diskutiert, warum das so ist.*

5 *Kennt ihr historische Personen aus eurem regionalen Umfeld, die sich sozial engagiert haben? Forscht nach.*

6 *Beschreibe, wer für dich ein Vorbild ist. Erläutere Gründe dafür.*

Ein Leben für Kinder

Kennt ihr diesen Mann? Er hat sich vor allem für die Bedürfnisse von Kindern eingesetzt und ihnen einen Großteil seines Lebens gewidmet. Es handelt sich um den österreichischen Pädagogen Hermann Gmeiner.

Hermann Gmeiner

- 23. Juni 1919: Hermann Gmeiner wird als sechstes von neun Kindern einer Bergbauernfamilie in Vorarlberg geboren.
- 1925: Die Mutter stirbt; die älteste Schwester wird Ersatzmutter für die große Familie.
- 1940–1945: Als Soldat lernt er die Schrecken des Zweiten Weltkrieges kennen, der Millionen Kinder zu Halbwaisen und Waisen macht.
- 1949: Gmeiner ist überzeugt, dass Waisenkindern nur geholfen werden kann, wenn sie ein Zuhause haben. Er gründet in Imst (Tirol) das erste SOS-Kinderdorf.
- Ab 1955 gründet Gmeiner Kinderdörfer in Deutschland, später in ganz Europa.
- 1963 ensteht das erste außereuropäische Kinderdorf in Südkorea. Es folgen viele weitere auf der ganzen Welt. Gmeiner dehnt seine Hilfs- und Betreuungsangebote für Kinder, Jugendliche und junge Erwachsene auf weitere Bereiche aus.
- 26. April 1986: Hermann Gmeiner stirbt. Er hinterlässt 233 Kinderdörfer mit 40 000 Kindern in 85 Ländern.

SOS-Einrichtungen im Überblick

Die SOS-Kinderdorf-Einrichtungen betreuen und begleiten weltweit derzeit rund 1,5 Millionen Menschen: Kinder, Jugendliche und Familien. Derzeit gibt es:

- 575 SOS-Kinderdörfer mit 58 475 Mädchen und Jungen;
- 739 Jugendeinrichtungen, in denen 23 758 Jugendliche wohnen;
- 241 Kindergärten betreuen 25 073 Mädchen und Jungen.
- 185 Hermann-Gmeiner-Schulen, in denen 103 519 Kinder den Unterricht besuchen;
- 103 Berufsbildungszentren für 29 602 Jugendliche und Erwachsene; dort werden zudem die einheimischen SOS-Mitarbeiter ausgebildet;
- 756 Sozialzentren und Projekte der SOS-Familienhilfe erreichen insgesamt 626 103 Kinder und ihre Familienangehörigen.
- 79 Medizinische Zentren haben im vergangenen Jahr 892 820 Behandlungen für Kinder, schwangere Frauen und Eltern durchgeführt.
- 31 Nothilfe-Programme stehen aktuell Kindern und ihren Familien in Katastrophen- und Krisengebieten bei: 332 323 Hilfsleistungen umfassen z. B. Hilfsgüter für Familien, Kinderbetreuung in Notquartieren oder Schutz und Aufnahme unbegleiteter Kinder.

Nach https://www.sos-kinderdoerfer.de

1 *Beschreibe die Motive Hermann Gmeiners, sein Leben einem so großen Hilfswerk zu widmen.*

2 *Entscheidet euch in Kleingruppen für eine SOS-Einrichtung. Berichtet der Klasse von ihren speziellen Aufgaben und davon, wie sie funktioniert.*

3 *Informiert euch genauer über ein SOS-Kinderdorf in eurer Region. Findet Möglichkeiten, wie ihr euch selbst dort für die Kinder einsetzen könnt.*

Moderne Vorbilder

Nicht nur in der Geschichte, auch in unserer heutigen Zeit gibt es viele Menschen, die sich sozial engagieren. Prominente aus Politik, Sport, Musik- oder Filmbranche nutzen ihre Bekanntheit, um auf die Probleme und Hilfsbedürftigkeit vieler benachteiligter Menschen aufmerksam zu machen.

Angelina Jolie

Malala Yousafzai

Til Schweiger

Philipp Lahm

Bill und Melissa Gates

Peter Maffay

1 *Teilt euch in Gruppen auf und recherchiert im Internet. Berichtet euch gegenseitig, wodurch die abgebildeten Personen bekannt geworden sind und was sie geleistet haben, um als soziale Vorbilder zu gelten.*

2 *Kennt ihr in eurem Umfeld bekannte Persönlichkeiten aus der Politik oder der Wirtschaft, die sich ebenfalls sozial engagieren? Sammelt Informationen über sie.*

Soziales Engagement in Vereinen

In Deutschland gibt es 616 000 zivilgesellschaftliche* Organisationen wie Vereine, Stiftungen, Genossenschaften und Ähnliches. 17,5 Millionen Bürger engagieren sich freiwillig in diesen Organisationen. Im Jahr 2016 waren bundesweit davon 90 025 eingetragene Sportvereine, in Bayern davon 11 996.

Die Vielfalt und Vielzahl an Vereinen ist bemerkenswert. Natürlich ist der Hauptzweck von Sportvereinen die sportliche Betätigung, gleichzeitig geht es aber auch um das Miteinander und das gegenseitige Helfen. Einen großen Anteil daran haben zum Beispiel Vereine, die Menschen mit körperlichen Beschwerden durch gezielte Programme/Kurse für Gesundheit und Bewegung unterstützen.

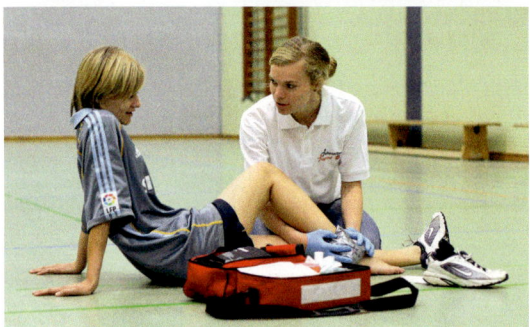

Neben den Sportvereinen existieren viele weitere tausende Einrichtungen, die für Hilfsbedürftige eine Anlaufstelle sind und oftmals konkrete Unterstützung bieten.

Begriffsklärung:

*zivilgesellschaftlich: der Teil der Gesellschaft, der vor allem durch die Bürger selbst und nicht durch den Staat (Behörden, Verwaltungen) organisiert wird

Zu den sozialen Vereinen/Verbänden/Hilfsorganisationen zählen z. B.
- Deutsches Rotes Kreuz,
- Arbeiter-Samariter-Bund,
- Caritas,
- Johanniter,
- Malteser,
- Deutsche Lebens-Rettungs-Gesellschaft,
- Kolpingverein,
- Heilsarmee.

1 Findet die Hauptaufgaben dieser Verbände heraus. Prüft, welche davon es in eurer Nähe gibt.

2 Wie schätzt ihr das tatsächliche soziale Engagement der Vereine ein? Diskutiert über ihre Zweckmäßigkeit.

3 In welchen Vereinen seid ihr selbst Mitglied? Beschreibt sie. Engagieren sie sich auch für soziale Zwecke? Vergleicht die Angebote der Vereine im Gespräch.

Freiwillig anderen helfen – ein ganzes Jahr!

Ehrenamt wird im allgemeinen Sprachgebrauch mit „bürgerschaftlichem Engagement" oder der „Freiwilligentätigkeit" gleichgesetzt. Im Allgemeinen wird darunter selbstloses Handeln verstanden, bei dem eine Einzelperson oder eine Gruppe freiwillig und im Normalfall unentgeltlich Arbeit leistet.

Die Tätigkeit kann regelmäßig oder auch sporadisch sein wie z. B. im Katastrophenschutz. Mit dem Begriff der Freiwilligenarbeit werden auch die Dienste im Bundesfreiwilligendienst (BFD), im Freiwilligen Sozialen Jahr (FSJ) oder im Freiwilligen Ökologischen Jahr (FÖJ) beschrieben.

Nach https://de.wikipedia.org

Wie wichtig und vielfältig die Arbeit der Freiwilligen ist, erfahrt ihr an folgenden Beispielen.

Der Bundesfreiwilligendienst (BFD)

Der Bundesfreiwilligendienst ist ein Angebot an Frauen und Männer jedes Alters, sich außerhalb von Beruf und Schule für das Allgemeinwohl zu engagieren – im sozialen, ökologischen und kulturellen Bereich oder im Bereich des Sports, der Integration sowie im Zivil- und Katastrophenschutz.

Lebenshilfe Memmingen schafft 15 Plätze im Bundesfreiwilligendienst
Ein Gespräch mit Marcel Salzberger (19) und Carolin Reiche (18) aus Memmingen.

Frage: *Am 1. September fangen Sie in der Notkerschule der Lebenshilfe Memmingen, einer Bildungseinrichtung für behinderte Kinder und Jugendliche zwischen sieben und 20 Jahren, an. Wie sind Sie dazu gekommen?*

Marcel Salzberger: Eigentlich wollte ich erst ein Jahr im Ausland verbringen. Das war leider zu teuer. Eine Freundin aus der Schule hat mir dann von der Lebenshilfe erzählt und ich habe mich hier vor Ort nach Bundesfreiwilligendienstplätzen umgehört. Und ich muss sagen, es muss nicht unbedingt das Ausland sein. Es gibt auch vor der eigenen Haustür gute Angebote.

Carolin Reiche: Ich habe während meiner Zeit an der Fachoberschule bereits verschiedene Praktika in sozialen Einrichtungen absolviert und möchte später auch in diesem Bereich arbeiten. Allerdings weiß ich noch nicht genau, was ich machen will.

Es gibt ja viele verschiedene Berufsfelder zu entdecken, die man erst mal kennenlernen muss – vom Ergotherapeuten bis zum Pädagogen. Als ich auf die Lebenshilfe Memmingen mit ihren verschiedenen Einrichtungen aufmerksam geworden bin, habe ich gleich gemerkt, dass ich meine Berufsvorstellungen hier konkretisieren kann.

Frage: *Was erhoffen Sie sich persönlich vom Bundesfreiwilligendienst in der Lebenshilfe?*

Marcel Salzberger: Die Arbeit mit behinderten Menschen ist sicher eine Herausforderung. Ich bin sicher, dass ich bei meiner Arbeit viel über den gegenseitigen Umgang mit Menschen lernen kann. Außerdem betreuen wir in der Notkerschule größtenteils Kinder. Da ich später selber Kinder haben möchte, ist dies sicher auch sehr spannend.

https://www.bundesfreiwilligendienst.de

Soziales Engagement für Kinder und Jugendliche

Rasen rollen gegen Rassismus, Kochen für Kinderrechte oder Beats bauen für Bildung

Habt ihr schon mal etwas vom **„Sozialen Tag"** gehört? An diesem Tag gehen Schülerinnen und Schüler nicht in die Schule, sondern in ein Unternehmen, um zu arbeiten. Das verdiente Geld wird dann für soziale Projekte oder für Hilfsprojekte, vornehmlich in Krisenregionen, gespendet. Dort kommt es besonders Kindern und Jugendlichen zugute.

Seit 1998 organisiert der Verein „Schüler Helfen Leben" den Sozialen Tag – mit großem Erfolg. 2017 nahmen bundesweit insgesamt 602 Schulen mit zehntausenden Schülerinnen und Schülern am „Sozialen Tag" teil. Insgesamt kam über eine Million Euro an Spendengeldern zusammen. Jedes Jahr werden neue Projekte im Vorfeld ausgewählt, die dann mit den eingenommenen Geldern gezielt gefördert werden.

Viele Freiwillige und Aktive vor Ort sichern durch ihre Unterstützung die Nachhaltigkeit der Hilfsprojekte. So sind mithilfe der Spendengelder zahlreiche Jugend- und Bildungszentren entstanden. Ein Ausbildungshof für Jugendliche öffnete seine Türen und es konnten verschiedene Straßensozialprogramme gestartet werden.

1 *Kennt ihr den „Sozialen Tag" bereits aus eurer oder einer anderen Schule? Berichtet über eure Erfahrungen, falls ihr schon einmal daran teilgenommen habt.*

2 *Erkundigt euch über eine mögliche Teilnahme am nächsten „Sozialen Tag". Besprecht Möglichkeiten, dieses Projekt an eurer Schule zu realisieren.*

3 *Recherchiert im Internet nach Informationen zum Verein „Schüler Helfen Leben", beispielsweise seine Entstehungsgeschichte, seine Zielsetzung und weitere Projekte.*

4 *Diskutiert über die Reichweite und Nachhaltigkeit solcher Projekte. Beurteilt, ob es nicht sinnvoller wäre, das gesammelte Geld für soziale Projekte in Deutschland anzuwenden.*

Eine weitere Möglichkeit, sich sozial zu engagieren, bietet der Verein „Children for a better World e. V." aus München. Dieser unterstützt beispielsweise deutschlandweit die Arbeit gegen Kinderarmut in Brennpunkt-Stadtteilen. Die Aktion „CHILDREN Jugend hilft!" fördert Projekte, bei denen sich Kinder und Jugendliche im Alter von sechs bis 21 Jahren zum Ziel gesetzt haben, die Situation von Menschen in Armut, Krankheit, Not oder schwierigen Lebenslagen zu verbessern.

Nach http://www.children.de/was-wir-tun/jugend-hilft/

5 *a) Findet weitere soziale Projekte oder Vereine in Ergänzung zu den auf den Seiten 51 und 52 bereits vorgestellten.*
   b) Teilt euch in Kleingruppen ein: Gestaltet zu allen Vereinen bzw. Projekten je eine (Plakat-) Präsentation für die Klasse.

An unserer Schule – Wir helfen uns gegenseitig

Auch an eurer Schule gibt es bestimmt Projekte, bei denen einer dem anderen hilft. Diese können in den verschiedensten Bereichen zu finden sein. Hier seht ihr typische Aktionen von Schulen, bei denen es um gegenseitige Hilfe geht:

Schüler helfen Schülern
ist ein Konzept, bei dem über einen kurzen oder auch längeren Zeitraum fachkundige, meist ältere Schüler anderen gezielte und individuelle Nachhilfe geben.
Diese Unterstützung ist aufgrund der Erfahrung der Älteren mit verschiedenen Themen oder Aufgabenstellungen, die an die Jüngeren weitergegeben wird, oft besonders erfolgreich. Diese Aktion ist eine sinnvolle und zum Teil kostengünstigere Alternative zu Nachhilfeinstituten.

Tutoren
treten allgemein zur Unterstützung oder Hilfe in Problemfällen in Erscheinung. Tutoren gibt es in vielen unterschiedlichen Bereichen, sogar an Universitäten.
An den Schulen betreuen sie häufig jüngere Schüler oder neue Jahrgangsstufen wie die 5. Klassen am Jahresanfang. Als Bustutoren und damit Ansprechpartner und „Aufpasser" an Bushaltestellen kommen sie ebenfalls zum Einsatz.

Lesepaten fördern die Lesekompetenz anderer, meist von Kindern.
Dazu gehen die Paten jeweils für eine oder mehrere Stunden in Schulen, Vorschulen, Kindertagesstätten, Bibliotheken oder auch andere Leseorte. Dort lesen sie entweder vor, lesen gemeinsam mit den Kindern oder lassen sich von den Kindern/Schülern vorlesen. Je nach Zielrichtung arbeiten sie entweder über längere Zeit mit demselben Kind beziehungsweise derselben Gruppe von Kindern, oder sie arbeiten in offener Form mit wechselnden Kindern.

Streitschlichtung
ist eine besondere Form der Konfliktberatung. Innerhalb der Schülerschaft speziell ausgebildete Streitschlichter/-innen treten als unparteiische Vermittler bei Streitigkeiten sowie kleineren Konflikten anderer Schüler auf. Sie schlichten Streit nach einem festgelegten Ablaufplan. In der Regel werden sie darum gebeten, aktiv zu schlichten. Sie drängen sich streitenden Parteien nie auf.

1 *Beschreibt eine oder mehrere dieser Aktionen, falls es sie an eurer Schule gibt.*

2 *Wie beurteilt ihr die Aktionen? Sprecht über Vor- und Nachteile dieser Projekte.*

3 *Überlegt euch gemeinsam, ob es sinnvoll wäre, noch nicht bekannte Aktionen bei euch zu starten.*

Organisation und Durchführung eines sozialen Projektes

Sucht ein für euch passendes soziales Projekt an eurer Schule aus und lasst euch von eurer Lehrkraft oder von anderen Mitschülern beim Organisieren helfen. Hier sind Vorschläge und Tipps für euer Projekt:

1. Auswahl des Projektes

Zunächst müsst ihr euch darüber klar werden, welches soziale Projekt ihr durchführen wollt. Dabei helfen folgende Fragestellungen:
- Besteht die Möglichkeit für ein Projekt an unserer Schule?
- Gibt es soziale Einrichtungen in der Gemeinde, die Unterstützung brauchen können?
- Wer sind die zuständigen Ansprechpartner dafür?
- Was genau können wir tun bzw. wollen wir mit unserem Projekt bewirken?
- Gibt es einen aktuellen Anlass (Jahreszeit/Naturkatastrophe/Flüchtlinge …) für ein Projekt?

Ideen für Projekte könnt ihr euch auf den vorigen Seiten holen. Hier sind einige zusätzliche Angebote:
- Spenden- oder Sammelaktionen für Geld/Kleidung/Lebensmittel/Bücher/anderes Bedarfsmaterial,
- ehrenamtliche Tätigkeiten in Einrichtungen vor Ort,
- Begegnungsnachmittage mit Menschen anderer Kulturen oder Religionen/Menschen mit Behinderung …

2. Organisation des ausgewählten Projektes

Damit euer Projekt möglichst erfolgreich verläuft, solltet ihr einige Dinge bei der Organisation beachten:
- einen Verantwortlichen/Ansprechpartner wählen; dies ist vor allem wichtig bei der Zusammenarbeit mit auswärtigen Einrichtungen;
- alle notwendigen offiziellen Stellen um Genehmigung und/oder Unterstützung eures Projekts bitten (z. B. Schulleitung, Leiter von Einrichtungen, Gemeindevorsteher …);
- Aufgaben verteilen;
- Elternbriefe zur Information, als Einladung oder für einen Aufruf verschicken;
- Plakate für einen Aushang oder eine Präsentation in der Schule herstellen;
- bei größeren Aktionen, etwa Sammlungen, zusätzlich eine Information an die örtliche Presse geben; im Vorfeld, um einen Aufruf an die Allgemeinheit zu starten; im Nachhinein, um über eure Aktion zu berichten und andere zum Nachahmen zu motivieren.

> **Achtung:**
> Planungen oder Änderungen stets allen zeitnah mitteilen und schriftlich festhalten!

Für die Verteilung der Aufgaben ist zu beachten:
- Verteilt die verschiedenen Aufgaben gerecht und gleichmäßig.
- Berücksichtigt persönliche Stärken oder Vorlieben.
- Plant „Ersatzkandidaten" ein oder bildet bereits von vornherein kleine Teams, um Ausfälle aufzufangen.

3. Durchführung des Projektes

Damit ein Projekt reibungslos funktioniert, sollte jeder seine Aufgaben, den Ablauf bzw. Zeitplan und alle sonstigen wichtigen Informationen kennen. Ein Ablaufplan kann euch die Projektdurchführung stark erleichtern!
Im Ablaufplan solltet ihr Folgendes eintragen:

Datum/Uhrzeit	Aufgabe: Art und Umfang	Verantwortliche/-r	Ansprechpartner/-in bei Problemen
...	...	...	...
...	...	...	...

Falls euer Projekt über einen längeren Zeitraum läuft, ist es hilfreich, wenn ihr in regelmäßigen Abständen den Fortgang besprecht und reflektiert. So seid ihr stets in der Lage, während der laufenden Aktion immer wieder Verbesserungen vorzunehmen.

4. Fazit zum Projekt

Der Projektabschluss besteht aus einem Abschlussmeeting, in dem ihr über den Verlauf und den Erfolg eures Projektes sprecht.
- Hat alles funktioniert, wie ihr es geplant hattet?
- Hat das Projekt den beabsichtigten Zweck erfüllt? Konntet ihr hilfsbedürftige Menschen wirklich unterstützen?
- Gibt es Verbesserungsmöglichkeiten?
- Falls etwas schieflief: Was hättet ihr anders machen müssen?

Denkt auch darüber nach, ob ihr das Projekt ein anderes Mal oder in anderer Form wiederholen könnt. Vielleicht könnt ihr andere durch euer Projekt zu weiteren Aktionen anspornen.

Viel Spaß und Erfolg bei der Durchführung eures Projektes!

Das kann und weiß ich jetzt …

Darüber weiß ich jetzt Bescheid:

Hilfsbedürftigkeit   Möglichkeiten und Grenzen von Hilfe – von mir und anderen   Demenz   Empathie   Tugend   soziales Verhalten historische und moderne Vorbilder   Hermann Gmeiner: Gründer der SOS-Kinderdörfer   Engagement in Vereinen   Ehrenamt Angebote des Bundesfreiwilligendienstes und des Freiwilligen Sozialen Jahrs   Schüler helfen Schülern   Lesepaten Schultutoren   Streitschlichter

1 *Zählt soziale Vorbilder aus der Vergangenheit oder Gegenwart auf, die euch besonders im Gedächtnis geblieben sind. Sprecht über die Gründe und Besonderheiten dieser Personen.*

Projektidee

Songanalyse „Dear Mr. President" von Pink

Hört euch den Song „Dear Mr. President" der US-amerikanischen Sängerin Pink an. Lest dazu den Songtext, am besten auch eine Übersetzung aus dem Internet.

- Recherchiert im Internet über die genaueren Umstände zum Lied, z. B. die Entstehungszeit und den angesprochenen US-Präsidenten dieser Zeit.
- Fasst alle Vorwürfe der Künstlerin Pink an den Präsidenten aus dem Songtext zusammen.
- Stimmt ihr in allen Bereichen mit Pink überein? Gibt es Aspekte, bei denen die Vorwürfe an den Präsidenten nicht gerechtfertigt sind, weil er etwa dafür nicht zuständig ist? Diskutiert in der Klasse.
- Sammelt noch weitere Songtexte, in denen es um soziales Engagement oder Ähnliches geht. Erstellt damit Poster/Collagen, auf denen ihr den jeweiligen Inhalt des Liedes präsentiert und interpretiert. Stellt diese der Klasse vor.

3 Den Wert der Natur erkennen

Wir Menschen und die Natur

> Es gibt keine richtige Art, die Natur zu sehen. Es gibt hundert.
>
> Kurt Tucholsky (1890–1935; deutscher Schriftsteller)

1 Sprecht in der Klasse über die Bedeutung dieser Aussage.

2 Seht euch die Bilder auf der Seite 57 an. Kennt ihr solche Landschaften aus eigenen Erfahrungen? Tauscht euch über eure bisherigen Erlebnisse in der Natur aus.

Meine Zeit in der Natur

Das Erleben von Natur birgt eine Vielzahl an Vorteilen für den Menschen. So wirkt sich ein Aufenthalt draußen durch die frische Luft und das Ansprechen aller Sinne positiv auf die Gesundheit aus. Bewegung hält außerdem fit und sorgt für eine Anregung des körpereigenen Stoffwechsels. Auch im seelischen Bereich lassen sich positive Auswirkungen erkennen, da Natur entspannend wirkt und Stress sowie Alltagssorgen durch Ruhe und erlebte Einsamkeit von einem abfallen können.

	Ich und die Natur		
	Dort war ich	So viel Zeit habe ich verbracht	Das habe ich gemacht
Montag	…	…	…
Dienstag	…	…	…
…	…	…	…

3 Übertrage die vorgegebene Tabelle in dein Heft und fülle sie passend für dich aus.

4 Vergleicht anschließend eure Ergebnisse.

Persönlicher Umgang mit der Natur

Wir erleben Natur vor allem positiv: als Ort der Erholung, als Lieferant unserer Nahrung und Energie. Natur hat jedoch auch zerstörerische Seiten, die uns Schaden zufügen können.

1 *Sieh dir die Bilder aufmerksam an. Benenne negative Auswirkungen der Natur auf den Menschen.*

2 *Unternehmt einen Unterrichtsgang in die schulnahe Natur. Welche menschlichen Einflüsse könnt ihr entdecken? Sammelt positive sowie negative und stellt diese in einer Collage dar.*

Wie Menschen die Natur sehen

> Der Mensch ist ein Teil der Natur und nicht etwas, das zu ihr im Widerspruch steht.
> *Bertrand Russell (1872 – 1970; britischer Philosoph und Mathematiker)*

In der Frühzeit der Menschheitsgeschichte, dem Zeitalter der Jäger und Sammler, bediente sich der Mensch aus den vorhandenen Ressourcen, ohne weiter in die Natur einzugreifen. Die Natur mit ihren Tieren und Pflanzen bildete ein Ganzes, in das sich der Mensch eingebettet fühlte.

Als der Mensch sesshaft wurde, begann er als Bauer und Viehzüchter aktiv kontrollierend in die Natur einzugreifen.

In den Hochkulturen der Antike sah sich der Mensch als Mittelpunkt der Schöpfung. Es galt, die Natur zu zähmen, zu nutzen und zu formen, etwa mit Großbauten wie den Pyramiden, der Bewirtschaftung riesiger landwirtschaftlicher Flächen und der Abholzung großer Gebiete.

Der Aufschwung der Naturwissenschaften ab dem 16. Jahrhundert nahm diese Vorstellung wieder auf. Die Industrialisierung im 18. und 19. Jahrhundert verursachte eine enorme Umweltverschmutzung. Man nahm diese in Kauf, da man nach wie vor von einer grenzenlosen Selbstreinigungskraft der Natur ausging.

Im letzten Drittel des 20. Jahrhunderts erkannte man, dass die Regenerationskraft der Natur ebenso endlich ist wie ihre Ressourcen. Natur wurde jetzt als schützenswerte Lebensgrundlage und der Mensch als Verursacher weltweiter Umweltschäden (Ozonloch, Regenwaldabholzung, Klimawandel) gesehen. Umweltschutzorganisationen und ökologische politische Parteien entstanden. Heute geht es dem Menschen vorwiegend darum, die von ihm verursachten Schäden zu „reparieren". Die Notwendigkeit von Umweltschutz ist vielen Menschen bewusst. Die Erhaltung von Umwelt und Natur ist ein globaler Markt für die Wirtschaft geworden.

1 *Fühlst du dich als Teil der Natur oder ist Natur etwas, was dir gegenüber ist? Berichte.*

2 *Überlegt euch in der Gruppe Gründe für die Vernachlässigung des Umweltschutzes zur Zeit der Industrialisierung.*

3 *Malt euch gemeinsam Möglichkeiten aus, wie sich das Verhältnis des Menschen zur Natur im 21. Jahrhundert entwickeln wird.*

Natur und Gesetz

Bayerische Verfassung, Artikel 141

Der Schutz der natürlichen Lebensgrundlagen ist, auch eingedenk der Verantwortung für die kommenden Generationen, der besonderen Fürsorge jedes Einzelnen und der staatlichen Gemeinschaft anvertraut. Tiere werden als Lebewesen und Mitgeschöpfe geachtet und geschützt. Mit Naturgütern ist schonend und sparsam umzugehen. Es gehört auch zu den vorrangigen Aufgaben von Staat, Gemeinden und Körperschaften des öffentlichen Rechts*,

- Boden, Wasser und Luft als natürliche Lebensgrundlagen zu schützen, eingetretene Schäden möglichst zu beheben oder auszugleichen und auf möglichst sparsamen Umgang mit Energie zu achten,
- die Leistungsfähigkeit des Naturhaushaltes zu erhalten und dauerhaft zu verbessern,
- den Wald wegen seiner besonderen Bedeutung für den Naturhaushalt zu schützen und eingetretene Schäden möglichst zu beheben oder auszugleichen,
- die heimischen Tier- und Pflanzenarten und ihre notwendigen Lebensräume sowie kennzeichnende Orts- und Landschaftsbilder zu schonen und zu erhalten.

Staat, Gemeinden und Körperschaften des öffentlichen Rechts haben die Aufgabe,

- die Denkmäler der Kunst, der Geschichte und der Natur sowie die Landschaft zu schützen und zu pflegen [...].

Der Genuss der Naturschönheiten und die Erholung in der freien Natur, insbesondere das Betreten von Wald und Bergweide, das Befahren der Gewässer und die Aneignung wild wachsender Waldfrüchte in ortsüblichem Umfang ist jedermann gestattet. Dabei ist jedermann verpflichtet, mit Natur und Landschaft pfleglich umzugehen. Staat und Gemeinde sind berechtigt und verpflichtet, der Allgemeinheit die Zugänge zu Bergen, Seen, Flüssen und sonstigen landschaftlichen Schönheiten freizuhalten und allenfalls durch Einschränkungen des Eigentumsrechtes freizumachen sowie Wanderwege und Erholungsparks anzulegen.

www.gesetze-bayern.de

Begriffsklärung:

*Körperschaften des öffentlichen Rechts: Einrichtungen, die Aufgaben für den Staat übernehmen wie Krankenkassen, Hochschulen, Sparkassen oder Wasserschutzverbände

1 *Nenne die natürlichen Lebensgrundlagen, die durch den Artikel 141 der Bayerischen Verfassung angesprochen und geschützt werden.*

2 *Welche Rechte, aber auch Pflichten eines jeden Einzelnen werden im Artikel 141 genannt?*

3 *Im bayerischen Staat gibt es verschiedene Ministerien, die für die Einhaltung und Umsetzung dieser Aufgaben zuständig sind. Sammelt aktuelle Maßnahmen des Staates, etwa in Form von Gesetzen oder Kampagnen, die zum Schutz der Natur beitragen oder den Genuss der Natur durch den Menschen fördern.*

4 *Liste Beispiele auf, bei denen du der Meinung bist, dass die Aspekte des Artikels 141 nicht in ausreichendem Maße von den Staaten der Welt umgesetzt oder eingehalten werden. Erstelle einen Cluster mit deinen Einfällen.*

Mein Freund, der Baum

Dass Waldspaziergänge unserer Psyche guttun und gegen Stress helfen, hat bestimmt jeder von uns bereits selbst erlebt. Doch neueste wissenschaftliche Erkenntnisse lassen staunen: Wäl-
5 der bergen sogar ein medizinisches Potenzial und tragen dazu bei, uns vor Krankheiten zu schützen und Heilungsprozesse zu fördern. [...]

Dass Waldluft unser Immunsystem noch besser in Balance bringt, als wir bisher dachten,
10 und uns sogar vor Herzinfarkt schützt, hat der japanische Arzt und Waldmediziner Prof. Qing Li [...] beweisen können. Hunderte Versuchspersonen zeigten bei Blutabnahmen nach Waldspaziergängen einen deutlichen Anstieg der na-
15 türlichen Killerzellen. Diese spezielle Form der weißen Blutkörperchen hat die Aufgabe, Viren aus unserem Körper zu eliminieren und gefährliche Zellen, die zu Tumoren entarten könnten, aufzuspüren. [...]

20 Ein Tag im Wald führte den Studien zufolge zu einem 40-prozentigen Anstieg natürlicher Killerzellen im Blut, zwei Tage sogar zu einer Steigerung um 50 Prozent. Wer mindestens zwei volle Tage pro Monat in einem Waldgebiet
25 verbringt, kann mit einer dauerhaft positiven Wirkung auf das Immunsystem rechnen [...].

Um in den Genuss des gesundheitsfördernden Effekts der Waldluft zu kommen, muss man nicht unbedingt wandern oder Sport treiben. Es
30 kommt allein auf das Einatmen der Waldluft an [...]. Seither wissen wir, welche Stoffe aus der Waldluft uns besonders guttun: Es sind Terpene. Terpene [...] spielen eine wichtige Rolle im Sozialleben der Pflanzen. Wir können uns den Wald
35 wie einen einzigen riesengroßen, kommunizie-

renden Organismus vorstellen. Um das Ökosystem Wald aufrechtzuerhalten, tauschen Bäume, Sträucher und andere Pflanzen Botschaften untereinander aus. Sie können einander beispielsweise über Schädlinge informieren, die 40 im Anrücken sind. [...] So können alle Pflanzen ihre Immunsysteme hochfahren und sich mit vereinten Kräften gegen die Invasion schützen. Um sich gegenseitig Botschaften zukommen zu lassen, benutzen die Pflanzen chemische „Wör- 45 ter", die in die bereits genannte Stoffgruppe der Terpene gehören. [...] Wenn wir die Terpene aus der Waldluft einatmen, reagiert unser Immunsystem nicht nur mit einer Vermehrung der natürlichen Killerzellen, sondern auch der 50 drei wichtigsten Anti-Krebs-Proteine. Mit diesen beschießt und vergiftet unser Immunsystem gefährliche Zellen, die zu Krebs führen können oder bereits mutiert sind. Der Wald kann also unsere körpereigenen Schutzmechanismen ge- 55 gen Krankheiten stärken und Heilungsprozesse fördern. [...]

Terpene werden vor allem von Kiefern, Fichten, Tannen und anderen Nadelbäumen abgegeben. Jedoch sondern auch Laubbäume 60 gesundheitsfördernde Terpene ab. Messungen haben gezeigt, dass besonders viel von diesen wertvollen Pflanzenstoffen über die Borke der Laub- und Nadelbäume freigesetzt wird. [...] Blätter sind ebenfalls eine ergiebige Quelle für 65 Terpene, doch die Substanzen entströmen sogar dem Humusboden, wo sie von Wurzeln und Mikroorganismen abgegeben werden. Nach Regen oder bei Nebel [...] ist auch der Terpengehalt im Wald besonders hoch. [...] 70

Waldluft kann auch dazu beitragen, uns vor Herzinfarkt zu schützen. [...] Der Wald senkt nachweislich den Blutdruck, reduziert den Gehalt an Stresshormonen im Blut und führt sogar zu einem Rückgang des Blutzuckerspiegels. 75 All diese Erkenntnisse zeigen, wie wichtig es ist, die Wälder der Erde zu bewahren. Denn der Mensch braucht die Natur. Die Trennung von ihr macht uns hingegen krank.

www.3sat.de (Clemens Arvay)

1 *Nenne die positiven Auswirkungen auf die Gesundheit des Menschen, die der Text beschreibt.*

2 *Unternehmt einen Unterrichtsgang in einen schulnahen Wald. Beschreibt die körperlichen und seelischen Auswirkungen des Aufenthalts im Wald auf euch.*

3 *Viele Menschen bei uns denken an den Wald, wenn man sie nach ihrer Vorstellung von Heimat fragt. Was ist „Heimat" für dich? Beschreibe deine Gefühle, wenn du an „Heimat" denkst.*

4 *Angenommen, bei uns gäbe es keinen Wald. Auf was müssten wir alles verzichten?*

Natur als unsere Lebensgrundlage

Die Nahrung, die wir Menschen verbrauchen, stammt aus unserem natürlichen Umfeld, ebenso wie das Wasser, das wir trinken. Alle Grundstoffe, die wir verarbeiten, sind natürlichen Ursprungs, seien es nun Baustoffe für Häuser, für Computerchips oder für Medikamente. Auch alle Energie, die wir produzieren, entnehmen wir ausschließlich der Natur.

1 *Finde weitere unverzichtbare Dinge für unser Leben, die uns die Natur schenkt.*

2 *Nimmt die Natur eigentlich wie wir Menschen auch „Urlaub" oder „Ferien"? Überlege, was mit uns Menschen während einer „Ferienzeit" der Natur passieren würde.*

3 *Ist die Natur unerschöpflich? Sammelt zunächst Ideen. Spielt dann ein Rollenspiel mit eurem Partner. Einer von euch argumentiert für die unerschöpfliche Natur, der andere dagegen.*

Bionik – die Natur als Lehrmeister der Technik

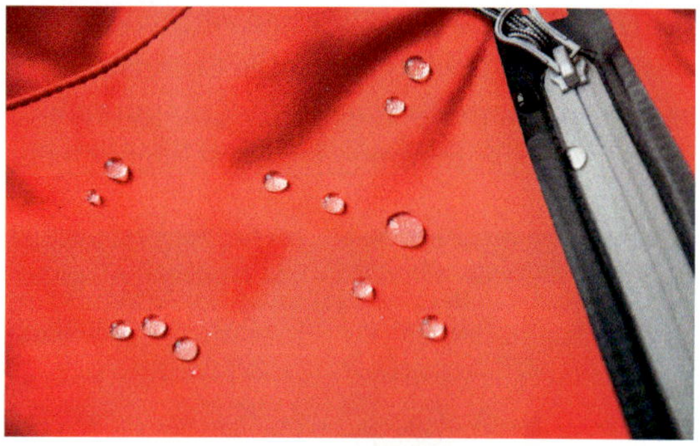

Die Natur hat dem Menschen Millionen von Jahren an Erfindungsgeist voraus. Sie musste sich schon immer Lösungen überlegen: Wie muss ein Samen konstruiert sein, um möglichst weit zu fliegen? Wie kann eine Fledermaus auch im Dunkeln „sehen"? Wie müssen die Federn einer Eule aufgebaut sein, damit sie lautlos fliegen kann? Wie optimieren Haie ihre Schwimmgeschwindigkeit?

1 *Beschreibe, was sich die Ingenieure in den Bildern oben als natürliches Vorbild genommen haben und welche technische Lösung daraus entstanden ist.*

2 *Recherchiere im Internet und finde weitere Beispiele für die Natur als Vorbild für technische Erfindungen.*

3 *Geht in kleinen Gruppen zusammen. Nehmt euch etwas aus der Natur zum Vorbild. Überlegt, was ihr Technisches daraus machen könntet.*

Was fühlen Tiere?

Verhaltensbiologe Frans de Waal sagt: „Die meisten Säugetiere überleben nicht, indem sie einander im Kampf ausstechen, sondern durch Kooperation, Fürsorge und Teilen." Tiere haben
5 Gefühle – aber was fühlen sie? Das ist für die moderne Wissenschaft praktisch nicht zu beantworten. „Eine Emotion ist ein geistiger und körperlicher Prozess", sagt die Verhaltenstierärztin Barbara Schöning von der Freien Universität
10 Berlin: „Es gibt also eine psychische Komponente, die für niemanden zugänglich ist – außer für denjenigen, der diese Emotion hat." Die Bereiche in den Gehirnen von Menschen und Säugetieren, wo Emotionen verarbeitet werden,
15 ähneln sich jedoch und sie reagieren auch in ähnlicher Art und Weise auf emotionale Reize. Mittlerweile gehen die Forscher davon aus, dass

Tiere zwischen Emotionen wie Angst und den Gegenspielern wie Freude oder Wohlgefühl unterscheiden können. Bei Gefühlsäußerungen 20 wie Liebe oder Trauer scheiden sich die Geister. Auch wenn es immer mehr Stimmen gibt, die die Meinung vertreten, dass die Wissenschaft diese Emotionen nur nicht nachweisen könne. Der Berliner Professor Gerd Schlenker geht noch 25 einen Schritt weiter: „Vielleicht sind bestimmte Emotionen beim Tier sogar ausgeprägter. So sollen Hunde und Katzen die Stimmungslage des Menschen empfinden können und daher sogar die Fähigkeit zur Empathie besitzen." Seinen 30 Gefühlen vertrauen zu können, ist oft wichtiger als hohe Nervenleistungen.

Nach https://www.gut-aiderbichl.com/

Freundschaft	Treue	Liebe	Angst
			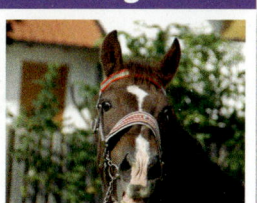

Hausschwein Quax und Wildschwein Mercy sind von klein auf unzertrennlich. Die zwei teilen auf Gut Aiderbichl das Fressen, die Weide und das Schlaflager im Stroh.

Dieser Straßenhund ist in Bolivien berühmt geworden: Seit fünf Jahren wartet er an einer Straßenecke auf die Rückkehr seines Herrchens. Der Student starb jedoch bei einem Autounfall.

Stierkalb Zeus war im Alter von zwei Monaten an einen Nachbarn verkauft worden. Seine Mutter schrie Tag und Nacht nach ihrem Sohn. Das Kälbchen sprang über die Boxenwand und lief zu seiner Mutter in den Stall – jeden Tag. Bis der Bauer bei Gut Aiderbichl anrief und um Hilfe bat. Mutter und Sohn leben nun auf dem Gut.

Kaltblutstute Bianka reißt verzweifelt die Augen auf und wiehert panisch – gerade wurde ihr Fohlen Lilly von Gut Aiderbichl freigekauft und auf den Hänger verladen. Die Angst der Stute vor dem ungewissen Schicksal ihres Fohlens ließ die Aiderbichler nicht mehr los. Tage später kaufen sie auch die Zuchtstute frei. Sie hatte seit dem Tag der Trennung nicht mehr gefressen.

1 *Hast du schon Verhaltensweisen bei Tieren beobachtet, die auf Emotionen hindeuten? Berichte.*

2 *Suche im Internet nach Filmen, die nachweisen könnten, dass Tiere Gefühle haben. Erzähle der Klasse von deinen Recherchen.*

Unser Umgang mit der Natur und seine Folgen

1 *Welche Arten von moderner Umweltverschmutzung erkennst du in den Bildern?*

2 *Führe Beispiele aus weiteren Ländern an, in denen die Folgen von Umweltverschmutzung ebenfalls stark spürbar sind. Liste Ursachen dafür auf.*

3 *Findet Gründe dafür, dass manche Menschen keinen Wert auf Umweltschutz legen.*

4 *Überlegt in Kleingruppen, ob und wie ihr von den Folgen der oben dargestellten Umweltverschmutzungen profitiert.*

Ein Tag in Toms Leben

Tom quält sich aus dem Bett. Gestern ist es wieder spät geworden: erst chatten und dann, als seine Eltern schliefen, noch auf dem PC zocken. Das Ding ist jetzt zwei Jahre alt und elend lang-
5 sam. Zu seinem Geburtstag in zwei Wochen möchte Tom einen neuen.

Seine Eltern sind schon aus dem Haus. Tom schnappt sich eine Milch aus dem Kühlschrank und zerrt an der Plastikverpackung vom Müsli.
10 Dabei reißt der Karton und der Inhalt ergießt sich auf den Boden. „Mist, ausgerechnet jetzt, wo ich so spät dran bin!" Tom lässt alles so liegen und greift zu Brot und Wurst aus dem Kühlschrank. Das Brot ist in Plastik eingeschweißt
15 und die Wurst auch. Dieses Plastikzeug geht ihm allmählich auf die Nerven. Er versucht die Wurstverpackung mit dem scharfen Küchenmesser aufzuschneiden. Sein Handy piept. Er schielt aufs Handy und schneidet sich fast in
20 den Finger. Genervt lässt er Wurst und Brot liegen und scrollt durch seine Nachrichten. Die Discounter-Wurst schmeckt eh merkwürdig. Im Kühlschrank findet Tom noch einen Joghurt. Er zieht den Aludeckel auf, nippt an der flüs-
25 sig aussehenden gelblichen Masse und verzieht das Gesicht. Birne, pfui Teufel! Den ekeligen Birnengeschmack spült er mit Wasser hinunter. Das Wasser aus der Flasche schmeckt schal und ein wenig nach Plastik. Angewidert schüttet er
30 das restliche Wasser in den Ausguss.

Jetzt aber schnell! Tom sammelt die Milchtüte, den Plastikbecher mit dem fast vollen Joghurt und die leere Plastikwasserflasche ein. Den Müslischaden am Boden wischt er notdürf-
35 tig mit der Hand in den Pappkarton zurück und wirft alles zusammen in den Restmüll.

Seine Schultasche hat sich wohl vor ihm versteckt? Tom kramt in einer Küchenschublade nach einen Plastikbeutel und stopft ein paar
40 Schulsachen rein. In zehn Minuten beginnt der Unterricht! Aus der Wohnung hetzend vergisst

Tom, das Licht in seinem Zimmer, im Bad, im Flur und in der Küche auszuschalten.

Der Vater von Jenny aus der 7 b parkt gerade direkt vor dem Haus aus. Tom winkt. Lie- 45 ber sich fünf Minuten in den hässlichen grünen Rosthaufen quetschen als eine Viertelstunde zu Fuß latschen. Sein Rad ist irgendwo im Keller. Das Licht geht sowieso nicht.

In der Pause beten alle Noahs neues Phone 50 an. „Klar", ärgert sich Tom, „dass *der* das Ding schon am ersten Verkaufstag hat, wenn sein Vater im Handycenter in der Altstadt arbeitet."

In der Mittagspause steuert Janas Blondschopf mit ihrer Truppe direkt auf ihn zu. Tom 55 spürt, wie er rot wird. Kommt sie heute endlich mal mit zum Burgeressen? Es läuft anders. „Hey, heute wieder im Rassisten-Outfit?", ruft sie ihm im Vorbeigehen zu. Die Mädchen kichern. Aus purer Hektik hat er heute früh das 60 falsche T-Shirt erwischt. Das mit dem Riesenlogo der Firma, die wegen Kinderarbeit, irgendwo in Asien, in den Nachrichten ist. Wo die ihre Shirts herstellen, ist Tom egal. Jana jedoch ist ihm alles andere als egal. Instinktiv versucht er, 65 seine Jacke über das knallrote Logo zu ziehen. Er kann das jetzt nicht so stehenlassen. „Hey ihr", sprudelt es aus ihm heraus. „Heute wieder shoppen, ja? Immer nur das Neueste, klar, und null Umweltbewusstsein!" Jana sieht ihn nur 70 stumm an.

Jana kommt nicht mit zum Essen. „Burger-Heinz" wirbt mit „100 % Rindfleisch aus Argentinien". Der Whopper kostet zwar 50 Cent mehr als anderswo, ist aber jedes Gramm wert. 75

Dann ruft Tom seine Mutter an. Die mault, weil sie ihn abholen soll, lässt sich aber dann doch wie immer breitschlagen. Toms Augen suchen den dunkelblauen SUV auf dem Schulparkplatz, seine Gedanken jedoch wandern im- 80 mer wieder zu Janas Blick von vorher, diesem seltsamen Ausdruck in ihren dunklen Augen ...

1 *In welchen Punkten deckt sich Toms Alltag mit dem deinen? Überprüfe dich ehrlich.*

2 *Beschreibe drei Situationen, in denen sich Tom nicht umweltbewusst verhält.*

Massentierhaltung

> Tiere sind keine Sachen. Sie werden durch besondere Gesetze geschützt.
> § 90a BGB

1 *Berichte von Situationen, die du erlebt hast, in denen Tiere wie Sachen behandelt wurden.*

Unter den Auswirkungen unserer Konsumgesellschaft leiden insbesondere die Tiere. Über 150 Milliarden von ihnen werden jährlich weltweit getötet, damit wir Menschen satt werden. Konsumgesellschaft bedeutet, dass alles immer, überall und billig verfügbar sein muss, also auch Fleisch. Als Folge davon hat sich die Massentierhaltung herausgebildet, mit allen Auswirkungen:

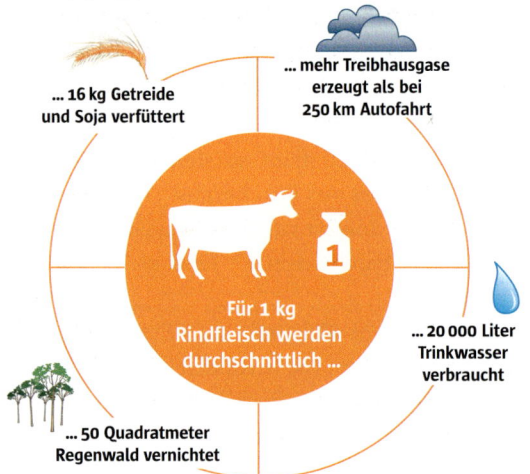

- Die Tiere in den Fleischmastbetrieben dürfen nicht krank werden. Daher erhalten sie laufend Medikamente und Antibiotika, die durch den Fleischverzehr im menschlichen Körper landen. In den Ställen können sich sogenannte multiresistente Keime entwickeln, gegen die selbst die leistungsfähigsten Medikamente machtlos sind.
- Masse statt Klasse: Hochleistungsfutter enthält Hormone, die dann im menschlichen Körper verbleiben. Die Hauptbestandteile des Futters, Getreide und Soja, wären wertvolle menschliche Nahrung. Zudem dürfen laut EU-Recht weit über 20 „technologische Zusatzstoffe" oder auch gentechnisch veränderte Stoffe dem Futter beigemischt sein, deren Wirkung auf den menschlichen Körper noch nicht abzuschätzen ist.
- Unwürdige Haltebedingungen: Jeder Quadratmeter Fläche kostet Geld. Deshalb werden die Tiere auf engstem Raum gehalten und ihr natürlicher Bewegungsdrang unterdrückt. Die Folge: psychische und physische Krankheiten bei den Tieren. Eine gewisse Sterbequote vor der Schlachtung wird dabei betriebswirtschaftlich einkalkuliert.

Die Konsumgesellschaft bedrängt auch die Wildtiere. In Deutschland werden jeden Tag 100 ha Grünfläche für menschliche Zwecke zugebaut. Für die wild lebenden Tiere bleibt immer weniger Platz.

2 *Berechnet, wie viel Fleisch eure Klasse in einem Monat isst und welche Ressourcen ihr dabei verbraucht. Nehmt als Rechengrundlage für alle Fleischarten die Infografik oben zu Hilfe.*

3 *Teilt euch in Kleingruppen auf und diskutiert: Die eine Hälfte der Gruppe argumentiert gegen die Massentierhaltung, die andere dafür.*

Tierversuche

Über 99 Prozent der in Deutschland getöteten Tiere stammen aus der Massentierhaltung, 0,5 % aus der Jagd und 0,26 % aus Tierversuchen. Tierversuche sind wissenschaftliche Versuche an lebenden Tieren. Ist dies aus ethischer Sicht statthaft?

In etwa 20 deutschen und europäischen Gesetzen und Verordnungen sind Tierversuche verbindlich vorgeschrieben. Dazu gehören die Gesetze für Arzneimittel, Chemikalien, Futtermittel, Gentechnik, Infektionsschutz, Lebensmittel- und Bedarfsgegenstände, Pflanzenschutz und Tierseuchen.

www.tierversuche-verstehen.de

Bis ein neues Medikament in Deutschland auf den Markt kommt, kann es zwölf Jahre dauern. Davon entfallen 1,5 Jahre auf Versuche mit Tieren und sechs Jahre auf Tests an Menschen. Die Entwicklung eines einzigen neuen Medikaments kostet viele hundert Millionen Euro. Um den Menschen zu schützen, seien Tierversuche unverzichtbar, sagen die Arzneimittelhersteller und die Wissenschaft.

Tierversuchsgegner führen an, dass die Erkenntnisse aus den Versuchen in keinem Verhältnis zu dem unbestreitbaren Leiden der Tiere stehen. Zudem gebe es mittlerweile Alternativen. Viele Erkenntnisse seien nicht direkt vom Tier auf den Menschen übertragbar. So löse etwa Asbest bei Ratten erst in der 300-fach höheren Dosis als beim Menschen Krebs aus. Tierethiker sagen: Falls das Tier dem Menschen so ähnlich sei, dass die Ergebnisse direkt auf den Menschen übertragbar seien, so müssten für Tiere die gleichen Rechte wie für Menschen gelten; falls das nicht so sei, seien die Ergebnisse ja ohnehin wertlos.

Belastungskategorien bei Tierversuchen

Das Tierschutzgesetz unterscheidet verschiedene Schweregrade. Beispiele für die geringste Belastungsstufe sind z.B. Blutentnahme oder Injektionen. Die Belastung steigert sich dann bis zu Eingriffen an den Tieren unter Vollnarkose, die kein Tier überlebt.

1 *Wähle einen Bereich, in dem Tierversuche unternommen werden. Finde je drei Argumente für und drei gegen Tierversuche in diesem Bereich.*

2 *„Wir brauchen für den Umgang mit Tieren keine neue Moral. Wir müssen lediglich aufhören, Tiere willkürlich aus der vorhandenen Moral auszuschließen." (www.tierrechte-kaplan.de) Gib diese Forderung des österreichischen Tierrechtlers Helmut F. Kaplan mit deinen eigenen Worten wieder. Beschreibe die Folgen für Tierversuche, die sich daraus ergeben.*

3 *Informiert euch in der Klasse über Alternativen zu Tierversuchen und diskutiert, ob ein völliger Stopp von Tierversuchen machbar und sinnvoll ist.*

Ziele von Naturschutz

Die Biologin Otti Wilmans (* 1928) formuliert Sinn und Ziel des Naturschutzes wie folgt.

Die fünf wichtigsten Argumente für den Naturschutz

1. Ethisches Argument:

Der moderne Mensch hat die Macht, die Natur und damit alle anderen Tiere und Pflanzen zu zerstören. Deshalb hat er die Verantwortung, auch deren Recht auf Leben zu achten und zu schützen.

2. Wissenschaftliches Argument: Viele Erkenntnisse lassen sich nur in der ungestörten Natur gewinnen, nicht im Labor.

3. Vernünftiges Argument: Die Menschheit benötigt die Naturgüter zum Leben und Überleben. Wenn wir diese jetzt verschwenden, bleibt für die nachfolgenden Generationen nicht genügend zum Überleben. Auch Pflanzen- und Tierarten sind erschöpfliche Ressourcen.

4. Argument für den Menschen als Lebewesen: Der Mensch erlebt die harmonische, nicht geformte freie Landschaft als innere Bereicherung. Er benötigt die Natur als physische und psychische Quelle umso mehr, je naturferner er lebt. Teil der Identität des Einzelnen ist auch die Bindung an eine beständige Heimatlandschaft.

5. Historisch-kulturelles Argument: Naturschutz bezieht sich nicht nur auf die unberührte Natur, sondern auch auf die durch Jahrhunderte bäuerlicher Tätigkeit geprägten Kulturlandschaften. Diese bilden als Naturdokumente bewahrenswerte Zeugnisse unserer Geschichte.

§ 1 Ziele des Naturschutzes und der Landschaftspflege

(1) Natur und Landschaft sind aufgrund ihres eigenen Wertes und als Grundlage für Leben und Gesundheit des Menschen auch in Verantwortung für die künftigen Generationen im besiedelten und unbesiedelten Bereich [...] so zu schützen, dass 1. die biologische Vielfalt, 2. die Leistungs- und Funktionsfähigkeit des Naturhaushalts einschließlich der Regenerationsfähigkeit und nachhaltigen Nutzungsfähigkeit der Naturgüter sowie 3. die Vielfalt, Eigenart und Schönheit sowie der Erholungswert von Natur und Landschaft auf Dauer gesichert sind; der Schutz umfasst auch die Pflege, die Entwicklung und, soweit erforderlich, die Wiederherstellung von Natur und Landschaft [...].

Bundesnaturschutzgesetz vom 29.07.2009

1 *Inwieweit hat der Gesetzgeber die Argumente der Biologin aufgenommen? Wo geht er darüber hinaus?*

2 *Formuliere deine Definition von Naturschutz in zwei, drei Sätzen.*

3 *Lies dir nochmals Argument 5 durch. Die Natur in Deutschland ist jedoch fast ausschließlich vom Menschen gepflanzt und gestaltet.*
a) Lege dar, ob du Kulturlandschaft ebenfalls als Natur erachtest.
b) Setze dich mit der Forderung auseinander, dass Naturschutz die vom Menschen gestaltete Landschaft einschließen sollte.

4 *Zähle drei Naturschutzmaßnahmen auf, die der Gesetzgeber deiner Meinung nach sofort einführen müsste.*

Der Ruf nach Wildnis macht Förster wild

Wald hat viele Facetten: Rohstofflieferant und Wirtschaftsfaktor, Naturraum und Erholungsgebiet. Um das richtige Verhältnis ringen in Bayern Naturschützer und Waldnutzer.

5 (Martina Hutzler) Abensberg. 95 Prozent Übereinstimmung – aber bei den restlichen fünf Prozent hakt es arg zwischen dem Bund Naturschutz (BN) und den Bayerischen Staatsforsten (BaySF) im Landkreis 10 Kelheim. Kein Wunder: Fünf Prozent der Waldfläche auch in Bayern sollen nach Ansicht des Umweltverbands wieder „Wildnis" werden – und zwar ausschließlich im Staatswald. Deren Betreuer mögen sich damit nicht anfreunden.

15 In deren Richtung sagte BN-Kreisvorsitzender Peter Forstner: „Naturschutz ist in der gesamten Waldfläche wichtig." Aber bei allem Naturschutz im bewirtschafteten Staatswald sei es auch nötig, einen kleinen Teil dieser Wälder 20 sich selbst zu überlassen, forderte Forstner: um der Natur und der Artenvielfalt willen, aber auch, damit die Menschen überhaupt noch unberührten Wald kennenlernen können.

In der Tat konnte sich zum Beispiel Forstbe-25 triebsleiter Franz Paulus nicht mit einer großflächigen Stilllegung von Wald anfreunden. Besser sei es, die vorhandenen artenreichen Naturwald-Flächen zu kombinieren. Auch die Naturwald-Reservate seien oft viel zu klein, um 30 sich zu echten „Urwäldern" zu entwickeln.

Im unberührten Naturwald profitieren nicht alle Arten gleich von dieser Unberührtheit: Das räumte der BN ein. Der Eichenanteil im Forst

Urwaldgebiet Watzlik-Hain im Bayerischen Wald

etwa würde ohne forstwirtschaftliche Pflege binnen Jahrzehnten sinken, weil die Buche stär-35 ker wäre, bestätigte er. Ganz unberührt will übrigens auch der BN die „wilden" Wälder nicht lassen: Jagd sei nötig – auf Rehe, weil gegen ihren Hunger vor allem die selteneren Baumarten keine Chance hätten; aber auch auf Wild-40 schweine, um Schäden in der angrenzenden Feldflur zu vermeiden.

Dessen ungeachtet leisteten auch viele Privatwaldbesitzer Vorbildliches im Waldnaturschutz. Bestes Beispiel sei Rupert Gruber, 45 Vorsitzender der Waldbesitzervereinigung Kelheim-Thaldorf, der konsequent alte, für die Tier- und Pflanzenwelt wichtige Bäume und Totholz in seinem Wald belässt.

Gekürzt nach http://www.mittelbayerische.de

1 *Fasse aus dem Text zusammen:*
a) Mit welchem Argument wollen die Förster die „Wildnis" verhindern?
b) Wo sehen selbst die Naturschützer die Grenzen von Naturschutz erreicht?
c) Formuliere Kompromisse für beide Seiten.

2 *Stellt euch folgende Situation vor: Ein Wald soll in einen Nationalpark umgewandelt werden, in dem weder Holz geschlagen noch gejagt werden darf. Diskutiert die verschiedenen Interessen an einem runden Tisch mit verteilten Rollen: Roland Fischer, 44 Jahre, Förster; Leonie Hofmann, 31 Jahre, Naturschützerin; Franz Winter, 55 Jahre, Landwirt und Anwohner; Maria Bügerl, 47 Jahre, Waldbesitzerin; Uli Eisenhofer, 35 Jahre, Jäger.*

Aktiver Schutz von Natur und Umwelt

In unserer Konsumgesellschaft besitzt du als Verbraucher Möglichkeiten, aktiv zum Schutz der Natur beizutragen. Einen Großteil der Umweltverschmutzung macht der Verpackungsmüll aus. Dieser lässt sich reduzieren:

Einkauf in einem verpackungsfreien Supermarkt

- Verzichte auf Plastikbeutel. Verwende stattdessen vielfach benutzbare Stoffbeutel oder einen Einkaufskorb.
- Lass Umverpackungen gleich beim Händler, der sie fachgerecht entsorgen muss. Die restliche Verpackung entsorgst du per strikter Mülltrennung zu Hause.
- Kaufe Getränke möglichst in Flaschen statt in Dosen oder Plastik.
- Kaufe keine Produkte, die unnötig mehrfach verpackt sind.
- Bevorzuge regionale und saisonale Produkte, die in der Regel weniger Konservierung und Verpackung benötigen und zudem weniger Umweltverschmutzung beim Transport verursachen. Erdbeeren schmecken im Mai und Juni am besten, wenn sie bei uns wachsen. Der Kauf von Lebensmitteln aus ökologischem Anbau garantiert dir zusätzlich Schadstofffreiheit.

Beim Kleidershoppen kannst du auf Ökolabel achten. Diese kennzeichnen Textilien, deren Produktion umweltverträglich und unter Einhaltung sozialer Standards (z. B. keine Kinderarbeit) erfolgt.

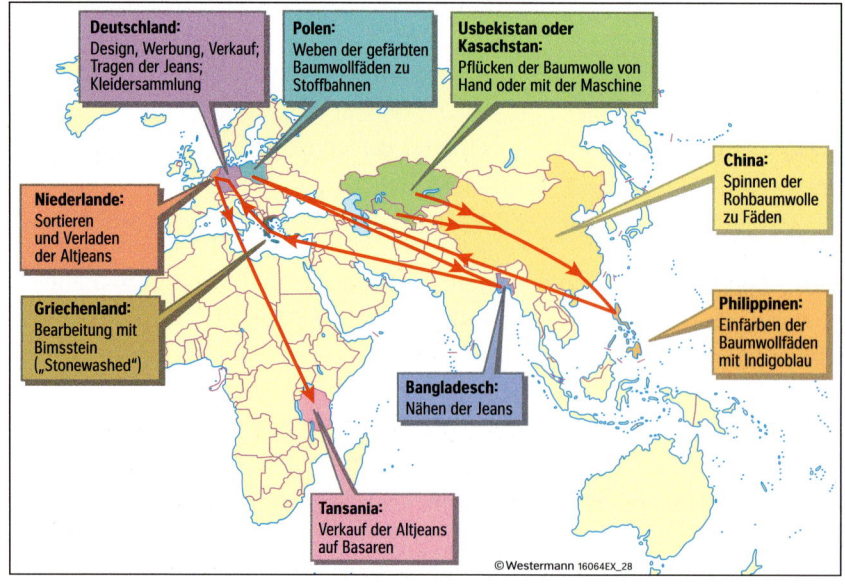

Bevor eine Jeans „Made in Germany" in München verkauft wird, hat sie einmal die Erde umrundet (ca. 50 000 km) und 11 000 Liter Wasser verbraucht. Das ist so viel, wie ein Deutscher im Durchschnitt in sechs Jahren für Essen und Trinken verbraucht.

Vor dem Einkauf z. B. von Elektronikgeräten kannst du dich im Internet über deren Umweltfreundlichkeit, Inhaltsstoffe und Ökobilanz informieren: Wie umweltschonend wird produziert? Welche Transportwege fallen an? Werden soziale Standards bei der Herstellung eingehalten? Ist das Produkt recyclebar? usw.

Bei der Auswahl helfen dir Umweltsiegel wie „Der Blaue Engel" oder „TCO". Hersteller von größeren Elektrogeräten sind verpflichtet, das EU-Energielabel auf ihren Produkten anzubringen. Dieses informiert über die Energieeffizienz der Geräte.

Spare zu Hause Energie. Schalte das Licht aus, wenn du es nicht brauchst. Schalte Geräte aus, statt sie auf Standby laufen zu lassen. Lass dich nicht überall mit dem Auto hinfahren. Zufußgehen, Radfahren und die Nutzung öffentlicher Verkehrsmittel spart ebenso Energie.

Bei Neuanschaffungen achtest du auf Energieeffizienz. Am besten wäre natürlich, die alten Geräte so lange wie möglich zu nutzen. Nicht jedes Mal das neueste Smartphone haben zu wollen, spart Geld und schont die Umwelt.

Recycling ist wichtig. Bemühe dich, defekte Dinge reparieren zu lassen, statt Abfall zu erzeugen. Benutze Hefte aus Recyclingpapier.

Vielleicht lassen sich durch dein umweltfreundliches Verhalten auch andere zum Mitmachen begeistern. Du kannst z. B. deine Eltern beim Kauf eines Autos über umweltfreundlichere Modelle informieren. Oder bring dein Fachwissen für die Planung umweltschonender Urlaubsreisen ein.

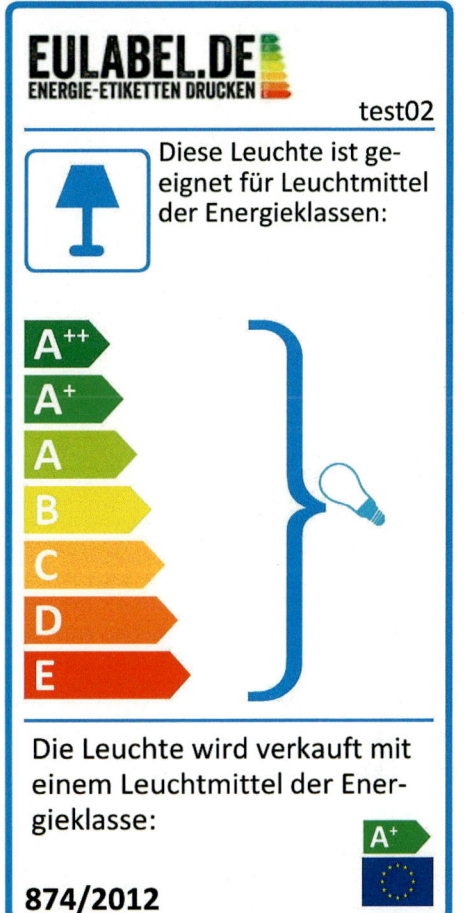

1 *Lies dir nochmals den Text auf Seite 67 durch. Erstelle eine Tabelle nach dem Muster unten mit allen „Umweltsünden" von Tom und deinen Tipps für besseres Umweltverhalten.*

Toms „Umweltsünde"	Mein Tipp
will alle zwei Jahre einen neuen PC	PC so lange wie möglich nutzen bzw. nur Teile erneuern (z. B. schnellere Festplatte)
…	…

2 *Erarbeitet in Gruppen einen Ratgeber zur Mülltrennung. Jede Gruppe bearbeitet ein Thema: „Welcher Müll gehört in welche Tonne?" „Wie entsorge ich Altglas?" „Wie entsorge ich Abfall, der nicht in den Hausmüll darf?" Erstellt Plakate und kombiniert eure Erkenntnisse anschließend zu einem großen „Ratgeber Müllentsorgung".*
Nutzt euer Wissen, um bei euch an der Schule eine Aktion „Mülltrennung" zu starten.

Das kann ~~und~~ weiß ich jetzt …

Darüber weiß ich jetzt Bescheid:

Natur und Mensch   Naturschutz: Arten und Ziele

Landschaftspflege   Bionik   Massentierhaltung

Gefühle von Tieren   Tierversuche   Tierschutz

Tierschutzgesetze   Maßnahmen zum Umweltschutz

Umweltsiegel

1 *Sammle aus der Perspektive des Menschen noch einmal alle positiven und negativen Aspekte des Zusammenlebens von Mensch und Natur.*
Lege dazu eine Tabelle an.

+	–
…	…

2 *Nennt nochmals zusammenfassend die im Kapitel beschriebenen Maßnahmen zum Schutz der Umwelt und zur Vermeidung von Müll.*

Projektidee

Tier und Mensch – ein ambivalentes (widersprüchliches) Verhältnis

Bei diesem Projekt könntet ihr mit der Geografielehrkraft zusammenarbeiten. Das Augenmerk liegt auf der Situation in Deutschland. Vergleiche zu anderen Ländern sind ergänzend sinnvoll. Die Stichpunkte in den Klammern können durch Aspekte, die sich bei der Recherche ergeben, ergänzt werden.

Folgende Gruppenthemen bieten sich an:

- *Tiere, die auf dem Teller landen:* Tiere in der Landwirtschaft zur Fleischproduktion (Massentierhaltung, Biobauernhöfe, Schlachthöfe, Vertrieb …)
- *Phänomen Schoßhund:* Tiere als Luxushaustiere (Tierarten, Situation in Deutschland im Vergleich zu anderen Ländern, Gründe für ein Haustier …)
- *Tiere, die gejagt werden:* Tiere in Wald und Flur (Tierarten, rechtliche Situation fürs Jagen, Jagdschein, Beruf des Försters …)
- *Frische Fische:* Tiere, die gefischt werden (Fischarten, rechtliche Grundlagen des Fischfangs, Anglerschein, Reiz des Hobbys …)
- *Tiere, die den Menschen ängstigen oder quälen:* die Furcht vor Schädlingen (Arten von Schädlingen, z.B. Ratten, Stechmücken …; Gefahr durch Schädlinge, Beruf des Kammerjägers, kulturelle Ablehnung bestimmter Tierarten …)

4 Mensch und Natur in den Religionen und Weltanschauungen

Gesang der Geister über den Wassern

Des Menschen Seele
Gleicht dem Wasser:
Vom Himmel kommt es,
Zum Himmel steigt es,
Und wieder nieder
Zur Erde muss es,
Ewig wechselnd. […]
Seele des Menschen,
Wie gleichst du dem Wasser!
Schicksal des Menschen,
Wie gleichst du dem Wind!

Johann Wolfgang von Goethe
(1749 – 1832; deutscher Dichter)

Der Mensch und die Natur

Schon immer hat sich der Mensch Gedanken darüber gemacht, wie er mit der Natur, die ihn umgibt, umgehen soll. Ist die Natur mein Gegner (Unwetter, Hochwasser, Erdbeben)? Ist die Natur mein Freund (Nahrungsmittel, Bodenschätze)? Inwieweit darf ich das, was die Natur mir bietet, nutzen und ausnutzen? Bin ich verpflichtet, die Natur zu respektieren und zu schützen?
Der Mensch ist als Teil der Natur untrennbar mit ihr verwoben. Ohne Natur ist der Mensch nicht überlebensfähig. Die folgenden Zitate über den Umgang mit der Natur sind religiösen und nicht-religiösen (= säkularen) Ursprungs.

Gott segnete sie und Gott sprach zu ihnen: Seid fruchtbar und mehrt euch, füllt die Erde und unterwerft sie und waltet über die Fische des Meeres, über die Vögel des Himmels und über alle Tiere, die auf der Erde kriechen!
Die Bibel, Altes Testament, 1. Buch Mose 1,28

29 Dann sprach Gott: Siehe, ich gebe euch alles Gewächs, das Samen bildet auf der ganzen Erde, und alle Bäume, die Früchte tragen mit Samen darin. Euch sollen sie zur Nahrung dienen.
30 Allen Tieren der Erde, allen Vögeln des Himmels und allem, was auf der Erde kriecht, das Lebensatem in sich hat, gebe ich alles grüne Gewächs zur Nahrung. Und so geschah es.
Die Bibel, Altes Testament, 1. Buch Mose 1,29 f.

Heute sind wir uns unter Gläubigen und Nichtgläubigen darüber einig, dass die Erde im Wesentlichen ein gemeinsames Erbe ist, dessen Früchte allen zugutekommen müssen. Für die Gläubigen verwandelt sich das in eine Frage der Treue gegenüber dem Schöpfer, denn Gott hat die Welt für alle erschaffen.
Papst Franziskus, Enzyklika „Laudato si' – über die Sorge für das gemeinsame Haus"

Und stiftet auf der Erde nicht Unheil, nachdem sie in Ordnung gebracht worden ist!
Koran, Sure 7,56

Der Staat schützt auch in Verantwortung für die künftigen Generationen die natürlichen Lebensgrundlagen und die Tiere im Rahmen der verfassungsmäßigen Ordnung durch die Gesetzgebung.
Grundgesetz der Bundesrepublik Deutschland, Art. 20a

Wir sind entschlossen, den Planeten vor Schädigung zu schützen, unter anderem durch nachhaltigen Konsum und nachhaltige Produktion, die nachhaltige Bewirtschaftung seiner natürlichen Ressourcen und umgehende Maßnahmen gegen den Klimawandel, damit die Erde die Bedürfnisse der heutigen und der kommenden Generationen decken kann.
Vereinte Nationen: Transformation unserer Welt: die Agenda 2030 für nachhaltige Entwicklung, Präambel

Oberste Bildungsziele sind [...] Aufgeschlossenheit für alles Wahre, Gute und Schöne und Verantwortungsbewusstsein für Natur und Umwelt.
Verfassung des Freistaates Bayern, Art. 131 (2)

1 *Überlege und unterscheide: Welche Zitate stammen aus dem religiösen, welche aus dem säkularen Bereich?*

2 *Halten wir Menschen uns an den Weg, den die Zitate weisen? Zeige Beispiele für deine Meinung auf.*

Klimawandel

1 *Beschreibe, was du auf den Bildern siehst. Wo hat der Mensch Anteil an diesen Situationen?*

2 *Die Bilder zeigen entweder Ursachen oder Folgen des Klimawandels. Teile die einzelnen Situationen entsprechend in Ursachen und in Folgen des Klimawandels ein.*

Das Klima auf der Erde hat sich schon immer verändert. Es gab Kalt- und Warmzeiten mit natürlichen Ursachen. In der Wissenschaft gibt es heutzutage kaum Zweifel, dass der aktuelle Klimawandel weitgehend durch den Menschen verursacht ist. Gase in der Luft bestimmen in der richtigen Mischung unser Klima. Seit Beginn der Industrialisierung haben Kohlendioxid (CO_2) und andere **Treibhausgase** stark zugenommen, was die Atmosphäre wie in einem **Treibhaus** aus Glas aufheizt. CO_2 entsteht in großen Mengen bei der **Verbrennung fossiler Energieträger** wie Öl, Kohle und Gas. Methangas (CH_4) entsteht in der **Massentierhaltung**, in Klärwerken und auf Mülldeponien. Das globale Klima wird wärmer. Die Folgen sind weltweit steigende Durchschnittstemperaturen in der Luft und im Wasser der Ozeane. In der Arktis und in der Antarktis schmelzen Eis und Schnee, was zu einem **steigenden Meeresspiegel** führt. Wissenschaftler befürchten, dass Millionen Menschen in Inselstaaten und Küstenregionen in Zukunft vermehrt mit verheerenden **Stürmen** und **Überschwemmungen** zu rechnen haben.

3 *Beziehe den Text auf die Bilder und erkläre den Zusammenhang. Die fett gedruckten Begriffe helfen dir.*

4 *Erkläre den Begriff „Klimawandel" in eigenen Worten. Beurteile die Rolle des Menschen dabei.*

5 *Verfasse einen Flyer oder drehe ein kleines Video, in dem du deine Mitschüler dazu aufrufst, ihr Verhalten zu ändern, um den Klimawandel abzuschwächen.*

Wie sich der Mensch die Welt vorstellt …

Mythische und religiöse Erklärungsversuche zur Welt und ihrer Entstehung

Woher komme ich?

Warum gibt es eigentlich die Welt?

Wie entstand die Welt, in der ich lebe?

Warum gibt es mich?

Gibt es die Welt schon immer?

Wird die Welt irgendwann nicht mehr existieren?

Von allen Lebewesen dieser Erde ist nur der Mensch intellektuell dazu in der Lage, über sich und seine Herkunft sowie über seinen Lebensraum nachzudenken. Der Mensch ist daher ein **transzendentales*** Wesen.

Schon aus der Zeit der ersten schriftlichen Überlieferungen gibt es Texte, die den Ursprung der Welt erklären. Sehr alte Texte zur Entstehung der Welt, meist überlieferte Erzählungen oder Sagen, die von Göttern und Helden handeln, werden Mythen* (Singular: Mythos) genannt.

Auch die unterschiedlichen Religionen überliefern Erklärungsversuche zur Entstehung der Welt. Man unterscheidet die polytheistischen von den monotheistischen Religionen. Glaubt eine Religionsgemeinschaft an viele Götter, spricht man vom **Polytheismus**. Glaubt sie nur an einen einzigen Gott, spricht man vom **Monotheismus**.

Begriffsklärung:
*transzendental (lateinisch „transcendere" = überschreiten): bezeichnet Bereiche des Denkens, die über die mit den Sinnen erfahrbare Wahrnehmung hinausgehen.
**Mythos:* überlieferte Legende oder Erzählung aus alter Zeit, vor allem von Göttern, Helden, zur Entstehung der Welt und des Menschen

1 *Hast du dir schon einmal die Fragen des Mädchens gestellt? Ist es dir gelungen, Antworten zu finden? Finde nach Möglichkeit deine Antworten auf diese Fragen.*

2 *Sind dir monotheistische Religionen bekannt? Berichte, was du über sie weißt.*

3 *Kennst du aus dem Deutsch- oder Geschichtsunterricht Mythen oder Sagen über die Entstehung der Welt? Erzähle sie nach.*

Eine Reise um die Welt

1 *Ordne jedes Bild einer bestimmten Region oder einem Land auf der Welt zu.*

2 *Berichte, was dir über die Kulturen und Religionen dieser Regionen bekannt ist.*

3 *Informiere dich im Internet über die jeweiligen Länder. Finde heraus, was man beachten muss, wenn man dorthin reist.*

Indien

Ein Schöpfungsmythos aus dem Rigveda*

Nicht Nichtsein war damals und nicht das Sein.
Kein Luftraum war, kein Firmament.
Wer hielt die Welt? Wer schloss sie ein? War es das Wasser im Abgrund?
Nicht Tod war da und nicht das Leben, nicht Sonne, nicht Mond und nicht die Sterne.

Dann aber kam es zum Seienden. Das Eine war da. Da war Atem.
Dunkelheit war noch in der Welt. Das All – ein großes Gewoge.
Da kam das Leben, ein Same, ein Keim, geboren durch die Macht der Glut.
Zeugungslust aus bloßem Gedanken wurde zum ersten Samen.

Sinnende Denker, forschend im Herzen, verknüpften das Sein mit dem Nichtsein.
Es gab ein Oben. Es gab ein Unten, getrennt durch eine Schnur.
Oben aber war das Gewähren, unten das Begehren.

Dem Nichtsein verbanden die Denker das Sein.
So wurden die ersten Dinge.

Die Schöpfungsmythen der Menschheit

Begriffsklärung:
der Rigveda: eine um 1200 v. Chr. entstandene Sammlung heiliger Schriften. Der Rigveda wurde über 2 000 Jahre lang mündlich weitergegeben, bevor er aufgeschrieben wurde.

1 Fasse kurz zusammen, wie in dieser alten Schrift aus Indien die Entstehung der Welt erklärt wird.

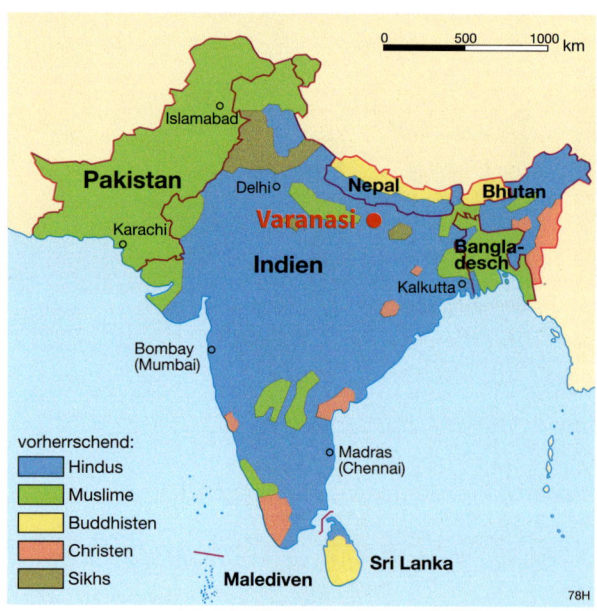

2 Erkläre, welcher Begriff für den Anfang steht.

In Indien entstand eine der ältesten heute noch existierenden Religionen, der **Hinduismus**.

Zusatzinformation:
Varanasi, auch Benares oder Kashi genannt, ist eine Stadt im indischen Bundesstaat Uttar Pradesh. Sie liegt am Ganges, dem heiligen Fluss der Hindus, und hat rund 1,2 Millionen Einwohner. Varanasi ist eine der ältesten Städte Indiens und gilt als heiligste Stadt des Hinduismus.

Hinduismus

Shakti aus Varanasi erzählt uns von ihrer Religion:
„Wir Hindus glauben an die Wiedergeburt, auch **Reinkarnation** genannt. Nach dem ewigen Weltengesetz wird die Seele des Menschen nach dem Tod irgendwo in der Welt in einem neuen Körper wiedergeboren. Dieser neue Körper kann ein Stein, eine Pflanze, ein Tier oder ein Mensch sein. In welchem Körper man sich wiederfindet, entscheiden die guten oder bösen Taten im vergangenen Leben, das **Karma**. Den Kreislauf des Lebens von der Geburt zum Tod und weiter zur Wiedergeburt bezeichnen wir Hindus als **Sansara**. Wir verehren den Gott **Brahma** (Schöpfer), den Gott **Vishnu** (Erhalter) und den Gott **Shiva** (Zerstörer). Daneben gibt es bei uns noch viele andere Götter. Unser Ziel ist es, von Leben zu Leben immer reiner zu werden, um zuletzt **Moksha** zu erreichen, die Erlösung aus dem Kreislauf von Geburt – Tod – Wiedergeburt, um in die göttliche Ewigkeit einzugehen. Diese göttliche Ewigkeit bezeichnen wir als **Brahman**.“

1 *Wie stellen sich die Hindus das Leben nach dem Tod vor?*

2 *Begründe, ob der Hinduismus eine monotheistische oder eine polytheistische Religion ist.*

3 *Erhält der Mensch im Hinduismus gegenüber Tieren oder Pflanzen eine über-, gleich- oder untergeordnete Rolle? Begründe deine Festlegung.*

4 *Welche Auswirkung könnte dieses Natur- und Menschenbild auf das Leben der Hindus haben?*

Vegetarismus im Hinduismus

Ein Hindu isst nicht, um einfach nur satt zu werden. Eine Mahlzeit ist für ihn auch ein wichtiger Teil seines religiösen Lebens. Daher befolgen viele Hindus unterschiedliche Speiseregeln:

- Viele Hindus sind Vegetarier und essen kein Fleisch. Warum? Hindus glauben an die ewige Wiedergeburt. Die Seele eines Menschen kann auch in einem Tier wiedergeboren werden. Daher wollen viele Hindus keine Tiere töten.
- Rindfleisch ist für jeden Hindu verboten. Der Grund: Kühe sind den Hindus heilig.
- Hindus waschen sich vor jeder Mahlzeit die Hände, denn Sauberkeit ist sehr wichtig bei der Ausübung der Religion. Das Essen gehört auch dazu. Außerdem gibt es einen praktischen Grund für die Sauberkeit bei Tisch: Viele Hindus benutzen zum Essen kein Besteck, sondern die rechte Hand.

www.religionen-entdecken.de

Zusatzinformation:
Ahimsa (Sanskrit ahiṃsā, wörtlich das Nicht-Verletzen) bedeutet Gewaltlosigkeit – eines der wichtigsten Prinzipien im Hinduismus und Buddhismus. Es handelt sich um eine Verhaltensregel, die das Töten oder Verletzen von Lebewesen untersagt bzw. auf ein unumgängliches Minimum beschränkt.

https://de.wikipedia.org

① *Du willst für einen Freund aus Indien ein Essen zubereiten. Was musst du beachten?*

Die Kloster-Kids in Laos

Es ist kalt und dunkel, und vom nahen Fluss steigt Nebel auf. Der zehnjährige Phou schwingt sich von seinem klapprigen Bett, schlüpft in einen orangefarbenen Umhang und schaut in die
5 Nacht. Es ist erst vier Uhr morgens, doch der Gong hat schon geschlagen. Das heißt, dass der Arbeitstag von Phou beginnt. Er ist seit einem halben Jahr Mönch in einem buddhistischen Tempel. Dieser liegt mitten in einer alten Kö-
10 nigsstadt in Laos, einem Land in Südostasien. Die meisten Menschen in Laos sind **Buddhisten** und glauben an die Lehren von Buddha. Der Name bedeutet „Der Erwachte". Die Menschen haben diesen Titel vor 2500 Jahren einem indi-
15 schen Mönch verliehen. Buddha lehrte die Menschen, bescheiden und demütig zu sein und **mit allen Lebewesen in Frieden** zu leben.

Diese Glaubenslehre bestimmt den täglichen Tagesablauf der Mönche und ist für alle
20 gleich. Nach dem Aufstehen kommen Phou und die anderen Mönche zum Singen zusammen. „**Om**, Om", hallt es dann durch die Gänge, was übersetzt heißt „Ich bin, ich bin". Dies ist für die Buddhisten eine heilige Formel. Die Tem-
25 pelbrüder, die zusammen singen, tragen keine teure Kleidung, sondern ganz einfache Umhänge, sogenannte Kutten. Nach Gesang und Gebet verlassen die Mönche ihren Tempel. In langen Reihen marschieren sie dann gegen sechs Uhr
30 morgens durch die Stadt, um sich ihr Frühstück zu erbetteln. Denn sie haben kaum persönlichen Besitz und sind deshalb auf die Spenden der gläubigen Einwohner angewiesen. Sie geben den Mönchen gerne etwas zu essen und trin-
35 ken, weil sie glauben, dass man **nach dem Tod wiedergeboren** wird – und wer heute einem Mönch hilft, dem wird das im nächsten Leben gedankt.

Nach dem Frühstück muss Phou zur Schule.
40 Als Erstes hat er Japanisch. Er muss die Sprache

lernen, weil viele Japaner als Touristen in seine Stadt kommen, um in der alten Königsstadt die Tempel und den Palast zu fotografieren. Sie brauchen Dolmetscher, die ihnen die Speisekarten und Tempelinschriften übersetzen – das 45 wird einmal Phous Beruf sein. Nach der Schule muss Phou erst den Tempelplatz putzen, dann hat er Mittagspause und kauert neben den anderen an einem kleinen Lagerfeuer und wärmt sich. Der Tempelalltag neigt sich um 18 Uhr 50 dem Ende zu. Die Mönche singen noch eine halbe Stunde. Dann wird es schnell dunkel, und Phou schmiegt sich in seine dünne Baumwolldecke, bis am nächsten Morgen wieder der Gong schlägt. Erst wenn er 25 Jahre alt ist, kann Phou 55 den Tempel verlassen, als Dolmetscher arbeiten und Geld verdienen. Bis dahin steht ihm noch eine harte Zeit bevor, nicht nur wegen des vielen Lernens. Er darf beispielsweise nicht Fußball spielen, nie fernsehen, nicht ins Kino gehen und 60 kann nur einmal im Jahr seine Eltern besuchen. Sie wohnen zwar nur 40 Kilometer von seinem Tempel entfernt, können aber wegen ihrer Armut die Fahrtkosten nicht bezahlen. Weil sie wollen, dass es ihrem Sohn einmal besser geht, 65 haben sie ihn ins Kloster geschickt.

Gekürzt und verändert nach Dein Spiegel 03/10

1 *Vergleiche dein Leben mit dem von Phou mithilfe eines tabellarischen Zeitplans.*

2 *Schreibe Phou einen Brief. Stelle dich vor und formuliere Fragen zu seinem Leben und seiner Religion.*

Buddhismus

Siddhartha Gautama wurde 563 v. Chr. in Nordindien geboren. Er wuchs dort als Hindu in einer reichen Familie auf. Im Alter von 29 Jahren geriet er in eine Sinnkrise, verließ sein privilegiertes* Elternhaus und zog als Asket* durch Nordindien, um Erlösung zu finden. Dabei erkannte er, dass nur ein gemäßigtes Leben zur Erlösung führt. Unter einem Feigenbaum erfuhr er den Zustand der vollkommenen Ruhe, der Erleuchtung. Diesen Zustand nennt man **Nirvana**. Er erhielt den Ehrentitel **„Buddha"**. Das bedeutet **„der Erwachte"**. Zusammen mit seinen Anhängern gründete er einen Mönchsorden und zog 40 Jahre lang mit seinen Jüngern lehrend und heilend durch das nordöstliche Indien.

Siddhartha Gautama

Da Buddhas Lehre aus dem Hinduismus hervorging, beinhaltet sie viele hinduistische Elemente. Buddhisten glauben ebenfalls an die Wiedergeburt. Meditation* und geistige Übung sollen ihr **Karma** stärken. Gute Taten, Worte und Gedanken haben eine Wiedergeburt in ein besseres Leben zur Folge.

Die Menschen sollen ihr Heil nicht in vergänglichen Werten wie Wohlstand und Besitztümern, Schönheit und Ruhm suchen. Nur wenn man es schaffe, sich von Gier, Egoismus*, Unwissenheit, Ärger, Furcht oder Leidenschaft zu lösen, nähere man sich der **Erleuchtung**. Jeder könne grundsätzlich ein Buddha werden und das Nirvana erreichen. Die Buddhisten verehren deshalb nicht Buddha als Person oder einen Gott, sondern sie wollen nur nach seiner Anleitung ihren Weg gehen. Gläubige Buddhisten befolgen fünf Grundregeln:

Nicht töten   Nicht stehlen   Nicht lügen
Keinen Ehebruch begehen   Drogen und Alkohol meiden

Zudem lehrte Buddha, dass man allen Wesen, auch den Tieren, Mitleid und Freundlichkeit entgegenbringen soll. Ein wahrer Buddhist würde daher niemals absichtlich ein Insekt töten.

Begriffsklärung:
privilegiert: bevorzugt, Vorrechte genießend
Asket: lebt enthaltsam und entzieht sich den Genüssen dieser Welt, um sich körperlich und geistig zu reinigen
Meditation: Anwendung bestimmter Techniken wie Körperhaltung, Atmung und Wiederholen sprachlicher Formeln mit dem Ziel, einen Zustand völliger Konzentration und einen Bewusstseinszustand herbeizuführen, in dem der Meditierende tiefe Wahrheiten erkennt
Egoismus: das eigene Ich und die eigenen Wünsche in den Mittelpunkt stellend

1 *Begründe, ob der Buddhismus eine monotheistische oder eine polytheistische Religion ist.*

2 *Vergleiche die Rolle des Menschen im Buddhismus gegenüber anderen Lebewesen.*

3 *Der Buddhismus hat sich aus dem Hinduismus entwickelt. Zähle Gemeinsamkeiten der beiden Religionen auf.*

4 *Nenne Elemente anderer dir bekannter Religionen (z. B. Christentum oder Islam), die du im Buddhismus wiederfindest.*

Israel – Ursprung des Judentums und Christentums

26 Dann sprach Gott: Lasst uns Menschen machen als unser Bild, uns ähnlich! Sie sollen wal-
5 ten über die Fische des Meeres, über die Vögel des Himmels, über das Vieh, über die ganze Erde und über alle Kriech-
10 tiere, die auf der Erde kriechen. 27 Gott erschuf den Menschen als sein Bild, als Bild Gottes erschuf er ihn. Männlich
15 und weiblich erschuf er sie. 28 Gott segnete sie und Gott sprach zu ihnen: Seid

Michelangelo: Die Erschaffung Adams; Sixtinische Kapelle, Vatikan, Rom; entstanden zwischen 1508 und 1512 (Ausschnitt)

fruchtbar und mehrt euch, füllt die Erde und unterwerft sie und waltet über die Fische des
20 Meeres, über die Vögel des Himmels und über alle Tiere, die auf der Erde kriechen! 29 Dann sprach Gott: Siehe, ich gebe euch alles Gewächs, das Samen bildet auf der ganzen Erde, und alle Bäume, die Früchte tragen mit Samen darin.
25 Euch sollen sie zur Nahrung dienen. 30 Allen Tieren der Erde, allen Vögeln des Himmels und allem, was auf der Erde kriecht, das Lebensatem in sich hat, gebe ich alles grüne Gewächs zur Nahrung. Und so geschah es. 31 Gott sah alles

an, was er gemacht hatte: Und siehe, es war sehr 30 gut. Es wurde Abend und es wurde Morgen: der sechste Tag.

1 So wurden Himmel und Erde und ihr ganzes Heer vollendet. 2 Am siebten Tag vollendete Gott das Werk, das er gemacht hatte, und er 35 ruhte am siebten Tag, nachdem er sein ganzes Werk gemacht hatte. 3 Und Gott segnete den siebten Tag und heiligte ihn; denn an ihm ruhte Gott, nachdem er das ganze Werk erschaffen hatte. 40

1. Buch Mose, Kap. 1 und 2

Dieser Schöpfungsbericht steht in der Bibel im Alten Testament. Sowohl die Juden als auch die Christen stellen sich so die Erschaffung der Welt vor.

1 *Begründe, ob es sich beim Judentum und Christentum um monotheistische oder polytheistische Religionen handelt.*

2 *Dem Menschen wird hier eine Sonderstellung unter den Lebewesen eingeräumt. Finde die entsprechende Textstelle, die das zugrunde liegende Menschen- und Naturbild zeigt.*

3 *Vergleiche dieses Menschen- und Naturbild mit dem der Hindus und Buddhisten. Nenne Unterschiede und Gemeinsamkeiten.*

4 *Am Ende heißt es, dass Gott am siebten Tag ruhte und diesen heiligsprach. Welche Auswirkung hat dieser Grundsatz noch heute auf uns, gleich welcher Religion wir angehören?*

Im Alten Testament heißt es weiter:

> Gott, der HERR, nahm den Menschen und gab ihm seinen Wohnsitz im Garten von Eden, damit er ihn bearbeite und hüte.
>
> *1. Buch Mose 2,15*

Der Garten Eden steht für die Natur, die zunächst das Paradies war.

> 2 Rede zu den Israeliten und sag zu ihnen: Wenn ihr in das Land kommt, das ich euch gebe, soll das Land Sabbatruhe für den HERRN halten. 3 Sechs Jahre sollst du dein Feld besäen, sechs Jahre sollst du deinen Weinberg beschneiden und seinen Ertrag ernten. 4 Aber im siebten Jahr soll das Land eine vollständige Sabbatruhe für den HERRN halten: Dein Feld sollst du nicht besäen und deinen Weinberg nicht beschneiden.
>
> *3. Buch Mose 25,2 – 4*

5 *Beschreibe den Auftrag, den der Mensch hier erhält. Wie soll er mit der Natur umgehen?*

Diese Bibelstelle bietet die Grundlage für das Sabbatjahr oder Sabbatical, das man in einigen Berufsfeldern nehmen kann. Dabei verzichtet man zum Beispiel für sieben Jahre auf ein Siebtel seines Einkommens, um dann ein Jahr lang eine Arbeitspause einzulegen. Ein Jahr der Ruhe und Auszeit soll dazu dienen, neue Kräfte zu sammeln, oder die Gelegenheit zur Neuorientierung bieten. Viele sehen das Sabbatjahr inzwischen auch als vorbeugende Maßnahme, um einem drohenden Burn-out zu entgehen.

6 *In der Bibelstelle bezieht sich das Sabbatjahr eigentlich auf landwirtschaftliche Nutzflächen. Erkläre den Zusammenhang, der hier zur menschlichen Arbeitskraft besteht.*

7 *Kennst du jemanden, der ein Sabbatjahr genommen hat oder nehmen will? Informiere dich über seine Beweggründe.*

> 10 Der siebte Tag ist ein Ruhetag, dem HERRN, deinem Gott, geweiht. An ihm darfst du keine Arbeit tun: du und dein Sohn und deine Tochter, dein Sklave und deine Sklavin und dein Vieh und dein Fremder in deinen Toren.
>
> *2. Buch Mose 20,10*

8 *Werte diese Bibelstelle aus: Welcher Verpflichtung unterliegt der Mensch? Wie soll er mit den Tieren umgehen?*

9 *Vervollständige folgenden Satz:*
Der Mensch hat im Juden- und Christentum zwar eine Sonderstellung, …

10 *Auf Seite 85 ist eine Wandmalerei aus der Epoche der Renaissance abgebildet. Beschreibe, wie der Künstler Michelangelo die Sonderstellung des Menschen und sein Verhältnis zu Gott ausgedrückt hat.*

Saudi-Arabien – Ursprung des Islam

Koran, 6. Sure

[96] Allah lässt das Samenkorn und den Dattelkern hervorsprossen, er lässt Leben aus dem Tod und Tod aus dem Leben entstehen; [...]

[97] Er ruft die Morgenröte hervor und setzt die Nacht zur Ruhe ein und Sonne und Mond zur Zeitrechnung. Diese Einrichtung ist vom Allmächtigen und Allweisen.

[98] Er ist es, der euch die Sterne gesetzt hat, damit sie euch in der Finsternis zu Land und zur See recht leiten. So haben wir unsere Zeichen für verständige Leute deutlich gezeigt. [...]

[99] Er ist es, der euch aus einer einzigen Seele entstehen ließ und euch einen sicheren Aufenthalt und Ruheort (Mutterleib) gegeben hat. [...]

[100] Er ist es, der Wasser vom Himmel sendet; durch dieses bringen wir die Keime aller Dinge hervor und alles Grün und das in Reihen wachsende Korn und die Palmbäume, an deren Zweigen die Datteln gedrängt voll hängen, und Gärten mit Trauben, Oliven und Granatäpfeln aller Art. Seht nur ihre Früchte an, wenn sie hervorwachsen und heranreifen. Hierin sind gewiss Zeichen genug für gläubige Menschen.

[142] [...] Genießt die Früchte, wenn sie herangereift sind, und gebt davon am Tag der Ernte, was ihr schuldig seid (Steuer und Zakat/ Almosen). Doch verschwendet nichts, denn Allah liebt die Verschwender nicht. [...]

[146] Sprich: „In dem, was mir offenbart wurde, finde ich weiter nichts zum Essen verboten als das von selbst Verendete und das vergossene Blut und das Schweinefleisch, denn dies ist unrein, und das Vermaledeite ist solches, das im Namen eines anderen als Allahs geschlachtet wurde. Wer aber aus Not, gezwungen, nicht aus Gier oder Übermut, davon genießt, gegen den wird der Herr versöhnend und barmherzig sein."

Mohammed (arabisch: Muhammad = der Gepriesene) wurde um 570 n. Chr. in Mekka geboren. Er empfing von Allah die Botschaften des **Koran** (= Lesung) und wurde Glaubensgründer des **Islam**. Der Korantext bildet die Grundlage des Glaubens der Muslime. Er gilt als ihr heiliges Buch. Der Koran ist in 114 Suren (= Reihen) unterteilt.

1 Begründe, ob der Islam eine monotheistische oder eine polytheistische Religion darstellt.

2 Erläutere, wie sich die Anhänger des Islam die Erschaffung der Welt vorstellen.

3 Erkläre, wie der Mensch laut dem Koran mit der Natur umgehen soll.

4 Vergleiche das Menschen- und Naturbild des Islam mit dem der Hindus und Buddhisten. Nenne Unterschiede und Gemeinsamkeiten.

5 Erläutere die Speisevorschriften für die Muslime. Werden diese begründet? Sind Ausnahmen erlaubt?

6 Lass dir von muslimischen Mitschülern den Begriff „halal" erklären.

7 Die muslimischen Speisevorschriften haben Auswirkungen auf die Art und Weise des Schlachtens. Informiere dich darüber und überlege, warum viele Nicht-Muslime dieses Verfahren kritisch beurteilen.

8 Bereitet gemeinsam eine Speisefolge zu, die halal ist. Vielleicht können euch muslimische Mitschüler oder deren Eltern beraten und Rezepte oder Zutaten mitbringen.

Speisevorschriften im Judentum und Christentum

Die jüdischen Speisevorschriften finden sich im **Alten Testament**, im Buch Mose:

> 3 Alles, was sich regt und lebt, soll euch zur Nahrung dienen. Das alles übergebe ich euch wie die grünen Pflanzen. 4 Nur Fleisch mit seinem Leben, seinem Blut, dürft ihr nicht essen.
> *1. Buch Mose 9,3 f.*

> 3 Du sollst nichts essen, was ein Gräuel ist. 4 Dies sind die Großtiere, die ihr essen dürft: Rind, Lamm, Zicklein, 5 Damhirsch, Gazelle, Rehbock, Wildziege, Wisent, Wildschaf und Steinbock. [...] 8 Ebenso das Wildschwein, denn es hat zwar gespaltene Klauen, ist aber kein Wiederkäuer. Es soll euch als unrein gelten. Vom Fleisch dieser Tiere dürft ihr nicht essen und ihr Aas dürft ihr nicht berühren. [...]
> 21 Ihr dürft keinerlei Aas essen. [...] Du sollst ein Zicklein nicht in der Milch seiner Mutter kochen.
> *5. Buch Mose, Kap. 14*

Das sind einige der vielen Speisevorschriften, an die sich gläubige Juden halten müssen. Nur wenn ein spezieller jüdischer Speiseexperte die Lebensmittel geprüft hat, gelten sie als „koscher" und erhalten ein spezielles Siegel.

1 *Zähle die Speisevorschriften auf, die mit denen aus dem Islam übereinstimmen.*

2 *Überlege, weshalb Speisevorschriften dieser Art von Vorteil sein können. Berücksichtige dabei die klimatischen und die geografischen Voraussetzungen zur Zeit von Moses.*

3 *Du willst für einen jüdischen Freund ein Essen zubereiten. Was musst du beachten?*

Im **Neuen Testament** der Bibel, der Glaubensgrundlage der Christen, äußert sich Jesus, der in der Tradition des Judentums aufwuchs, kritisch zu den Speisevorschriften:

18 [...] Begreift auch ihr nicht? Versteht ihr nicht, dass das, was von außen in den Menschen hineinkommt, ihn nicht unrein machen kann? 19 Denn es gelangt ja nicht in sein Herz, sondern in den Magen und wird wieder ausgeschieden. Damit erklärte Jesus alle Speisen für rein.

Evangelium nach Markus 7,18 f.

Für Jesus waren also alle Speisen rein. Daher gibt es in den christlich geprägten Kulturen kaum spezielle Speisevorschriften, die der religiösen Tradition entstammen.
Trotzdem haben sich in jeder Kultur bestimmte Speiserituale entwickelt, wenn nicht aus religiösen, dann aus naturbedingten Gründen. In den modernen Industriestaaten gibt es gesetzliche Vorschriften für den Verkauf von Lebensmitteln, die vom Bundesamt für Verbraucherschutz und Lebensmittelsicherheit beaufsichtigt werden. Eine davon ist die Kennzeichnungspflicht.

Auf dem Etikett oder an anderer Stelle der Verpackung sollen Verbraucher Informationen zu Inhaltsstoffen, Qualitätsmerkmalen und Eigenschaften des Lebensmittels finden. Diese Informationen sollen die Kaufentscheidung erleichtern und den Verbraucher schützen. Daher fordert der Gesetzgeber folgende Angaben zur Kennzeichnung: die Verkehrsbezeichnung (Name des Lebensmittels), das Zutatenverzeichnis, die Zusatzstoffe, die Auflistung der Zutaten von zusammengesetzten Zutaten, das Mindesthaltbarkeitsdatum und das Verbrauchsdatum, die Füllmenge (Gewicht, Volumen oder Stückzahl), die Herstellerangabe, die Los- oder Chargennummer (Erzeugungsbedingung) und den Preis.

Nach www.bvl.bund.de

Zutaten:
Zucker, pflanzliches Fett, Haselnüsse (13 %), fettarmer Kakao, Magermilchpulver (7,5 %), Emulgatoren Lecithine (Soja), Vanillin

Lucy ist Veganerin

Severin: Jetzt verstehe ich endlich, warum du immer so ein Getue mit dem Schweinefleisch hast und nie den leckeren Schweinebraten meiner Oma essen würdest.

Metehan: Und dass die Deepika nie ein Rindersteak essen würde, wird mir jetzt auch klar. Ihre Eltern stammen doch aus Indien. Aber ich glaube, die ist doch ohnehin Vegetarierin. Isst sie aus religiösen Gründen kein Fleisch?

Severin: Das glaube ich gar nicht. Ihre Freundin Lucy isst doch auch kein Fleisch, obwohl sie immer sagt, sie sei nicht religiös. Die verzichtet sogar auf alles vom Tier, nicht einmal Milch oder Butter will sie essen. Wegen der Massentierhaltung und weil die Tiere so gequält werden, meint sie.

Metehan: Hm, darüber habe ich mir noch keine Gedanken gemacht. Manche Tiere sind doch zum Essen da. Was isst Lucy dann eigentlich? Also ich könnte mir ein Leben ohne Döner nicht vorstellen.

Lucy: Redet ihr über mich? Wisst ihr eigentlich, dass auch das Pupsen der Kühe für den Klimawandel verantwortlich ist? Und das nur, weil manche Leute jeden Tag ihr Steak essen wollen. Und die Puten, die für deinen Döner gezüchtet werden, überleben in der Masse nur, indem man sie mit Antibiotika vollpumpt. Wenn du dann wirklich krank wirst, wirkt bei dir dieses Medikament nicht mehr, weil du bereits resistent bist. Und die armen Schweine, die nur gezüchtet und gemästet werden, um gegessen zu werden. Tun euch die Tiere gar nicht leid?

Metehan: Äh, doch, aber …

Severin: Du kannst einem ja den ganzen Appetit verderben. Wir wollten uns gerade einen Döner holen.

Zusatzinformation:

Lucy ist Veganerin. Vegan lebende Menschen nutzen nichts, was tierischen Ursprungs ist, weder Nahrungsmittel noch andere Produkte wie Kleidung oder Kosmetik. Veganer achten streng darauf, dass alles, was sie konsumieren, nicht von Tieren stammt und nachweislich ohne Tierversuche hergestellt wurde.

1 *Kennst du einen Vegetarier? Frage nach seinen Motiven, auf Fleisch zu verzichten.*

2 *Ist es sinnvoll, den Fleischkonsum wenigstens stark zu reduzieren? Diskutiert darüber.*

3 *Der Mensch ist laut Bibel verantwortlich für die Schöpfung. Nenne einige Maßnahmen, wie wir Menschen dieser Verantwortung gerecht werden können.*

Das kann und weiß ich jetzt …

Darüber weiß ich jetzt Bescheid:

religiös und säkular   Klimawandel   Schöpfungsmythen

transzendentales Wesen   Polytheismus   Monotheismus

Hinduismus   Buddhismus   Islam

Judentum   Christentum   halal   koscher

Sabbatjahr   Meditation   vegetarisch   vegan

1 *Beschreibe folgende Religionen, indem du die Begriffe richtig erklärst und benutzt. Fertige zur besseren Verständlichkeit ein Schaubild an.*
- *Hinduismus: Reinkarnation, Karma, Sansara, Brahma, Shiva, Vishnu, Brahman, Ahimsa;*
- *Buddhismus: Buddha, Nirvana, Erleuchtung, Meditation.*

2 *Viele Menschen befolgen die besonderen Speisevorschriften ihrer Religion. Auch im interkulturellen Umgang sollte man darüber Bescheid wissen. Erkläre, was zu beachten ist, wenn du für eine Person mit folgender Religion kochst. Erstelle eine Tabelle.*

Hindu	Jude	Christ	Muslim
…	…	…	…

Projektidee

Ausgestorbene oder seltene Religionen

Wählt eine der folgenden Religionen. Untersucht sie anhand folgender Kriterien:
Schöpfungsmythos – Glaubensvorstellung (monotheistisch oder polytheistisch) – Verhältnis zwischen Mensch und Natur – Rituale (z.B. Bestattung) – Jenseitsvorstellung.
Gruppenthemen können sein:
- antikes Griechenland,
- Altgermanien (Nordeuropa),
- Azteken (Mittelamerika),
- Parsen: Zoroastrismus (Persien),
- Aborigines: Traumzeit (Australien).

5 Das eigene Leben gestalten und einen Sinn finden

Abenteuer Leben

Was ist mir wichtig im Leben?

1 *Erläutere, was die einzelnen Bilder und Symbole auf Seite 93 darstellen könnten.*

2 *Was ist dir wichtig im Leben? Erstelle eine Rangliste der Bilder und Symbole von „wichtig" bis „unwichtig". Ergänze deine Liste mit weiteren Beispielen.*

Jeder hat Bedürfnisse

Die Bedürfnispyramide ist eine Theorie des US-amerikanischen Psychologen Abraham Maslow (1908–1970). Sie beschreibt menschliche Bedürfnisse und Motivationen. Maslow unterscheidet fünf aufeinander aufbauende Stufen:

Bedürfnispyramide nach Maslow

- **Selbstverwirklichung (Wachstumsbedürfnisse):** z. B. Persönlichkeitsentfaltung, Umsetzung von Ideen;
- **Individualbedürfnisse (Wachstumsbedürfnisse):** z. B. Anerkennung, Geltung, Status, Macht, Lob, positive Beachtung;
- **Soziale Bedürfnisse (Defizitbedürfnisse):** z. B. Liebe, Familie, Freundschaft, Gruppenzugehörigkeit bzw. Zugehörigkeitsgefühl;
- **Sicherheitsbedürfnisse (Defizitbedürfnisse):** materielle und berufliche Sicherheit (Geld, Arbeit) sowie Geborgenheit und Schutz der Person (Schutz vor Regen, Kälte, Gefahren z. B. durch eine Wohnung);
- **Grundbedürfnisse (Defizitbedürfnisse):** überlebensnotwendige Bedürfnisse, z. B. Nahrung, Trinken, Schlaf, Wärme, Sexualität.

Maslow hat seiner Pyramide eine strenge Hierarchie (Rangordnung) gegeben. Erst wenn die Bedürfnisse einer unteren Stufe erfüllt sind, kann man sich um die Erfüllung der nächsthöheren Stufe kümmern. Er unterscheidet zwischen Defizitbedürfnissen (niedrigen Bedürfnissen) und Wachstumsbedürfnissen (höheren Bedürfnissen). Defizitbedürfnisse müssen auf jeden Fall erfüllt sein, damit der Mensch zufrieden ist. Wachstumsbedürfnisse führen neben Zufriedenheit letztendlich zum Glück. Sie spielen erst eine Rolle, wenn die Defizitbedürfnisse erfüllt sind.

3 *Erkläre den Unterschied zwischen Defizit- und Wachstumsbedürfnissen.*

4 *Ergänze die fünf Bedürfnisstufen mit weiteren Beispielen. Vermisst du eine Stufe?*

5 *Heutzutage könnte man dieses Modell spaßeshalber mit der Stufe „Digitale Bedürfnisse" ergänzen (z. B. WLAN, Internet, Smartphone, voller Akku). Wo würdest du diese Stufe platzieren?*

6 *Nach Maslow ist „Selbstverwirklichung" die höchste Stufe. Stimmst du dem zu? Erläutere, wie man diese Stufe erreichen kann.*

Wir leben in Freiheit

Die Freiheit des Menschen liegt nicht darin, dass er tun kann, was er will, sondern, dass er nicht tun muss, was er nicht will.

Jean-Jacques Rousseau (1712–1778):
Genfer Schriftsteller, Philosoph und Pädagoge

1 Was will Rousseau damit sagen? Erkläre die Bedeutung dieses Spruches.

2 Beschreibe in deinen Worten, was für dich Freiheit bedeutet.

Freiheit ist unser gutes Recht

Freiheit gehört zu den Grundrechten. Im Grundgesetz (Verfassung der Bundesrepublik Deutschland) findet sich der Begriff „Freiheit" z. B. an folgenden Stellen:

- Art 2 (1) Jeder hat das Recht auf die freie Entfaltung seiner Persönlichkeit, soweit er nicht die Rechte anderer verletzt.
- Art. 2 (2) Die Freiheit der Person ist unverletzlich.
- Art. 4 (1) Die Freiheit des Glaubens, des Gewissens und die Freiheit des religiösen und weltanschaulichen Bekenntnisses sind unverletzlich.
- Art 5 (1) Jeder hat das Recht, seine Meinung in Wort, Schrift und Bild frei zu äußern.

3 Erkläre an je einem Beispiel, was genau mit den obigen Grundrechten gemeint ist.

4 Recherchiere weitere Stellen im Grundgesetz, in denen die Begriffe „Freiheit" bzw. „frei" auftauchen.

Du darfst!

Freiheit ist ein hohes Gut. Für uns in Deutschland ist es eine Selbstverständlichkeit, „frei" zu sein und in Freiheit zu leben. Darum nehmen wir unsere Freiheit häufig nicht bewusst wahr. Sicherlich hast du dich auch schon das ein oder andere Mal darüber beschwert, was du nicht darfst, oder hast dich über bestimmte Verbote aufgeregt. Versuche einmal den Spieß umzudrehen und dir bewusst klarzumachen, was du alles darfst.

5 Was darfst du alles? Erstelle eine Liste, welche Freiräume du zu Hause, in der Schule, in der Öffentlichkeit usw. hast.

Schweigend betreten sie das Schulgebäude – Schule in China

Alle 3 000 Schüler tragen ihre Schuluniform: eine grüne Jogginghose, ein weißes Poloshirt mit grünem Kragen und grünen Ärmeln. Auf der Vorderseite des Shirts befindet sich das Schul-
5 emblem, auf der Rückseite steht der Schulname. Die Kinder verabschieden sich schnell von ihren Eltern. Das Gebäude selbst dürfen die Eltern nicht betreten. Es finden strenge Einlasskontrollen statt. Zunächst müssen sich alle Schüler
10 auf dem Gehweg vor der Schule aufstellen. Dieser ist durch die jeweiligen Klassennamen auf dem Asphalt gekennzeichnet. Hier werden sie von ihren Lehrern jeden Morgen abgeholt.

Schweigend betreten die einzelnen Klassen
15 als Gruppe das Schulgebäude. Die erste Stunde beginnt um 7.30 Uhr. Unter den Schülern ist auch Tang Hanzhang. Er ist relativ klein, hat kurze, dunkle Haare und ist gerade zwölf Jahre alt geworden. Hanzhang ist Schüler der sechs-
20 ten Klasse und damit noch in der Grundschule. Denn in China dauert die Grundschule sechs Jahre. Darauf folgt die Mittelschule, die in die drei Jahre dauernde untere Stufe und die zusätzlich zwei Jahre dauernde obere Stufe aufgeteilt
25 ist. Heute trägt Hanzhang wie jeder Schüler ein rotes Tuch um den Hals, denn es ist Montag. Zu Wochenbeginn findet nach der zweiten Stunde eine Zeremonie auf dem Sportplatz statt. Doch zunächst wird er von seiner Lehrerin zum Un-
30 terricht in seinen Klassenraum geführt.

Hanzhang hat in der ersten Stunde Mathematik bei seiner Lieblingslehrerin. „Ich finde sie sehr gut als Lehrerin. Sie ist sehr verantwortungsbewusst, aber sie gibt Schülern manchmal
35 sogar eine Ohrfeige", sagt Hanzhang. Körperliche Maßnahmen wie Ohrfeigen sind nicht allzu unüblich in China. „Im Unterricht geht alles sehr geordnet zu", ergänzt Hanzhang. „Alle Schüler sitzen da und hören der Lehrerin zu. Wir haben
40 fast ausschließlich Frontalunterricht. Bei Fragen und Antworten müssen wir erst aufstehen, dann reden und uns anschließend wieder setzen." Nur wenige Schüler trauen sich überhaupt, Fragen zu stellen, da fast alle Lehrer streng sind. Refera-
45 te oder Gruppenarbeiten gibt es nicht.

„Im Unterricht ist es bei uns immer sehr angespannt und leise", erläutert Hanzhang, „aber dafür ist es nach dem Unterricht immer umso lauter." Alle Kinder haben viel Energie, aber sie dürfen das Gebäude nicht verlassen und auf 50 dem Schulhof spielen, sondern sind gezwungen, drinnen zu bleiben. Man darf das Schulgelände nur mit einem Lehrer als Aufsichtsperson verlassen. In allen Klassenräumen hängen Überwachungskameras, um die Schüler zu kontrol- 55 lieren.

Für Hanzhang folgt am Montagmorgen eine weitere Unterrichtsstunde im Fach Chinesisch. „Dieses Fach mag ich nicht so gerne, denn hier bekommen wir sehr viele Hausaufgaben auf", 60 gibt er unumwunden zu. Im Anschluss folgt die dreißigminütige Zeremonie auf dem Sportplatz. Vor allen Schülern, die sich geordnet in Reih und Glied auf der Rasenfläche aufgestellt haben, wird die Nationalflagge gehisst. Alle sin- 65 gen die Nationalhymne. Darauf folgt eine Gymnastikroutine, die jeder Schüler beherrschen muss. Die Schüler bewegen Arme und Beine zum Rhythmus von Musik und sprechen dabei einen Text, der ihnen hilft, im Takt zu bleiben. 70 Danach marschieren alle wieder in ihre Unterrichtsräume zurück.

Englisch und Naturwissenschaften folgen als Nächstes. Nach den jeweils 45-minütigen Schulstunden kommt die Mittagspause. Das 75 Mittagessen der Schüler ist jedoch immer kalt. „Eigentlich braucht man mindestens zwei Portionen, um satt zu werden", meint Hanzhang. Nach dem Essen werden sie direkt von den Lehrern wieder in ihre Klassenräume gebracht. 80 Auch jetzt dürfen die Kinder nicht nach draußen gehen. Schließlich folgt noch eine Stunde Informatik, und dann steht der Sportunterricht auf dem Programm.

„Sport mag ich überhaupt nicht. Wenn ich 85 ein Schulfach streichen könnte, dann wäre das der Sportunterricht." Das Problem besteht für Hanzhang darin, dass man so viel laufen muss. Bei strahlender Sonne ist der Kreislauf schnell überanstrengt. Es haben sich schon Schüler 90

wegen Überanstrengung er-
brochen. Das ist eine Sache,
die er gerne ändern würde:
weniger laufen, vor allem im
95 Sommer.

Die letzte Stunde ist wieder Chinesisch. Angespannt
hören alle zu, um endlich
Schulschluss zu haben. Es ist
100 16.30 Uhr. Wieder begleitet
jeder Lehrer seine Klasse zu
den markierten Flächen. Hier
werden dann die Schüler von
ihren Eltern abgeholt und
105 nach Hause gebracht. Als
Hanzhang sich in das Au-
to seines Vaters gesetzt hat,
freut er sich auf ein ausgie-
biges Abendessen zu Hause.
110 Aber sein Tag ist noch nicht
zu Ende. Die Hausaufga-
ben werden ihn noch einige
Stunden bis etwa 20 Uhr in
Anspruch nehmen, bevor
115 er schließlich ins Bett gehen kann. Dies vor
Augen, seufzt Hanzhang, streckt sich auf dem

Rücksitz des Fahrzeugs und nimmt gedanken-
verloren sein rotes Halstuch ab.

Nele Schade

1 *Beschreibe den Schulalltag von Hanzhang. Liste die Unterschiede zu deinem Schulalltag auf.*

2 *Nenne einige Punkte, in denen Hanzhang in seiner Freiheit eingeschränkt ist.*

3 *Überlege, welche Fähigkeiten man durch Drill, Disziplin und Auswendiglernen nicht erlernen kann. Sieh dir dazu die folgende Grafik an und ergänze sie durch weitere „Soft Skills".*

4 *Welche „Soft Skills" lernst du an deiner Schule? Entscheide, welche davon du besonders wichtig findest.*

Eigeninitiative   Kommunikationsfähigkeit   Teamfähigkeit

Einfühlungsvermögen   Begeisterungsfähigkeit

Freude an der Leistung   Belastbarkeit   Eigenverantwortung

Selbstständigkeit   Selbstbewusstsein   Auftreten

Mitdenken   Zuverlässigkeit   Zielorientierung

Sich selbst verwirklichen

Wie du weißt, ist in der Theorie nach Maslow die **Selbstverwirklichung** das höchste Bedürfnis, das entsteht, wenn alle physischen und psychischen Grundbedürfnisse erfüllt sind. Doch was genau bedeutet Selbstverwirklichung? Wie kann ich mich selbst verwirklichen?

Häufig tauchen im Zusammenhang mit Selbstverwirklichung die Begriffe der Selbstfindung oder der Selbstbestimmung auf. Unter Selbstverwirklichung versteht man die Realisierung der eigenen Wünsche, Ziele und Sehnsüchte. Selbstverwirklichung heißt auch, **seine Talente und Fähigkeiten voll und ganz zu entfalten**. Man lebt sein Leben also nach dem Motto: „Lebe deinen Traum!" bzw. „Gehe deinen Weg!"

Um seinen eigenen Weg gehen und individuelle Entscheidungen treffen zu können, muss man sich von äußeren Einflüssen und Zwängen freimachen. Und man muss in sich hineinhorchen und sich die grundlegenden Fragen stellen:

Was möchte ich?   *Wer möchte ich sein?*

Wie möchte ich leben?   *Was ist mir wichtig?*

1 *Beantworte die vier Fragen für dich persönlich. Nimm dir dazu genügend Zeit und „höre in dich hinein".*

2 *Wo kannst du dich am besten verwirklichen? Zu Hause, in der Schule, allein, mit Freunden …? Begründe deine Antwort.*

3 *Werde dir bewusst, was du brauchst, um dich selbst verwirklichen zu können: Freiheit, Zeit, Raum, Gesellschaft, Ruhe, Natur …?*

Um dich in Freiheit entfalten zu können, musst du alles lösen, was dich daran hindert.
Elias Fischer

Wege entstehen dadurch, dass man sie geht.
Franz Kafka

Wer zu sich selbst finden will, darf andere nicht nach dem Weg fragen.
Paul Watzlawick

Erfülle deine Träume, damit du Platz für neue hast.
Unbekannt

4 *Bringe die Zitate in eine Reihenfolge, je nachdem, wie nahe sie deinem Verständnis von Selbstverwirklichung kommen.*

5 *Finde selbst einen Spruch, einen Satz oder ein Gedicht zur Selbstverwirklichung.*

Zeit für sich

Keine Zeit, die Leitung zu reparieren!

Weil wir ständig die Kübel ausleeren müssen.

6 *Fasse die Aussage des Bildes in Worte.*

7 *Was ist deiner Meinung nach wirklich wichtig im Leben?*

8 *Lies dir das Gedicht durch. Begründe anschließend, warum (Frei-)Zeit ein wichtiger Bestandteil der Selbstverwirklichung ist.*

Ich wünsche dir Zeit

Ich wünsche dir nicht alle möglichen Gaben.
Ich wünsche dir nur, was die meisten nicht haben:
Ich wünsche dir Zeit, dich zu freun und zu lachen,
und wenn du sie nützt, kannst du etwas draus machen.

Ich wünsche dir Zeit für dein Tun und dein Denken,
nicht nur für dich selbst, sondern auch zum Verschenken.
Ich wünsche dir Zeit – nicht zum Hasten und Rennen,
sondern die Zeit zum Zufriedenseinkönnen.

Ich wünsche dir Zeit – nicht nur so zum Vertreiben.
Ich wünsche, sie möge dir übrig bleiben
als Zeit für das Staunen und Zeit für Vertraun,
anstatt nach der Zeit auf der Uhr nur zu schaun.

Ich wünsche dir Zeit, nach den Sternen zu greifen,
und Zeit, um zu wachsen, das heißt, um zu reifen.
Ich wünsche dir Zeit, neu zu hoffen, zu lieben.
Es hat keinen Sinn, diese Zeit zu verschieben.

Ich wünsche dir Zeit, zu dir selber zu finden,
jeden Tag, jede Stunde als Glück zu empfinden.
Ich wünsche dir Zeit, auch um Schuld zu vergeben.
Ich wünsche dir: Zeit zu haben zum Leben!

Elli Michler

Wer hat hier was zu sagen?

1 *Erläutere, wer hier wem was zu sagen hat. Was berechtigt diese Personen dazu?*

Autorität*

> ### Begriffsklärung:
> *Autorität ist ein auf Leistung oder Tradition beruhender Einfluss einer Person oder Institution und daraus erwachsendes Ansehen.
> 1. Ansehen und die damit verbundene Macht: „sich Autorität verschaffen"
> 2. Person, die wegen ihres Könnens anerkannt ist: „eine große Autorität sein"
>
> *www.duden.de*

1 Wie entsteht Autorität? Nenne Möglichkeiten, wie jemand Autorität erlangen kann.

2 Was kann Autorität bei anderen Personen erzeugen? Unterteile zwischen positiven und negativen Auswirkungen.

3 Auch Institutionen können Autorität haben. Nenne Beispiele.

Formen von Autorität

4 Welche Menschen haben aufgrund ihres Berufes Amtsautorität? Finde Beispiele.

Amtsautorität
Amtsautorität (auch formale Autorität oder institutionelle Autorität genannt) erwirbt man durch
- ein Amt,
- einen Beruf,
- eine höhere soziale Stellung bzw. Position innerhalb einer Gesellschaft.

Sachautorität
Sachautorität (auch fachliche oder funktionale Autorität genannt) erwirbt man durch
- Wissen,
- bestimmte Fähigkeiten,
- Können,
- Erfahrung.

Natürliche Autorität
Natürliche Autorität (auch persönliche Autorität genannt) erwirbt man durch
- körperliche Merkmale,
- bestimmte Charakterzüge,
- seine Wesensart,
- Verhaltensweisen.

5 Welche Fähigkeiten verhelfen jemandem zu Sachautorität? Nenne Beispiele.

6 Überlege, durch welche körperlichen Merkmale bzw. Charakterzüge jemand natürliche Autorität erlangt. Liste Beispiele auf.

7 Um welche Autoritätsform handelt es sich jeweils bei den Bildern auf der vorherigen Seite?

8 Beschreibe, wer in der Schule Autorität besitzt. Begründe, weshalb manche Schüler mehr Autorität als andere haben, und warum manche Lehrer mehr Autorität als andere haben.

9 Kann jemand auch mehrere Autoritätsformen in sich vereinigen? Finde Beispiele.

Normen

Normen sind Regeln oder vorgegebene Verhaltensformen, die für die ganze Gesellschaft allgemeingültig sind. Eine Norm ist eine **Handlungsorientierung** oder, bildlich gesprochen, ein Wegweiser, eine Leitlinie oder Richtschnur (lateinisch „norma"), nach der man das eigene Verhalten ausrichten kann. Normen sind, anders als Gesetze, häufig nicht aufgeschrieben, aber dennoch jedem bekannt: Man bekommt sie sozusagen anerzogen, durch Eltern, Großeltern, Schule oder andere Autoritäten. Sie fallen einem im täglichen Leben oft nicht auf. Jedoch bemerkt man sofort, wenn jemand gegen bestimmte Verhaltensnormen verstößt (Normabweichung).

1 *Führe Normen des täglichen Lebens an, die du kennst.*

Alles, was Recht ist

Kinder und Jugendliche haben noch nicht die gleichen Rechte wie Erwachsene. Dafür haben sie auch nicht dieselben Pflichten. Mit zunehmendem Alter steigt auch die Zahl an Pflichten. Das ist sozusagen die Kehrseite der Medaille. Bis zum 14. Lebensjahr ist man rechtlich gesehen ein Kind. Zwischen 14 und 18 Jahren gilt man als Jugendlicher. Ab dem 18. Lebensjahr ist man ein Erwachsener, also rechtlich gesehen volljährig. Erwachsene haben automatisch mehr Rechte und Pflichten als Minderjährige, also alle Personen unter 18 Jahren. Um Minderjährige vor Gefahren und negativen Einflüssen in der Öffentlichkeit und in den Medien zu schützen, gibt es ein eigenes Gesetz: das Jugendschutzgesetz (JuSchG).

Rechtliche Altersstufen

von Geburt an:	Rechtsfähigkeit*	**16 Jahre:**	Eidesfähigkeit*,
6 Jahre:	Schulpflicht,		Ausweispflicht,
	Kinobesuch bis 20 Uhr		Kinobesuch bis 24 Uhr,
7 Jahre:	beschränkt geschäftsfähig*,		Recht zum Trinken von
	beschränkte Deliktsfähigkeit*		Alkohol (außer Branntwein),
12 Jahre:	Erziehung zu einem anderen		Führerschein für Roller,
	Glauben nur mit Zustimmung		Moped und Traktor,
14 Jahre:	Recht, selbst über die		Erwerb der Segelfluglizenz
	Religionszugehörigkeit	**18 Jahre:**	voll geschäftsfähig,
	zu entscheiden,		Recht zu heiraten,
	Recht, Sex zu haben,		Führerschein für alle Klassen,
	Strafmündigkeit*,		aktives und passives Wahlrecht*,
	Kinobesuch bis 22 Uhr		Zutritt ins Solarium
15 Jahre:	Ende der allgemeinen Schulpflicht,		
	Recht zum Fahren eines Mofas,		
	Recht auf Berufsausbildung		

2 *Recherchiere, was die mit * gekennzeichneten Begriffe bedeuten.*

3 *Erkundige dich auf der Webseite www.jugendschutz-aktiv.de über das Jugendschutzgesetz.*

Meine Rechte und Pflichten

Manchmal ist es gar nicht so einfach zu erkennen, ob es sich bei Gesetzen und Verordnungen um Rechte oder um Pflichten handelt. Man muss genau auf die Formulierung achten:

Beispiel aus der Hausordnung einer Realschule

1. Zu Beginn der Unterrichtsstunde begeben sich die Schülerinnen und Schüler pünktlich in ihr Klassenzimmer.
2. Von allen Schülerinnen und Schülern wird gegenseitige Rücksichtnahme erwartet.
3. Alle Schülerinnen und Schüler sollen sich frei entfalten können.
4. Das Essen und Trinken ist in Fachsälen verboten.

1 *Formuliere jeden Satz um. Beginne mit „Die Schüler haben das Recht …" bzw. „Die Schüler haben die Pflicht …".*

2 *Sieh dir die Schulordnung/Hausordnung deiner Schule einmal genauer an. Achte auf Wörter wie „dürfen", „müssen", „sollen". Erstelle zwei Spalten in deinem Heft und liste stichpunktartig alle Rechte und Pflichten auf, die an deiner Schule gelten.*

Alles im Leben hat zwei Seiten

Nicht nur in der Schule, sondern auch in unserem täglichen Leben haben wir Rechte. Wir haben aber auch viele Pflichten, deren Erfüllung von uns als Mitglieder einer Gemeinschaft erwartet wird.

3 *Übertrage die folgende Tabelle in dein Heft und fülle sie aus. Finde anschließend weitere Bereiche des Lebens, in denen man sowohl Rechte als auch Pflichten hat.*

Gemeinschaftsform	Rechte Das darf der Einzelne tun	Pflichten Das erwartet die Gemeinschaft
Klassengemeinschaft	…	…
Freunde	…	…
Liebespaar	…	…
Familie	…	…
Sportverein	…	…
…	…	…

4 *Erkläre die Bedeutung der folgenden Sprüche.*

Die Freiheit des Einzelnen endet dort, wo die Freiheit des Anderen beginnt.
Immanuel Kant

Alles im Leben hat zwei Seiten.
Redensart

Autorität – gut oder schlecht?

Wie du bereits weißt, kann jemand Autorität auf verschiedene Art und Weise erlangen. Durch besondere Leistungen, durch Erfahrung, durch Wissen, durch eine charismatische Ausstrahlung oder nur aufgrund seines Alters. Egal auf welchem Weg eine Person zu Autorität kommt, sie führt dazu, dass sich andere Menschen in ihrem Denken und Handeln nach ihr richten. Denn Autorität erzeugt Respekt, Ansehen, Bewunderung, Wertschätzung, manchmal jedoch auch Angst. Das hängt davon ab, wie und wozu jemand seine Autorität gebraucht.

Positiver Gebrauch von Autorität
- als Vorbild und Wegweiser für andere
- um schwierige Entscheidungen zu treffen
- um Verantwortung zu übernehmen
- um anderen Verantwortung abzunehmen
- um anderen zu helfen und sie zu unterstützen

Negativer Gebrauch von Autorität
- um andere einzuschüchtern
- um anderen seine Macht zu demonstrieren
- um andere zu bestrafen
- um andere zu demütigen
- um andere zu unterdrücken
- um Zwang auszuüben

Jemand hat Autorität:
positive oder neutrale Bedeutung

Jemand ist autoritär:
negative Bedeutung

Wer Autorität hat, verfügt auch immer über eine gewisse Macht. Damit ist jedoch zugleich eine hohe Verantwortung gegenüber anderen Menschen verbunden. Leider verleitet Autorität manche Menschen dazu, diese Macht zu missbrauchen (Machtmissbrauch).

 Finde historische oder aktuelle Beispiele für Menschen, die ihre Autorität positiv einsetzen, und Beispiele für Menschen, die ihre Autorität negativ einsetzen.

Film-Tipp
Experimenter – Die Stanley Milgram Story (Film 2015)
Das sogenannte Milgram-Experiment hatte im Jahr 1961 weltweit für Aufsehen und Entsetzen gesorgt. Freiwillige Testpersonen sollten in einem angeblichen Versuch zum Lernverhalten Stromschläge an ihre „Schüler" austeilen, wenn diese Fragen zur Zusammensetzung von Wortpaaren falsch beantworteten.

Die „Schüler" waren jedoch Schauspieler, die in Wirklichkeit keine Stromschläge erhielten, sondern die angeblich dadurch ausgelösten Schmerzen nur simulierten. Angetrieben von einem Versuchsleiter verabreichten die Versuchsteilnehmer tatsächlich immer stärkere Stromschläge, obwohl die Testpersonen um Gnade bettelten und vor Schmerz schrien. Viele Testpersonen waren sogar bereit, tödliche Stromschläge von 450 Volt zu verabreichen. Seit Jahrzehnten wird das Experiment deshalb als Paradebeispiel dafür angesehen, wie sehr Menschen dazu bereit sind, einer Autorität zu gehorchen.

www.welt.de

Autoritäre Staaten

Wenn ein Mensch sich allen anderen überlegen fühlt, wenn er weder Kritik noch Widerspruch zulässt, bezeichnet man ihn als „autoritär". Wenn ein Jugendlicher meint, dass sein Vater immer alles bestimmt, kann er ihm vorwerfen: „Du bist aber autoritär!" Übertragen auf einen Staat würde das bedeuten: Eine Herrschaft, eine Regierung, die autoritär handelt, hindert Parteien oder Gruppen daran, demokratisch im Staat mitzuwirken. Eine autoritäre Herrschaft lässt keine anderen Meinungen zu und verhindert, dass Zeitungen, Fernsehen und andere Medien kritisch berichten können. Dies ist zum Beispiel in einer Diktatur oder in einem Staat der Fall, in dem nur eine einzige Partei, Gruppe oder Familie das Sagen hat und in dem die Opposition verfolgt wird.

> *Projektidee*
> Recherchiere im Internet über autoritäre Staaten bzw. über totalitäre Regime und Diktaturen, die momentan existieren. Wähle einen Staat aus. Informiere dich darüber, was diesen Staat zu einem autoritären Staat macht. Halte anschließend ein Referat darüber.

Autoritäten hinterfragen

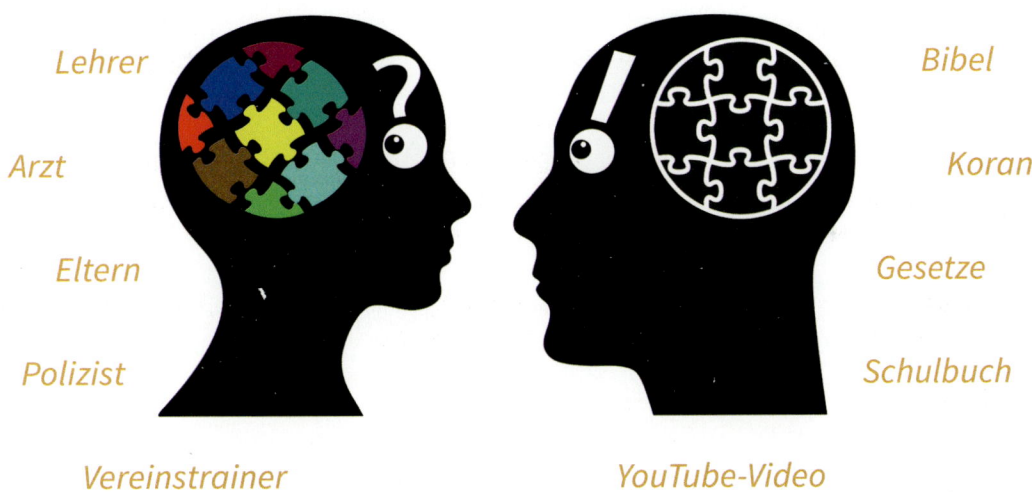

2 *Reflektiere deine Einstellung: Wem vertraust du blind? Wem nicht? Glaubst du alles, was du liest, was man dir sagt oder was man dir beibringt?*

Im Laufe unseres Lebens treffen wir auf unterschiedliche Autoritäten, die uns sagen, was wir zu tun und zu lassen haben und was richtig und falsch ist. Doch woher wissen wir, ob sie tatsächlich recht haben?

3 *Formuliere in deinen Worten, was man unter „kritischem Denken" versteht.*

4 *Beschreibe den Unterschied zwischen „hinterfragen" und „widersprechen". Finde Beispiele. Darfst du deinem Lehrer oder deinen Eltern widersprechen?*

Sinnvoll leben

Was gibt unserem Leben einen Sinn?

Lieben und geliebt werden

Freunde haben

Glück

Glaube/Religion

Familie

Gesundheit

Kinder haben

Spaß haben

Genießen

Beruf/Karriere/Erfolg

Sich selbst erkennen

Inneren Frieden finden

Reich werden

Seine Bestimmung finden

Freiheit

Die eigenen Träume wahr werden lassen

Sich für andere einsetzen

1 *Worin liegt für dich der Sinn des Lebens?*

Was ist Sinn und Zweck des Ganzen?

Fidget Spinner – sinnloses Spielzeug?

Fahrradhelm – sinnvolle Erfindung?

1 *Überlege, welche Gegenstände oder Erfindungen du sinnvoll findest und welche sinnlos. Falls möglich, bringe sie in der nächsten Ethikstunde mit und begründe deine Haltung.*

Sinn und Zweck

Sinn	*Zweck*
sinnvoll (= ratsam)	zweckgerichtet (= nützlich, macht aber oft keinen Spaß)
unsinnig (= nicht ratsam)	zweckfrei (= unnütz, macht aber oft Spaß)
Bedeutung von etwas; Frage nach dem **Warum?**	Ziel/Nutzen von etwas/Absicht hinter etwas; Frage nach dem **Wozu?**

2 *Begründe bei den folgenden Beispielen, ob und weshalb etwas Sinn ergibt bzw. worin der Zweck besteht. Ergänze die Liste mit weiteren Beispielen.*

	Das macht Sinn/macht keinen Sinn, weil …	Der Zweck besteht darin, dass …
nach dem Essen Zähne putzen	…	…
vor dem Essen Zähne putzen	…	…
Kaugummi kauen	…	…
barfuß gehen	…	…
einem Sportverein angehören	…	…
laut Musik hören	…	…
rauchen	…	…
Hausaufgabe abschreiben	…	…
sich vor dem Sport aufwärmen	…	…
sich ehrenamtlich im Altersheim engagieren	…	…
ein Wörterbuch ganz durchlesen	…	…

Was bedeutet „Sinn"?

1. die Fähigkeit, etwas wahrzunehmen und zu empfinden: „Der Mensch besitzt fünf Sinne: das Sehen, Hören, Riechen, Schmecken und Tasten."
2. Bewusstsein, Wahrnehmungsfähigkeit: „Meine Sinne waren völlig verwirrt."
3. Denken, Gedanken: „Was hast du im Sinn?"
4. Bedeutung: „Was ist nun der tiefere Sinn dieses Buches?"
5. Ziel, Zweck: „Wir dachten über den Sinn des Lebens nach."

1 *Formuliere weitere Beispielsätze, die die verschiedenen Bedeutungen des Wortes „Sinn"*
näher erläutern.

Der Sinn des Lebens
Die Frage nach dem Sinn des Lebens ist für viele die grundlegendste Frage in ihrem Leben überhaupt. In einem größeren Rahmen geht es dabei um den Zweck bzw. die Bedeutung des Lebens im Universum an sich. Oder auf unsere Welt bezogen geht es um die biologische und kulturelle Existenz des Menschen. Diese Frage ist eng verknüpft mit weiteren Fragen:

Woher kommen wir?   Wohin gehen wir?
Warum sind wir hier auf der Erde?
Was ist unsere Aufgabe hier auf der Erde?
Wie sollen wir leben, um unseren Daseinszweck zu erfüllen?

Die Gefühlsantworten auf die Frage nach dem Sinn des Lebens können sowohl positiv (Glück, Erfüllung, Befreiung) als auch negativ (Depression, Verzweiflung, Angst) ausfallen.

Nach https://de.wikipedia.org

Als sich meine Eltern scheiden ließen, habe ich mir zum ersten Mal Gedanken über den Sinn des Lebens gemacht.
Alex

Wenn ich einen Liebesfilm sehe, frage ich mich oft, was meinem Leben einen Sinn geben soll.
Sabrina

Als mich Laura verlassen hat, habe ich für mich keinen Sinn mehr gesehen.
Maximilian

Als ich die Klasse nicht bestanden habe, hab ich mich gefragt, ob das alles überhaupt noch Sinn macht.
Jenifer

2 *Teile deine Gefühle bzw. Reaktion mit, wenn du über den Sinn des Lebens nachdenkst.*

3 *Beschreibe Situationen, in denen du dir schon einmal die Frage nach dem Sinn des Lebens gestellt hast.*

Sinnfindung

„Die beiden wichtigsten Tage deines Lebens
sind der Tag, an dem du geboren wurdest,
und der Tag, an dem du herausfindest, warum!"
Mark Twain (1835–1910; US-amerikanischer Schriftsteller)

„Jeder Mensch muss sich ein Ziel setzen,
das er nicht erreichen kann,
damit er stets zu ringen und zu streben habe."
Johann Heinrich Pestalozzi (1746–1827; Schweizer Pädagoge)

„Der Sinn des Lebens ist das Leben selbst."
Johann Wolfgang von Goethe (1749–1832; deutscher Dichter)

„Der Sinn des Lebens beruht doch darin,
dass man das Bewusstsein eines persönlichen Lebens eintauscht
gegen das Bewusstsein Gottes."
Leo Tolstoi (1828–1910; russischer Schriftsteller)

„Der Sinn des Lebens besteht darin, glücklich zu sein."
Tenzin Gyatso (*1935; „Dalai Lama", Oberhaupt der tibetischen Buddhisten)

„Der Sinn meines Lebens scheint mir darin zu bestehen,
hinter den Sinn meines Lebens zu kommen."
Erwin Strittmatter (1912–1994; deutscher Schriftsteller)

„Wir verlangen, das Leben müsse einen Sinn haben.
Aber es hat nur genau so viel Sinn, wie wir ihm selbst geben."
Hermann Hesse (1877–1962; deutscher Schriftsteller)

„Der Sinn des Lebens ist mehr als das Leben selbst."
Stefan Zweig (1881–1942; österreichischer Schriftsteller)

1 Welcher Spruch beschreibt nach deinem Empfinden den Sinn des Lebens am besten?

2 Formuliere selbst einen Satz, der deiner Meinung nach den Sinn des Lebens erklärt.

3 Sieh dir noch einmal die Bedürfnispyramide von Maslow auf Seite 94 an. Welche Bedürfnisse müssen erfüllt sein, damit das Leben einen Sinn ergibt? Welche Bedürfnisse können unerfüllt bleiben?

Die Geschichte vom Fischer

Die Geschichte handelt von einem Geschäftsmann, der in Urlaub fuhr, um dem Alltag zu entfliehen und sozusagen „seine Batterien wieder aufzuladen". „Er flog weit weg in eine abgelegene Gegend und verbrachte einige Tage in einem kleinen Dorf am Meer. Ein paar Tage lang beobachtete er die Dorfgemeinschaft und stellte fest, dass ein bestimmter Fischer am glücklichsten und zufriedensten von allen wirkte. Der Geschäftsmann wollte gerne wissen, woran das lag, und so fragte er den Fischer schließlich, was er jeden Tag tat.

Der Mann antwortete ihm, dass er jeden Morgen nach dem Aufwachen mit seiner Frau und seinen Kindern frühstücke. Dann gingen seine Kinder zur Schule, er fuhr zum Fischen raus, und seine Frau malte. Ein paar Stunden später kam er mit genügend Fisch für die Familienmahlzeiten nach Hause und machte ein Nickerchen. Nach dem Abendessen gingen er und seine Frau am Strand spazieren und beobachteten den Sonnenuntergang, während die Kinder im Meer schwammen.

Der Geschäftsmann war fassungslos. ‚Machen Sie das jeden Tag?', fragte er. ‚Meistens schon', antwortete der Fischer. ‚Manchmal machen wir auch andere Dinge, aber für gewöhnlich sieht mein Leben so aus.' ‚Und Sie können jeden Tag genügend Fische fangen?', fragte der Geschäftsmann. ‚Ja', antwortete der Fischer, ‚es gibt viele Fische.' ‚Könnten Sie mehr Fische fangen, als Sie für Ihre Familie mit nach Hause nehmen?', erkundigte sich der Geschäftsmann weiter. Der Fischer antwortete lächelnd: ‚Oh ja, häufig fange ich viel mehr und lasse sie einfach wieder frei. Sie müssen wissen, ich liebe es zu fischen.' ‚Aber warum fischen Sie nicht den ganzen Tag und fangen so viele Fische, wie Sie können?', hakte der Geschäftsmann nach. ‚Dann könnten Sie den Fisch verkaufen und viel Geld verdienen. Schon bald könnten Sie ein zweites Boot kaufen und dann ein drittes Boot, andere Fischer beschäftigen, die ebenfalls viele Fische fangen. In ein paar Jahren könnten Sie sich ein Büro in einer größeren Stadt einrichten, und ich wette, dass Sie innerhalb von zehn Jahren ein internationales Fischhandelsunternehmen aufbauen könnten.'

Der Fischer sah den Geschäftsmann freundlich an. ‚Und warum sollte ich all das tun?' ‚Nun, wegen des Geldes', antwortete der Geschäftsmann. ‚Sie würden es tun, um eine Menge Geld zu verdienen, und sich dann zur Ruhe setzen.' ‚Und was würde ich dann in meinem Ruhestand tun?', fragte der Fischer. ‚Na ja, was immer Sie möchten, nehme ich an', sagte der Geschäftsmann. ‚Etwa mit meiner Familie frühstücken?' ‚Ja, zum Beispiel', sagte der Geschäftsmann ein bisschen verärgert darüber, dass der Fischer sich nicht stärker für seine Idee begeisterte. ‚Und da ich so gerne zum Fischen gehe, könnte ich, wenn ich wollte, jeden Tag ein bisschen fischen?', fuhr der Fischer fort. ‚Ich wüsste nicht, was dagegen spräche', sagte der Geschäftsmann. ‚Wahrscheinlich würde es dann nicht mehr so viele Fische geben, aber vermutlich wären noch genügend da.' ‚Vielleicht könnte ich dann auch meine Abende mit meiner Frau verbringen. Wir könnten am Strand spazieren gehen und den Sonnenuntergang beobachten, während unsere Kinder im Meer schwämmen?', fragte der Fischer. ‚Sicher, alles, was Sie wollen, wobei Ihre Kinder dann wahrscheinlich schon erwachsen sein dürften', sagte der Geschäftsmann.

Der Fischer lächelte ihn an, gab ihm die Hand und wünschte ihm gute Erholung."

John Strelecky, Das Café am Rande der Welt

1 *Erfasse mit eigenen Worten, was uns diese Geschichte mitteilen will.*

2 *Bilde dir ein Urteil darüber, ob der Fischer den „Sinn des Lebens" gefunden hat.*

3 *Finde Erklärungen dafür, dass wir so viel Zeit damit verbringen, uns auf den Zeitpunkt vorzubereiten, zu dem wir tun können, was wir möchten, anstatt es einfach sofort zu tun.*

4 *Überlege, ob du das tust, was du tun möchtest. Falls nicht – finde Gründe, warum nicht.*

Buch-Tipp

Das Café am Rande der Welt (John Strelecky)

Ein kleines Café mitten im Nirgendwo wird zum Wendepunkt im Leben von John. Eigentlich will er nur kurz Rast machen, doch dann entdeckt er auf der Speisekarte neben dem Menü des Tages drei Fragen: „Warum bist du hier? Hast du Angst vor dem Tod? Führst du ein erfülltes Leben?"

Die Fragen nach dem Sinn des Lebens führen ihn gedanklich weit weg an die Meeresküste von Hawaii. Dabei verändert sich seine Einstellung zum Leben und zu seinen Beziehungen, und er erfährt, wie viel man von einer weisen grünen Meeresschildkröte lernen kann. So gerät diese Reise letztlich zu einer Reise zum eigenen Selbst.   *John Strelecky, Das Café am Rande der Welt*

---

5 *Versuche die drei Fragen auf der Rückseite der Speisekarte für dich zu beantworten. Schreibe deine Antworten auf. Falls ihr euch in der Klasse entscheidet, das Buch zu lesen, beantworte die Fragen nach dem Lesen des Buches erneut. Haben sich deine Antworten zu den drei Fragen geändert?*

Warum bist du hier?
Hast du Angst vor dem Tod?
Führst du ein erfülltes Leben?

Im Zusammenhang mit der ersten Frage „Warum bist du hier?" lernt John den „ZDE" kennen:

„Wenn ein Mensch weiß, warum er hier ist, hat er den ‚Zweck seiner Existenz' erkannt. Wir nennen es verkürzt ‚ZDE' für ‚Zweck der Existenz'. Im Laufe seines Lebens stellt
5 der Mensch vielleicht fest, dass er zehn, zwanzig oder Hunderte von Dingen tun möchte, um dem Zweck seiner Existenz gerecht zu werden. Er kann all diese Dinge tun. [...] Nehmen wir an, Sie fänden heraus,
10 dass Ihr ZDE darin besteht, Autos zu bauen. Und nehmen wir an, Sie würden sich dafür entscheiden, Ihren ZDE zu verwirklichen. Was würden Sie tun?"

Ich dachte nach: „Ich würde mir viele Bücher über Autos besorgen, vielleicht würde 15 ich einen Ort besuchen, wo Autos produziert werden, oder Kontakt mit Leuten suchen, die bereits Autos gebaut haben, und ihren Rat einholen. Vielleicht würde ich versuchen, einen Job bei einem Autoher- 20 steller zu bekommen." Ich überlegte erneut: „Ich denke, ich kann meine Frage nun selbst beantworten: Jemand lernt all die Dinge, die seinen ZDE erfüllen können, indem er viele Dinge in Erfahrung bringt, die etwas 25 mit seinem ZDE zu tun haben, und indem er sich intensiv damit beschäftigt."

John Strelecky, Das Café am Rande der Welt

6 *Formuliere deinen „ZDE"? Was tust du, um deinen „ZDE" zu erfüllen?*

Wenn alles wieder Sinn macht

„Ich wurde in der Schule ständig gehänselt und sogar gemobbt, weil ich ein bisschen mehr auf den Rippen hatte. Irgendwann hab ich es nicht mehr ausgehalten und mich von allen abgeschottet. Ich habe mit niemandem mehr geredet und niemanden mehr angeschaut. Ich bin richtig depressiv geworden. Letztes Jahr habe ich mit Kickboxen angefangen. Seitdem fühle ich mich viel selbstsicherer. Ich gehe wieder auf Menschen zu und habe auch in der Schule Freundinnen gefunden. Der Sport hat mich verändert und meinem Leben wieder einen klaren Sinn gegeben.“
Sophie (15)

*„Früher hing ich den ganzen Tag mit meinen Kumpels ab. Wir haben die Schule geschwänzt und uns im Park getroffen. Da haben wir laut Musik gehört und jeden Tag Bier getrunken und gekifft. Kein Wunder, dass das mit der Schule irgendwann nichts mehr geworden ist. Aber wozu auch? Ich habe sowieso keinen Sinn darin gesehen, für etwas zu lernen, was ich sowieso nicht brauche.
Heute seh' ich das anders. Mittlerweile habe ich eine Freundin und ‚richtige' Freunde. Ich habe sogar eine Lehrstelle als Kfz-Mechaniker, die mir Spaß macht. Jetzt sehe ich wieder einen Sinn im Leben.“*
Tom (17)

1. Erläutere, was den beiden Jugendlichen geholfen hat, wieder einen Sinn im Leben zu sehen.

2. Hast du dich auch schon mal in einer „Sinnkrise" befunden? Beschreibe, was dir geholfen hat.

3. Beurteile, inwiefern eine „Sinnfindung" im Vorhinein (präventiv) helfen kann, bevor es überhaupt zu Problemen kommt.

4. Schau dir folgende Begriffe aus Kapitel 1 nochmals an und überlege, welche Rolle sie bei der Sinnfindung spielen.

Autonomie   Selbstbestimmung   Optimismus

positives Selbstbild   Selbstbewusstsein   Selbstverwirklichung

Sinnangebote

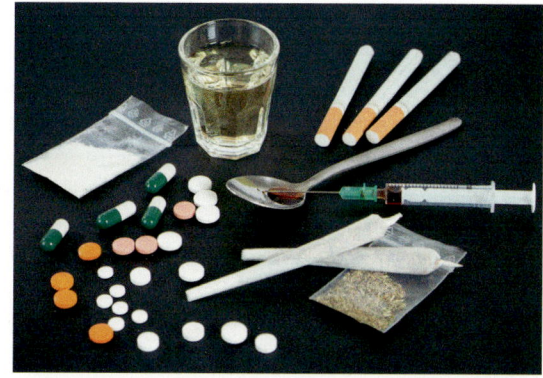

Löwe 23.7.–22.8.
Liebe: Sie halten mit Neptun Händchen. Schaffen Sie Platz für die Liebe in Ihrem Leben.
Gesundheit: Diese Woche sollten die schönen Dinge des Lebens im Vordergrund stehen. Erholen Sie sich!
Erfolg: Im Job läuft alles wie von selbst. Der quirlige Merkur gibt Ihnen zusätzliche Power. Ein Gespräch kann Ihrer Karriere Flügel verleihen.

1 *Unterscheide: Welche dieser „Angebote" sind sinnvoll, welche sinnlos?*

2 *Beurteile, welche Sinnangebote gefährlich und welche unbedenklich sind.*

3 *Warum wohl lassen sich einige Menschen auf fragwürdige Sinnangebote ein?*

4 *Nenne Lebenslagen, in denen manche besonders anfällig für „verfehlte Sinnangebote" sind.*

113

Die Antwort der Sekten

Sekte

[Neutrale Bedeutung:] Sekte leitet sich vom lateinischen Wort „secta" (= Partei, Lehre, Schulrichtung) ab. Neutral betrachtet ist eine Sekte eine Bezeichnung für eine kleinere religiöse Gemeinschaft, die sich von einer Mutterreligion abgespalten hat. Da der Begriff „Sekte" meist negativ gebraucht wird, verwendet man auch wertfreie Bezeichnungen wie „religiöse Sondergemeinschaft" oder „neureligiöse Bewegung".   *https://de.wikipedia.org*

[Negative Bedeutung:] Kleine, radikale, stark ideologisierte Gruppe, die ethische Werte vertritt, welche den allgemeinen gesellschaftlichen Grundwerten zuwiderlaufen. Ihre Anhänger haben bizarre, religiös verklärte Ansichten oder gelten oft sogar als gefährlich.

www.planet-wissen.de

1 *Erkläre und begründe, ob für dich der Begriff „Sekte" eher neutral oder eher negativ belegt ist.*

2 *Recherchiere im Internet und finde Beispiele für „neureligiöse Bewegungen".*

Wann ist eine Sekte gefährlich?

Wenn die Anführer einer Sekte vor allem nach Macht und Geld streben, wird es gefährlich. Diese Sekten haben fast immer ein Oberhaupt, dem jedes Mitglied bedingungslos gehorchen muss.
5 Die Anführer lassen sich gerne als „Meister", „Führer" oder „Guru" bezeichnen. Diese Sekten schotten sich von der Außenwelt ab und verlangen dies auch von ihren Mitgliedern. Kinder etwa dürfen keinen Kontakt mit Gleichaltrigen
10 außerhalb der Sekte haben. Auch in anderen Bereichen setzen diese Sekten ihre Mitglieder unter Druck. Das kann bis zum Bruch der staatlichen Gesetze gehen. Mit der Suche nach Liebe und Frieden oder nach Erfüllung hat dies nichts
15 mehr zu tun.

Neue Mitglieder sind für diese Sekten sehr wichtig. Sie werden mit verlockenden Versprechungen geködert. **Achtung: Du kommst leicht hinein, aber nur sehr schwer wieder**
20 **heraus!**

Sekten bauen nach außen hin auf ähnliche Themenbereiche wie die Religionen auf. In Wahrheit aber schränken sie deine Freiheit ein. Werde stets misstrauisch, wenn ...

- die Anführer behaupten, dass nur die Mit- 25 glieder ihrer Gruppe auf Heil, Rettung und Erlösung hoffen dürfen und alle anderen Menschen verloren sind,
- es in der Gruppe eine sehr strenge Rangordnung gibt, 30
- du zu irgendetwas gezwungen wirst,
- du deine Meinung nicht sagen darfst,
- du zu Hause oder in der Schule nichts über die Gruppe erzählen darfst,
- du merkst, dass du ausspioniert wirst oder 35 andere bespitzeln sollst,
- die Gruppe mit der Außenwelt nichts zu tun haben will,
- du die Gruppe nicht verlassen darfst,
- du Geld oder persönliche Dinge abgeben 40 sollst.   *Nach www.religionen-entdecken.de*

3 *Recherchiere, wie viele Anhänger die fünf Weltreligionen haben.*

4 *Begründe, warum die meisten Sekten aus einer der großen Weltreligionen entstanden sind.*

5 *Fasse die Merkmale einer Sekte zusammen.*

„Ich habe keine Wurzeln und keine Kraft zu fliegen"

Sie wurde in eine Sekte geboren und dort von klein auf geschlagen, mehrmals am Tag. Mit 16 Jahren stieg Amitsa bei den „Zwölf Stämmen" aus. Be-
5 gegnung mit einer jungen Frau, die ausbrach, um ins Leben zu finden.

Als Kind dachte sie, Schläge gehören zum Leben; Schläge mit der Rute, manchmal auf den nackten Po,
10 manchmal nur auf die Unterhose. Als Jugendliche ahnte sie, die Qualen sind falsch. Gewehrt hat sie sich trotzdem nicht. Heute wird sie von niemandem mehr geschlagen, nur noch nachts in
15 ihren Träumen.

Amitsa kam in einer Sekte zur Welt: 16 Jahre lebte sie mit ihren Eltern und fünf Geschwistern bei den „Zwölf Stämmen", erst in Frankreich, später
20 in Pennigbüttel bei Bremen, dann im bayerischen Wörnitz. Seit zwanzig Jahren schon kennen die deutschen Behörden Misshandlungsvorwürfe gegen die Sekte, die sich auf das Alte
25 Testament beruft: Wen der Herr liebt, den züchtigt er. Die Mitglieder tragen lange Haare und wallende Kleider, sie glauben, dass die Welt 2026 untergeht, dass alle vom Satan besessen sind, nur sie nicht.

30 In ihrer Welt ist auch Amitsa besessen. Sie hat die „Zwölf Stämme" vor rund vier Jahren verlassen. Mit dem Teufel kann die Sekte leicht all das erklären, was seitdem schiefgelaufen ist in Amitsas Leben, die Bauchschmerzen, die ka-
35 putte Ehe, den Schulabbruch. So muss sich kein Mitglied fragen: Was ist mein Anteil?

Amitsa ist jetzt 19 Jahre alt, interessiert, höflich, hübsch, sie lacht oft, kurz und hoch, etwas unsicher. Sie spricht Deutsch mit ameri-
40 kanischem Akzent, weil in der Sekte viele nur Englisch miteinander reden, die Stämme verteilen sich auf mehrere Länder, die USA, Brasilien, Spanien, Tschechien.

Wenn Amitsa von früher erzählt, knibbelt
45 sie den Lack von ihren Fingernägeln ab, dann knetet sie ihre Hände, verdreht die Augen, ringt um Worte. Sie sagt, wer in frischen Zement trete, der verursache Spuren. „Bei mir ist ein Abdruck hinterlassen, der geht nicht so schnell weg."
50

Mit jedem Schlag haben die Erwachsenen das Kind Amitsa ein bisschen mehr geformt, einfügen sollte sie sich in die Gemeinschaft. Wie ein Roboter, sagt Amitsa, und die Anführer säßen an den Knöpfen. Jetzt muss Amitsa 55 lernen, allein zu funktionieren. Sie versucht herauszufinden, wer sie ist und was sie will, wenn niemand ihr sagt, was sie wollen muss.

Sie ist es gewohnt, schlecht behandelt zu werden. Sie hat nicht erfahren, was Freund- 60 schaft ist, was Liebe. Etwa ein Jahr nach dem Austritt lernte sie einen amerikanischen Solda-

115

ten im Internet kennen, sie heirateten im vergangenen Sommer. Als er in einer SMS schrieb,
65 er habe sie betrogen und mit der Frau ein Kind, reagierte Amitsa nicht. Ja, es tat weh. Aber ist das nicht normal?

Amitsa weiß nicht mehr, wie oft sie in der Sekte geschlagen wurde. Es begann morgens
70 nach dem Aufstehen und endete beim Schlafengehen. Die erwachsenen Sektenmitglieder griffen zur Rute, wenn sie sich beim Vorlesen verhaspelte, wenn sie lachte, wenn sie sich weigerte, einen vermeintlichen Fehler einzusehen,
75 wenn sie ihn dann doch gestand. So erzählt sie es. Über ihre Eltern möchte Amitsa nicht sprechen, sie würden sich ohnehin schon Vorwürfe machen. Sie sagt nur: „Es ist nicht so, dass ich meine Eltern hasse, aber es ist schwer zu ver-
80 stehen, warum wir das durchmachen mussten."

In der Sekte versuchte Amitsa, allen zu gefallen und Fehler zu vermeiden. Das strengt an, die ständige Wachsamkeit. Wie ein Leben auf dem Minenfeld, sagt Amitsa, jede Minute eine
85 Explosion. „So lernst du, niemandem zu vertrauen."

Amitsa verzweifelte mehr und mehr. Sie fragte ihren Bruder und ihre Mutter, ob sie wirklich glücklich seien. Ihr Bruder schnitt sich
90 die Haare ab, sie kamen nicht mehr zum Gebet, stellten Fragen, das störte den Sektenalltag. Das beschmutze die anderen, sagten die Ältesten in der Sekte. Ein Bruder und eine Schwester blieben, Amitsa, ihre Eltern, zwei Brüder und eine
95 Schwester mussten gehen. Die Schwester lässt sich in der Psychiatrie behandeln.

Wenn Amitsa an die Sekte denkt, und das tut sie oft, dann raucht sie, dann hört sie Musik, harten, wütenden Rap, oder sie malt Aquarelle.
100 Ein Bild zeigt einen Baum, den eine Hand aus dem Boden reißt und zur Sonne biegt. Amitsa sagte: „Ich habe keine Wurzeln und keine Kraft zu fliegen."

Dabei würde sie gern. Nach dem Austritt
105 probierte und genoss sie all das, was sie vorher nie durfte: Sie aß Schokolade, schnitt sich die Haare ab, kaufte sich einen Bikini, surfte im Internet, schaute aus Neugier Pornos, denn aufgeklärt wurde sie nicht. Sie verabredete sich

online mit einem jungen Mann, schlief mit ihm. 110
Ihr Schreibtisch ist eine einzige Provokation: Kaffeemaschine, Zigarettenschachteln, Laptop, Haarspray und eine Palette mit 120 Lidschattenfarben. Bei Facebook lädt sie viele Fotos von sich hoch, mit hohen Pumps, mit engem Rock, 115
mit kurzem Rock. Sie giert nach Aufmerksamkeit und Bestätigung, um ihre Selbstzweifel zu betäuben.

Nach dem Austritt schaffte Amitsa den Realschulabschluss und beendete eine Ausbildung 120
zur staatlich geprüften Hauswirtschaftshelferin, lieber hätte sie Zahnarzthelferin gelernt. Später versuchte sie es am Gymnasium, in der ersten Deutschklausur schrieb sie null Punkte. Im Dezember musste sie die Schule verlassen, es hat 125
nicht gereicht. Jetzt hofft sie auf einen Job bei einer Zeitarbeitsfirma.

Für das Vorstellungsgespräch hat sie Zeugnisse und Lebenslauf dabei. „Haben Sie denn schon Berufserfahrung", fragt der Mann. Ami- 130
tsa nickt. Er schaut auf den Lebenslauf. „Ah ja, Ferienjobs." Der Lebenslauf sei etwas unübersichtlich, sagt er, die Schreibschrift nicht so leserlich, auch ein Foto fehle, und Rechtschreibfehler müssten auch nicht sein. „Nur ein Tipp, 135
keine Kritik, passiert mir auch", sagt er freundlich. Ob sie Deutsche sei? Amitsa sagt, dass sie mit Englisch aufgewachsen sei und eine Zeit im Ausland gelebt habe, aber ja, sie sei Deutsche. Ob sie lesen könne? Ja, lesen kann sie. 140

Nach dem Gespräch raucht Amitsa und zittert, der Alltag strengt manchmal an. Und trotzdem sagt sie, sie sei glücklicher als vorher, viel glücklicher.

Irgendwann möchte sie gern in die USA 145
auswandern, dort hat sie Verwandte und einige Freunde, ebenfalls Aussteiger. Noch hält die Sekte sie in Deutschland: Sie will die Verfahren abwarten und aussagen, wenn sie gebraucht wird, sie würde gern mit einem Anwalt spre- 150
chen und prüfen, was sie noch tun kann. Sie möchte den Kindern helfen, damit sie normal aufwachsen, mit Menschen, die lieben können, ohne zu schlagen. Sie sagt, es müsse weitergehen. *www.spiegel.de* 155

116

1 *An was glaubt die Sekte „Zwölf Stämme"? Fasse ihre Ideologie zusammen.*

2 *Fühle dich in Amitsa ein. Welche Praktiken kommen dir besonders hart und grausam vor?*

3 *Erläutere, wie die Sekte ihre Methoden begründet. Worauf beruft sie sich?*

4 *Wie hat das Leben in der Sekte Amitsas Persönlichkeit geformt? Finde passende Adjektive.*

5 *Fällt es Amitsa leicht oder schwer, über ihr Leben in der Sekte zu sprechen? Zitiere entsprechende Stellen im Text, die deine Antwort belegen.*

6 *Nach ihrem Austritt aus der Sekte probiert Amitsa so einiges aus. Beurteile ihren neuen Lebensstil und begründe, warum sie all diese „verbotenen" Dinge macht.*

7 *Schätze Amitsas neues Leben ein: Hat ihr neues Leben einen Sinn? Hat sie ihr neues Leben „im Griff"?*

8 *Überlege, was Amitsa damit meint, wenn sie sagt „Ich habe keine Wurzeln und keine Kraft zu fliegen".*

Projekt: Referat über Sekten

Bildet eine Referatsgruppe mit maximal vier Referentinnen/Referenten.
Sucht euch eine der folgenden Sekten bzw. neureligiösen Bewegungen aus:

1. Scientology – die „Tom-Cruise-Sekte"
2. Satanismus – der Bund mit dem Teufel
3. Kabbala – die „Promi-Sekte"
4. Mormonen – Polygamie und Massenhochzeiten
5. Zeugen Jehovas – wirklich eine Sekte?
6. Boko Haram – eine islamistische Sekte
7. Mun-Sekte – Sekte aus Südkorea
8. Rael-Bewegung – die „UFO-Sekte"
9. Spiritismus/Esoterik/Okkultismus – eine Alternative?
10. Villa Baviera – das „bayerische Dorf"

Recherchiert im Internet oder in Zeitschriften.
Euer Referat sollte die folgenden Punkte abdecken:
- Entstehung und Gründer
- Verbreitung und Anhänger
- Lehre und Glaubensinhalte
- Rituale und Strafen
- Symbole
- Attraktivität und Gefahrenpotenzial

Grenzen im Leben verstehen

Die Endlichkeit des Lebens

1 *Ordne die Bilder den folgenden Bezeichnungen zu.*

Islamische Bestattung *Katholische Beerdigung in Bayern*
Urnenbestattung *Totenverbrennung in Bali*

Der Wunsch des Menschen, seine Toten zu bestatten, ist alt. Bereits vor über 100 000 Jahren bestattete der Neandertaler seine Toten. Archäologen fanden Grabbeigaben und Blumensamen neben den menschlichen Überresten. Menschen in allen Kulturen entwickelten Riten/Rituale*, um sich von ihren verstorbenen Mitmenschen zu verabschieden. Die Bestattungsriten sind meistens eng mit der Religion der Betroffenen verknüpft.

> *Begriffsklärung:*
> *Riten/Rituale:* festgelegte, seit langer Zeit stets gleich ausgeübte Bräuche

2 *Finde Erklärungen für das Bedürfnis der Menschen, ihre verstorbenen Angehörigen zu bestatten.*

Woher komme ich – wohin gehe ich?

Der Mensch ist intellektuell in der Lage, sich Gedanken über sich selbst, seine Herkunft sowie über seine Endlichkeit zu machen. Irgendwann fragt sich jeder Mensch, warum er überhaupt auf dieser Welt ist und worin der Sinn seines Daseins besteht. Der Mensch als transzendentales Wesen strebt also nach tiefer Erkenntnis des Seins.

1 *Hast du dir bereits Gedanken über deine Endlichkeit gemacht? Berichte.*

2 *Diskutiert über die Bedeutung der folgenden Aussage:*
„Zu wissen, woher ich komme, bedeutet zu wissen, wohin ich gehen werde."

3 *Tipp für eine Gruppenarbeit:*
Sammle dein bisheriges Wissen und ergänze es: Welche Vorstellung machten sich Völker und Menschen unterschiedlicher Religionen in der Geschichte über ihre Endlichkeit, z. B. Ägypter, antike Griechen, Römer, Parsen, Tibeter, Juden, Christen, Muslime …?

Ägypten: Mumifizierung

Tibet: „Himmelsbestattung"

Antikes Griechenland: dreiköpfiger Höllenhund Kerberos

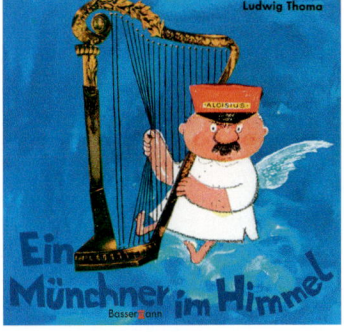

„Ein Münchner im Himmel"

4 *Von den Verstorbenen würdig Abschied zu nehmen ist nicht nur ein Zeichen des Respekts gegenüber den Toten, sondern auch wichtig für die Trauernden. Nimm Stellung dazu.*

5 *Besuche einen Friedhof in deiner Nähe. Betrachte die Grabgestaltung, die Grabinschriften und die verwendete Symbolik. Vergleicht die Beobachtungen innerhalb der Klasse.*

6 *Überlege, wie du eine Bestattung für einen geliebten Menschen gestalten würdest.*

Wenn jemand zu früh gehen muss ...

Das Kinder-Hospiz Sternenbrücke

Nach Schätzungen leben in Deutschland bis zu 50 000 Kinder, Jugendliche und junge Erwachsene, die an Krankheiten oder Behinderungen leiden, die ihr Leben so sehr verkürzen, dass sie noch im jungen Alter daran versterben. Um ihnen und ihren Familien auf ihrem schwierigen Weg die größtmögliche Unterstützung zukommen zu lassen, hat im Mai 2003, als Pilotprojekt für Norddeutschland, das Kinder-Hospiz Sternenbrücke in Hamburg eröffnet.

www.sternenbruecke.de

1 *Finde heraus, welche Aufgabe ein Hospiz hat.*

2 *Überlege dir, vor welchen Schwierigkeiten betroffene Familien stehen.*

*Wenn ich in den Himmel sehe,
denke ich an Dich,
du bist unser Sternenkind,
leuchte für uns hell!*

Laura Martins

*5. 2. 2018 – † 24. 5. 2018

Unser kleiner Engel wurde erlöst und durfte friedlich bei uns einschlafen.
Hausen/Bad Neustadt, Mai 2018

In Liebe:
Mama Stefanie und Papa Mirco
Bruder Tom
Oma Gertraud und Opa Walther
Alle Tanten und Onkel mit Familien

Weine nicht um mich, denn ich bin in den Dingen, dem sich wiegenden Gras und dem warmen Sommerregen. Ich bin der Stern, der auf dich scheint und alles Licht in sich vereint.

Alex Bögler

*21. 3. 2014 – † 16. 12. 2018

Lieber Alex, heute wäre Dein Geburtstag.
Unser Schmerz und unsere Trauer, dass Du nicht
mehr da bist, sind unermesslich.
Wir vermissen Dich so sehr.
In liebem Gedenken:
Christoph Bögler und
Jana Glaß
Daniela Glaß
Dr. Nicolas Reinhardt

*Deine Kraft, die so unbezähmbar schien,
und am Schluss doch zu wenig war.
Deine Herzensgüte, die dich mit jedem
teilen ließ.
Dein Lachen, das so hell und klar war,
werden wir nie wieder hören.
Unser Schmerz kennt keine Worte.
Fassungslos müssen wir dich loslassen.
Was uns bleibt, für immer, ist deine Liebe,
die keine Grenzen kennt.*

Wir nehmen Abschied von unserem ganz besonderen
Wirbelwind

Sarah Christa Mehner

*7. 10. 2010 – † 20. 4. 2018

Wir beten am 24. April in der Pfarrkirche St. Ulrich
für Sarah.
Am 25. April um 14.00 Uhr halten wir den Gottesdienst mit anschließender Beerdigung.
Tapfer und mit einem Lächeln ist Sarah gegangen.
Passau, Grafenau, Kassel, im April 2018

Wir werden dich für immer im Herzen tragen:
Mama Anita und Papa Hubert
Deine Schwester Jenny und dein Bruder Moritz
Oma Johanna und Opa Hartmut
Tanten und Onkel Maria und Sven,
Thea und Hans-Joachim, Silvia und Uli
im Namen aller Cousinen und Cousins sowie aller
Verwandten

*Die Sonne unseres Lebens ist
erloschen
Unerforschlich sind Deine
Wege, Allmächtiger
Still ist nun der einsame Tag
Und kalt die finstere Nacht*

Tief bestürzt nehmen wir Abschied von

Julian Andreas Britz

*9. 6. 2004 – † 5. 6. 2018

Wir sind dankbar für jede Sekunde, die
wir mit Julian verbringen durften. Der
Trauergottesdienst findet am 8. Juni in der
Pfarrkirche St. Leonhard statt. Von Beileidsbezeugungen am Grab bitten wir Abstand
zu nehmen.
Linstetten, Hardenau, München, Juni 2018

In stiller Trauer:
Deine Eltern
Deine Schwester Ann-Maria
Deine Großeltern Claudia
und Sebastian
Dein Patenonkel Maximilian
im Namen aller Verwandten

Am Nachmittag des 7. Dezember wurden, unfassbar für uns alle, aus unserer Mitte gerissen
unsere Töchter, Enkel, Urenkel und Nichten

**Kathrin und Kristin
Seidler**

Am 18. Dezember um 13.30 Uhr werden
Kathrin und Kristin ihre letzte Ruhe auf dem
Städtischen Westfriedhof finden.
Nürnberg, Würzburg, Thalheim im Dezember 2018

In Liebe:
Christoph und Sabine Seidler
Tobias und Elisabeth Seidler
Franziska Heimann
Kathrin und Richard Vogt
im Namen aller Verwandten

Wir bedanken uns auf diesem Weg herzlich bei
den Helfern des Roten Kreuzes und der Freiwilligen Feuerwehr.

---

3 *Vergleiche die Traueranzeigen. Äußere Vermutungen, wie es zum frühen Tod dieser Kinder gekommen ist.*

4 *Versuche die Gefühle zu beschreiben, die Familie und Freunde durchmachen mussten. Schreibe sie auf.*

5 *Verfasse einen einfühlsamen Brief, den du den trauernden Eltern zum Trost schickst.*

Wenn jemand weiß, dass er gehen muss ...

Die Phasen des Sterbens

Die Psychiaterin Elisabeth Kübler-Ross hat sich intensiv mit dem Tod und dem Sterben beschäftigt. Sie hat fünf Phasen beobachtet, die sterbende Menschen durchlaufen. Je nach Persönlichkeit fallen einzelne Phasen stärker oder schwächer aus.

1. Nichtwahrhabenwollen/Verweigerung

Wenn ein Mensch die Diagnose des baldigen Todes erhält, schützt er sich meist selbst, indem er diese Tatsache verleugnet. Er flüchtet sich in auffallende Aktivitäten, wechselt häufig Ärzte, deren Diagnosen er anzweifelt, feilt an seinem äußeren Erscheinungsbild und schmiedet irrationale Zukunftspläne. Erst wenn die Unabänderlichkeit des Todes immer mehr zur Gewissheit wird, zieht der Betroffene sich zurück und isoliert sich von der Umwelt.

2. Zorn/Auflehnung

In dieser Phase verhält sich der Betroffene seiner Umwelt gegenüber aggressiv. Er nörgelt, ist unzufrieden und macht Angehörigen oder Pflegern ungerechtfertigte Vorwürfe. Die Beziehungen zur Umwelt sind spannungsgeladen.

3. Verhandeln

Diese Phase, die häufig eher kurz ausfällt, deutet einen Wendepunkt hin zur Akzeptanz des Unausweichlichen an. Der Sterbende findet sich langsam mit seinem Schicksal ab. Jedoch hofft er auf eine günstige Wende und verhandelt um eine „Fristverlängerung". Häufige Kirchenbesuche, spezielle therapeutische Maßnahmen, Hoffnung auf Wundermittel, esoterische Sinnsuche und Ähnliches sind typisch für diese Phase.

4. Depression

Der Betroffene setzt sich bewusst mit dem Unabänderlichen auseinander. Er zieht sich zurück. Trauer überflutet ihn, weil ihm klar wird, dass er Abschied nehmen muss von seinem Leben und seinen Mitmenschen. Häufig wird ihm deutlich, dass er noch einen Konflikt oder eine Schuld zu bereinigen hat. Er wünscht sich, alles zu regeln, was noch zu regeln ist.

5. Zustimmung

Der Sterbende ist müde, erschöpft und zum Sterben bereit. Das Sterben wird als Erlösung wahrgenommen. Der Sterbende beginnt, sich von seinen irdischen Bindungen zu lösen. Er nimmt sehr sensibel das Geschehen seiner Umwelt wahr, auch wenn er scheinbar nicht mehr am Leben teilnimmt.

Nach Schäper/Wilmes, Sterben und Tod

 Ordne folgende Aussagen den jeweiligen Sterbephasen zu:
a) „Der Arzt hat unrecht!"
b) „Ich habe große Angst vor dem Tod."
c) „Ich hatte doch ein schönes Leben."
d) „Können die mich nicht in Ruhe lassen, ich komm' schon zurecht!"
e) „Ich möchte nur noch die Geburt meiner Enkeltochter erleben, dafür tue ich alles, lieber Gott."

Der Umgang mit dem Tod in der modernen Gesellschaft

Im Grunde glaubt niemand an seinen eigenen Tod oder, was dasselbe ist: Im Unbewussten ist jeder von uns von seiner Unsterblichkeit überzeugt.

Sigmund Freud (1856–1939) war ein österreichischer Neurologe und Tiefenpsychologe. Er war der Begründer der Psychoanalyse und gilt als einer der einflussreichsten Denker des 20. Jahrhunderts.

Hätte ich ihn doch an seinem letzten Geburtstag besucht …

Jetzt ist es zu spät.

14. Jahresgedächtnis an

Herrn Franz Gerstmeier

Der Fehler ist, dass man immer denkt, man hätte noch genug Zeit.

Caroline Schmid
geb. Gerstmeier

In liebendem Gedenken – für alle, die dich kannten und vermissen.

Hätte ich meinem Opa doch noch einmal gesagt, wie gerne ich ihn habe …

Hätte ich ihm doch mehr Zeit geschenkt …

„Die Menschen ignorieren gerne die Tatsache, dass ihr Leben endlich ist."

1 *Äußert euch mithilfe der Blitzlichtmethode zu dieser Aussage, indem ihr ein Beispiel findet.*

2 *Finde eine Erklärung dafür, dass wir den Tod gerne verdrängen.*

3 *Befrage ältere Menschen in deiner Familie, welche Gedanken sie sich schon über den Tod gemacht haben. Diese Informationen musst du sehr diskret behandeln.*

4 *Erläutere, warum es wichtig ist zu trauern.*

Blitzlichtmethode
Jeder Schüler gibt eine kurze Stellungnahme ab, ohne die Aussagen von Mitschülern zu wiederholen.

Die vier Trauerphasen

Aus einem Trauerratgeber

Nach dem Tod eines geliebten Menschen werden Sie mit schmerzhaften und oft unerträglichen Emotionen konfrontiert. Diese sind natürliche Zeichen für Ihre aufrichtigen Gefühle dem
5 Verstorbenen gegenüber. Es ist wichtig zu wissen, dass es ganz normal ist, von seiner Trauer überwältigt zu werden. Sie durchlaufen Phasen von Schock, Schmerz und Heilung, sogenannte Trauerphasen. Nehmen Sie sich so viel Zeit, wie
10 Sie brauchen, um Ihren Verlust zu verarbeiten.

In der Trauer nach einem Todesfall unterscheidet man generell vier verschiedene Phasen, die ineinander übergehen, aber im Lauf des Trauerprozesses auch wechselweise wieder auf-
15 treten können. Intensität und Dauer sind sehr individuell und hängen auch von der Beziehung ab, die Sie zum Verstorbenen hatten. Sollten Sie das Gefühl haben, dass Sie in einer Trauerphase feststecken, kann Ihnen ein Trauerbegleiter
20 oder Psychologe professionelle Unterstützung bieten.

1. Die Schockphase

Ein emotionaler Schockzustand ist oft die erste Reaktion auf den Tod eines geliebten Menschen.
25 Dieser Schock kann unterschiedlich lange anhalten. In dieser Trauerphase sind wir empfindungslos und wollen den Tod des Verstorbenen nicht wahrhaben. Nehmen Sie ruhig die Hilfe von Freunden und Familie an, die Ihnen ein Ge-
30 fühl von Nähe geben können.

2. Das Gefühlschaos

In dieser Phase brechen nach dem Schockzustand alle Gefühle durch. Sie werden von verschiedensten Emotionen überflutet wie Wut,

Angst, Hass, Verzweiflung und Sehnsucht. Oft 35 fühlen Sie sich schuldig oder suchen einen Schuldigen für den Verlust des geliebten Menschen. Gerade Eltern, die ein Kind verloren haben, werden oft von schweren Schuldgefühlen geplagt. Unterdrücken Sie diese Gefühle nicht, 40 sondern lassen Sie diesen freien Lauf.

3. Suchen und Sichtrennen

In dieser Trauerphase durchleben Sie noch einmal vertraute Situationen und gemeinsame Lebensabschnitte. Vielleicht führen Sie auch 45 Zwiegespräche mit dem Verstorbenen, was Ihre Umwelt oft nicht nachvollziehen kann. Wenn Sie sich zurückziehen wollen, um in Ruhe Abschied zu nehmen, dann nehmen Sie sich diese Freiheit. Insbesondere trauernde Kinder durch- 50 leben diese Phase oft besonders intensiv.

4. Neuorientierung

Die letzte Trauerphase ist der Schritt des Loslösens. Wenn Sie das Gefühl haben, innerlich von Ihrem geliebten Menschen Abschied genommen 55 zu haben, werden Sie merken, dass Sie mit dem Verlust besser umgehen können. Dieser Neuanfang bedeutet nicht, dass Sie den Verstorbenen vergessen haben, sondern dass Sie Ihren Trauerprozess in Frieden abgeschlossen haben. Der 60 verstorbene Mensch ist oft zu einem inneren Teil geworden, an den man sich mit Wehmut, aber auch wieder mit Freude erinnern kann. Viele Angehörige empfinden es als heilsam, sich auch über diese Phase hinaus intensiv selbst um 65 die Grabpflege zu kümmern.

www.trauer.de

Merke
Es ist wichtig, alle vier Phasen zu durchlaufen. Jeder Mensch trauert individuell und braucht viel Zeit, um loszulassen.

Grenzsituationen: die zwei Leben des Samuel Koch

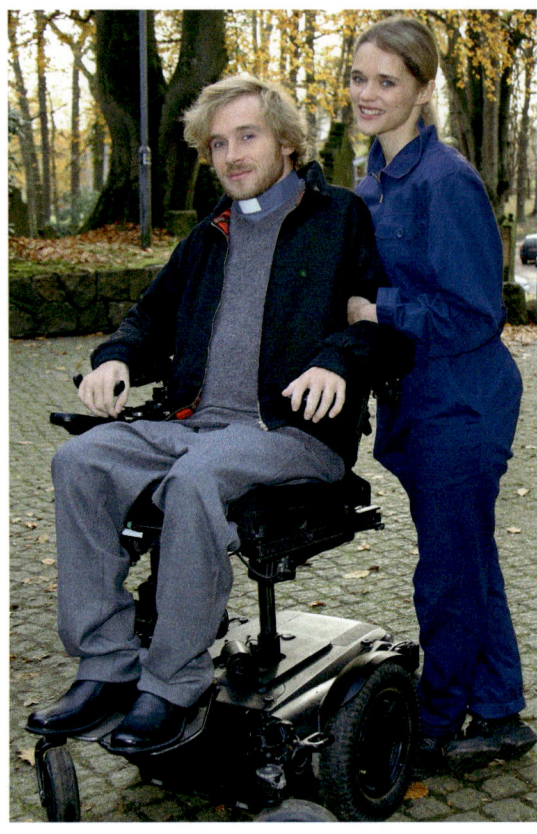

Samuel Kochs Schicksal bewegt, obwohl er sich nicht bewegen kann: Er ist vom Hals abwärts gelähmt. Sein Kopf jedoch funktioniert noch. Er kann denken und fühlen. Und er kann hoffen.

In seiner Biografie „Zwei Leben" erzählt er von seinem Leben vor dem Sprung: Wie er zu „Wetten, dass ... ?" kommt. Davon, wie der Unfall geschieht. Das ist der Augenblick, in dem sein zweites Leben beginnt: Schock, Verzweiflung, Schmerz und Wut. Doch er trifft die Entscheidung, nicht auf-

zugeben. Und an dem Glauben festzuhalten, der ihn trägt.

Das radikal ehrliche Zeugnis eines jungen Mannes, der nichts mehr zu verlieren hat und nur noch gewinnen kann. Eine Geschichte, die uns lehrt, die Kostbarkeit des Lebens neu zu schätzen. An einigen Stellen ist sogar Platz für Humor, auch wenn der mitunter etwas makaber daherkommt. „Nehmt mich doch mit!", ruft Samuel Koch seinem Bruder aus dem Rollstuhl heraus zu, als der mit ein paar Freunden schwimmen gehen will. „Ihr könnt ja nach mir tauchen."

Samuel Koch

1 *Informiere dich im Internet über den Unfall von Samuel Koch bei „Wetten, dass ...?".*

2 *Vor seinem Unfall war Samuel Koch Kunstturner. Schreibe Gedanken auf, die ihm wohl durch den Kopf gingen, als er erfuhr, dass er gelähmt ist.*

Samuel Koch im Interview: Alles kann sich so schnell ändern

Samuel Koch wurde durch einen tragischen Unfall vor laufenden Kameras bekannt. Inzwischen arbeitet er als Schauspieler. Und hat die Liebe seines Lebens gefunden. *Von Timo Lechner*

Frage: Herr Koch, vor fast fünf Jahren hatten Sie einen schweren Unfall – vor laufenden Kameras in der ZDF-Show „Wetten, dass ...?" Seither sind Sie vom Hals abwärts gelähmt.

5 Viele Menschen, die einen ähnlichen Unfall hatten, würden sich eher verkriechen, als sich einer breiten Masse mit diesem Thema zu stellen, wie Sie es tun.

Koch: Ich habe für mich festgestellt, es lohnt
10 sich, seinen Wohlfühlbereich und seine barrierefreien vier Wände zu verlassen! Auch wenn es Überwindung kostet und demütigend sein kann. Ich habe sehr viel Anteilnahme nach meinem Unfall erlebt. Bei mei-
15 ner Musiklesung „Zwei Leben" zum Beispiel kann ich etwas zurückgeben.

Frage: Sehen Sie sich als „Mutmacher" für Menschen, die mit Schicksalsschlägen umgehen müssen, oder ist eine solche Interpretation
20 überhöht?

Koch: Wenn meine Art, wie ich versuche aktiv zu bleiben und das Beste aus allen Situationen zu machen, andere inspiriert, freut mich das. Nach den Veranstaltungen kom-
25 men Menschen auf mich zu und bedanken sich unter anderem für den Abend. Allerdings fühle ich mich manchmal mystisch überhöht.

Frage: Das Medieninteresse an Ihrer Person
30 war nach dem Unfall riesig. Wie möchten Sie erreichen, nicht lebenslang als „der Typ mit dem ‚Wetten, dass ...?'-Unfall" erkannt zu werden?

Koch: Das stört mich auch – mal mehr, mal we-
35 niger. Zunehmend werde ich auf der Straße mit den Worten „Sie sind doch Samuel

Koch, der Schauspieler" angesprochen, was mich freut. Im Gegensatz zu denen, die mich auf meine Wette ansprechen.

Frage: Warum genau? 40

Koch: Das verbinde ich mit meinem Scheitern und mit dem Gedanken, dass ich bekannt bin, weil ich es dort verkackt habe. Aber neulich sprach mich ein Ehepaar an, das mich aus einer ARD-Serie kennt, in der ich 45 auch im Rollstuhl sitze. Und sie waren ganz verdutzt darüber, dass ich wirklich nicht laufen kann. Das hat mich gefreut, so sehr, dass ich mir ihre Worte aufgeschrieben habe. Ich wurde nicht mit dem Unfall und dem 50 Rollstuhl als klares Indiz dafür identifiziert, sondern mit meiner Leistung.

Frage: Ihr Glauben spielte schon immer eine wichtige Rolle in Ihrem Leben. Wie hat sich Ihre Beziehung zu Gott in den vergangenen 55 Jahren entwickelt?

Koch: Der Glaube ist für mich nicht nur ein psychologisches Konstrukt, das einem in schwierigen Zeiten hilft, sondern vor allem eine lebenserhaltende Maßnahme gewor- 60 den. [...]

Frage: Was wollen Sie in den nächsten Jahren auf alle Fälle noch ausprobieren und erreichen?

Koch: Es gibt noch so viel zu entdecken, aber 65 in langen Zeiträumen plane ich nicht mehr. Alles kann sich so schnell ändern. In der Tat wäre ein langweiliger Tag mal spannend. Das einzig konkrete Vorhaben ist eine gemeinnützige Stiftung, die wir zurzeit planen. 70
www.augsburger-allgemeine.de

① *Begründe, wie Samuel Koch es geschafft hat, mit seinem Schicksal fertig zu werden.*

② *Erkläre, was er damit meint, wenn er davon spricht, den Wohlfühlbereich zu verlassen. Oder wenn er sagt, manchmal fühle er sich „mystisch überhöht".*

③ *Vollende folgenden Satz: „Ich bewundere Samuel Koch dafür, dass ..."*

Das Schicksal kann ein mieser Verräter sein … muss es aber nicht

Lisa will leben

Die zwölfjährige Lisa leidet an **Leukämie** (Blutkrebs). Bei ihrer ersten Diagnose vor zwei Jahren konnte sie durch **Chemotherapie** geheilt werden. Doch bei einer Kontrolluntersuchung wird festgestellt, dass die Erkrankung zurück ist. Diesmal steht fest: Nur eine **Stammzellentransplantation** kann Lisas Leben retten. Leider wurde bislang weltweit kein passender Spender für sie gefunden.

1 *Informiere dich über die fett gedruckten Begriffe. Deine Biologielehrkraft hilft dir dabei.*

Lisas Schule plant einen großen Spendenlauf

Unter dem Motto „Gemeinsam etwas bewegen" will ihre Realschule der zwölfjährigen Lisa helfen. Das Mädchen leidet an Blutkrebs, und nur eine Stammzellentransplan-
5 tation kann Lisas Leben retten. Bisher wurde aber kein passender Spender gefunden. Daher findet an Lisas Schule eine Registrierungsaktion statt. Dabei wird eine Speichelprobe entnommen und man kommt in
10 eine weltweite Datei von möglichen Spendern, um Menschen mit Blutkrebs zu helfen. Die Schule will die Aktion unterstützen. So findet zusammen mit dem Sommerfest ein Spendenlauf statt, an dem Schüler aller
15 Jahrgangsstufen teilnehmen. Die gesamten Einnahmen sollen dem Projekt zugutekommen.

Beim Spendenlauf hat jeder Schüler 30 Minuten Zeit, eine möglichst große Anzahl an Runden (eine Runde umfasst etwa 600 20 Meter) zu laufen. Wichtig ist, dass sich die Schüler und Schülerinnen im Vorfeld um Sponsoren (Eltern, Verwandte, Firmen, Geschäfte) bemühen, die sich verpflichten, pro gelaufener Runde einen bestimmten Betrag 25 zu zahlen. Die Namen der Sponsoren sowie der Rundenbetrag werden der Klassenleitung im Vorfeld mitgeteilt. Jeder Schüler erhält nach dem Sponsorenlauf eine Bestätigung über die absolvierten Runden. Die 30 erlaufene Summe soll den Schülern von den Sponsoren bar übergeben werden. Mit dem erlaufenen Geld wird die Registrierungsaktion, die sehr teuer ist, finanziell unterstützt.
www.augsburger-allgemeine.de

Lisa ist endlich wieder daheim

Seit einer Woche ist die zwölfjährige Lisa wieder daheim. Das Mädchen hatte sich nach einer Leukämie-Erkrankung wieder zurück ins Leben gekämpft. Ihr erster
5 Wunsch in der vertrauten Umgebung war: Spaghetti essen.

Ganz langsam soll Lisa wieder ein geregeltes Leben führen. Es sind kleine Schritte. Doch jeder Schritt tut dem Mädchen gut.
10 Als sie vor einer Woche nach Hause geholt wurde, machte sie große Augen. Ihr Vater erinnert sich: „Sie wollte gleich in ihr Zimmer schauen." Lisa schnaufte tief, um den vertrauten Geruch einzufangen. Kein
15 Krankenhaus mehr, in dem es nach Desinfektionsmittel riecht. Trotzdem wird sie weiterhin zwei- bis dreimal in der Woche in die Klinik zu Routineuntersuchungen müssen. Jetzt sind es nur noch Besuche. In den
20 vergangenen Monaten war es umgekehrt: Zweimal war sie für wenige Stunden zu Besuch daheim.

Bereits zum zweiten Mal wurde bei der Schülerin Leukämie diagnostiziert – ein
25 Schock für die Familie. Als an ihrer Schule eine Typisierungsaktion stattfand, ließen sich knapp 3 000 Menschen für die Deutsche Knochenmarkspenderdatei (DKMS)

registrieren. Zur Finanzierung wurde ein Spendenkonto eingerichtet, auf das Schu- 30 len, Firmen und Privatpersonen einzahlten. Am Ende kamen rund 160 000 Euro zusammen – ein Betrag, mit dem nicht nur diese Aktion, sondern auch andere Typisierungsveranstaltungen finanziert werden können. 35 Zwei Wochen später kam die erlösende Nachricht für alle Beteiligten: Ein Spender für Lisa wurde gefunden.

Ein halbes Jahr später dann eine weitere gute Nachricht: Lisas Körper hatte die Spen- 40 den angenommen, langsam erholte sich das Immunsystem. „Jetzt wird es immer stabiler", sagt ihr Vater. Lisa sei nahezu schmerzfrei. Sie stehe wieder auf und bewege sich. Im Krankenhaus konnte sie wegen der 45 Ansteckungsgefahr nicht aus dem Zimmer. Jetzt wird sie mit einem Rollstuhl mobiler, vielleicht sind bald erste Ausflüge möglich. Für kleine Spaziergänge war Lisa in den vergangenen Tagen noch zu schwach. Bis zu 50 zehn Schritte schaffte sie, dann ging ihr die Puste aus. Doch die Kondition wächst und wächst. Ihr Vater hofft: „Vielleicht kann sie sogar bald wieder in die Schule. Wenn alles gut läuft, dann ist das realistisch." 55
Nach www.augsburger-allgemeine.de

2 *Lisa führt Tagebuch. Verfasse mögliche Einträge über die oben genannten Schlüsselsituationen ihres Lebens.*

„Krebsbücher sind doof", sagt die 16-jährige Hazel, die selbst Krebs hat. Sie will auf gar keinen Fall bemitleidet werden und kann mit Selbsthilfegruppen nichts anfangen. Bis sie in einer Gruppe auf den intelligenten, gut aussehenden und umwerfend schlagfertigen Gus trifft. Der geht offensiv mit seiner Krankheit um. Hazel und Gus diskutieren Bücher, hören Musik, sehen Filme und verlieben sich ineinander – trotz ihrer Handicaps und Unerfahrenheit. Gus macht Hazels großen Traum wahr: Gemeinsam fliegen sie nach Amsterdam, um dort Peter van Houten zu treffen, den Autor von Hazels absolutem Lieblingsbuch. Ein tiefgründiges, emotionales und zugleich freches Jugendbuch über Krankheit, Liebe und Tod. *John Green*

Das kann und weiß ich jetzt …

Darüber weiß ich jetzt Bescheid:

Bedürfnisse   Freiheit   Selbstverwirklichung   Autorität

Normen   Machtmissbrauch   Rechte   Pflichten

Jugendschutz   Zweck   Sinn   Sinnsuche   Sinnfindung

Sinnangebote   Sekten   Bestattungsriten   Trauerphase

1 *Erstelle als Alternative zur Bedürfnispyramide von Maslow eine Tabelle, in der du Bedürfnisse nach folgenden Kriterien unterscheidest. Finde möglichst viele passende Beispiele.*

lebensnotwendig (ohne das würdest du nicht lange überleben)	wichtig (aber nicht zwingend lebensnotwendig)	Luxus bzw. unwichtig (nicht lebensnotwendig, aber schön zu haben)
…	…	…

2 *Befasse dich ausführlicher mit dem Grundgesetz. Erkundige dich insbesondere nach den Grundrechten (Art. 1–19). Überprüfe, inwiefern die Freiheiten, die uns das Grundgesetz einräumt, uns bei der Selbstverwirklichung helfen können.*

3 *Im Bayerischen Erziehungs- und Unterrichtsgesetz (BayEUG) sind in Art. 56 Schülerrechte und Schülerpflichten aufgeführt. Besorge dir einen Auszug aus diesem Gesetz (Internet/Lehrkraft). Stelle in einer Tabelle Schülerrechte und Schülerpflichten gegenüber.*

4 *Die Mutter deines besten Freundes bzw. deiner besten Freundin verstarb unerwartet an Herzversagen. Wie kannst du deinem Freund bzw. deiner Freundin in dieser schweren Zeit beistehen? Der Trauerratgeber auf Seite 123 kann dir helfen.*

Projektidee
Autorität, Sinn und Widerstand im Dritten Reich
Bitte deine Geschichtslehrkraft bei diesem Projekt um Unterstützung.
Folgende Aufgaben bieten sich an:
1. Recherchiere, wie Adolf Hitler und die NS-Führung ihre Autorität missbrauchten, um ihre Ideologie durchzusetzen. Welche „Formen der Autorität" vereinte Adolf Hitler in sich?
2. Welche Freiheiten wurden den Menschen genommen? Welche Gesetze (Normen) galten?
3. Untersuche, welche Merkmale einer Sekte (vgl. S. 114) auf die NS-Ideologie zutrafen.
4. Hinterfrage, warum so viele Menschen den „Sinnangeboten" der Nationalsozialisten (z. B. Rassenhygiene, Sozialdarwinismus, Antisemitismus) verfallen sind.
5. Recherchiere, welche Personen bzw. Gruppen sich der Autorität des Nationalsozialismus entgegenstellten, mit welchen Mitteln sie kämpften und ob ihr Widerstand erfolgreich war.

6 Glück

*Glücklicher als der Glücklichste ist,
wer andere Menschen glücklich machen kann.*
Alexandre Dumas
(1802–1870; französischer Schriftsteller)

*Wir können uns den grenzenlosen Möglichkeiten
des Glücks öffnen, die uns das Leben bietet.*
Mark Williams
(* 1952; britischer Psychologe und Autor)

Mein Glück – dein Glück

1 *Warum sind diese Kinder glücklich? Beschreibe Situationen, in denen Kinder glücklich sind.*

2 *Wann bist du glücklich? Die Abbildung unten hilft dir bei deinen Überlegungen. Sammle drei Glücksmomente und formuliere: „Ich fühle mich besonders glücklich, wenn …"*

Ist Glück einfach ein individuelles Gefühl? Haben wir nicht ein Recht darauf, glücklich zu sein? Ist ein glückliches Leben zu führen nicht eine wichtige gesellschaftliche Bedingung? Was ist für Jugendliche Glück?

Ich empfinde ein glückliches Kribbeln, wenn ich meinen Freund auf mich zulaufen sehe. (Sina, 14 Jahre)

Wenn ich mich im Reitstall aufhalte, vergesse ich vollkommen die Zeit. Ich fühle mich dort einfach glücklich und aufgehoben. (Sabrina, 14 Jahre)

Besonders glücklich bin ich, wenn ich mit meinen Freunden im Zeltlager sein kann. Wir verbringen einfach geniale Zeiten am Lagerfeuer und beim Baden. (Rasmus, 13 Jahre)

Mich durchläuft ein Glücksgefühl, wenn ich mir endlich die neuesten Sneakers gekauft habe. (Dennis, 14 Jahre)

Ich bin total glücklich, wenn meine Freundinnen und ich im Freibad abhängen. Mehr brauche ich dann nicht. (Gesa, 13 Jahre)

Ich finde es phänomenal, wenn ich mal wieder in Mathe die beste Arbeit geschrieben habe. (Paula, 14 Jahre)

3 *Welche persönlichen Glückserlebnisse werden hier von den Jugendlichen angegeben? Ordne ihnen Oberbegriffe zu.*

4 *Erläutere die Aussage von Joseph Joubert.*

5 *Wann warst du einmal unglücklich? Versuche zu begründen, warum. Führe ein Glückstagebuch.*

> **Denkanstoß:**
> Man ist meistens nur durch Nachdenken unglücklich.
> *Joseph Joubert (1754–1824; franz. Denker)*

6 *Beschreibe Bedingungen, die Glück fördern oder es verhindern können. Du kannst dazu auch die Beispiele der Jugendlichen heranziehen.*

Glückliche Kindheit – und jetzt?

Kinder sollen zufrieden aufwachsen. Den ganzen Tag mit Freunden durch die Wiesen tollen. Mit Löchern in der Hose zufrieden sich nach Hause trollen. Den vorwurfsvollen Blick der
5 Mutter aushalten und aus den Augenwinkeln erkennen, dass sie sich amüsiert – alles halb so schlimm.

Allein schon die Erinnerung an solche Erlebnisse lässt Glücksgefühle aufkommen – war
10 das schön!

Sind es auch heute noch diese Kleinigkeiten, die Kinder glücklich machen? Oder ist Kinderglück heute abhängig von Smartphone, Tablet, Designerklamotten und Luxusferien?
15 Kurze Antwort: Es sind die kleinen und großen Begegnungen. „Entscheidend für Lebensfreude und Glück ist die Wechselwirkung mit der Außenwelt", sagt der deutsche Glücksforscher Stefan Klein. Am liebsten unternehmen Kinder etwas mit der Familie, lassen sich durch 20 unverhoffte Geschenke überraschen und verweilen mit Freunden an Örtlichkeiten, die Erwachsenen verborgen sind.

Es sind immer noch die vielen kleinen Momente, wo Eltern und Kinder miteinander la- 25 chen, spielen herumalbern, intensiv die Natur erleben, gemeinsam etwas schaffen. Es sind die Augenblicke, in denen ein Lob von Mami oder Papi stolz macht, in denen Kinder spüren, wie sehr sie geliebt werden – nicht wegen ihrer 30 Leistungen, sondern um ihrer selbst willen.

www.beobachter.ch

1 *Wann sind Kinder glücklich? Zähle die Punkte auf, die der Text nennt. Erinnere dich, wann du als Kind Glück empfunden hast.*

2 *Beschreibe Veränderungen in deinem jetzigen Empfinden von Glück im Vergleich zu deiner Kindheit. Die Fotos helfen dir dabei.*

Ich bin Selen und besuche die achte Klasse einer Augsburger Realschule. Im Gegensatz zu vor zwei Jahren hat sich mein Leben sehr verändert. Früher durfte ich überhaupt nirgends alleine hin, meine Mutter hat mich sogar mit dem Auto zur Schule gefahren. Auch in die Turnstunde oder auf den Spielplatz ist meine Mutter immer mitgegangen, sodass auch meine kleine Schwester immer dabei war. Voll nervig! Aber jetzt bin ich älter und meine Eltern trauen mir mehr zu. Ich darf mit der Straßenbahn in die Schule fahren und kann auch danach noch mit meinen Freundinnen in die Stadt zum Eisessen gehen, ohne dass zu Hause alle Panik bekommen.

Seit diesem Jahr habe ich sogar ein eigenes Konto bei der Bank, damit ich mein Taschengeld selbst verwalten kann. Aber das Beste ist, dass ich mit den Mädels aus meiner Klasse in den Osterferien eine Woche Sprachferien in England machen darf. Meine Mutter sagte erst gestern zu mir, dass ich jetzt reif genug wäre, um diesen Schritt zu schaffen. Ich freue mich so!

Womit meine Eltern ein großes Problem haben, ist, dass ich mich verliebt habe, und sie denken, ich wäre für eine Beziehung noch zu jung. Ich finde mein Leben voll cool!

3 *Warum fühlt sich Selen glücklich? Welche Unterschiede zum Glücklichsein in der Kindheit kannst du bei ihr feststellen?*

4 *Ergänze Selens Empfindungen mit deinen eigenen Erfahrungen.*

5 *Finde Punkte, in denen sich das Glücklichsein bei Selen und Mark unterscheidet.*

Ich bin Mark und gerade 14 Jahre alt geworden. Letzte Woche habe ich meinen Geburtstag mit meinen Freunden aus meiner Klasse gefeiert. Wir besuchen alle zusammen die achte Klasse der Realschule in Meitingen. Am Anfang war meine Party echt cool. Wir haben ein bisschen gezockt und Pizza gegessen und meine Eltern sind in die Stadt gegangen. Mein Freund Sven vom Fußballverein kam auch noch dazu und brachte zwei Flaschen Radler mit. Die haben wir sofort ausgetrunken. Wir waren danach total ausgelassen und gingen raus in den Garten, um Fußball zu spielen. Auf einmal landete der Ball auf dem Garagendach. Jonas kletterte einfach über den Zaun rauf und sprang vom Dach herunter, als ob er fliegen könnte. Wir lachten alle fürchterlich und haben nicht gemerkt, dass sich mein Freund ernsthaft wehgetan hatte. Erst mein Vater erkannte den Ernst der Lage und schaute nach Jonas. Gott sei Dank ist nichts Schlimmeres als ein verstauchter Fuß passiert, denn wir waren alle ein bisschen angetrunken und hätten uns im Krankenhaus richtig Ärger eingehandelt.

Mit einem Augenzwinkern bemerkte mein Papa, dass wir von nun an doch wieder Kindergeburtstag feiern müssen. Es war ein super Abend und ich bin echt glücklich über meine gechillten Eltern und meine coolen Freunde.

6 *Bewerte Marks Verhalten: Wo hat er es mit dem Ausgelassensein übertrieben?*

Glücksstrategien für das Ich

Achtsamkeit mit sich selbst – der Weg zum Glück durch innere Aufmerksamkeit

Wenn wir unsere Aufmerksamkeit mit etwas beschäftigen oder gleichsetzen, werden wir Glück empfinden, solange wir darin vertieft sind. Dieses Glücksgefühl kommt von unserem eigenen Selbst, wenn es auf etwas konzentriert ist, in dem wir aufgehen. Es ist seine eigene Widerspiegelung des Glücks, nicht etwa ein vorhandenes Glück in der Sache selbst, mit der es sich beschäftigt. Es ist so lange glücklich, wie es ganz eins mit dieser Sache ist, von ihr in Anspruch genommen, mit ihr identifiziert.

Kirpal Singh

1 *Fasse das Zitat des indischen spirituellen Meisters Kirpal Singh mit eigenen Worten zusammen. Was fällt dir dabei auf?*

2 *Stelle einen Bezug zwischen diesen Worten und deinem eigenen Leben her.*

Es scheint also, als ob man, wenn man in seinem Leben aufgeht, und sich darauf konzentriert, was man wirklich tut, glücklich ist. Dies nennt man Achtsamkeit.

Achtsamkeit bedeutet prinzipiell nichts anderes als **Aufmerksamkeit**. Für die Gegenwart, für all das, was da ist – ohne es verändern zu wollen. Doch das kann schwierig sein, besonders wenn es uns nicht gut geht. Dann führen (negative) Gedanken ein reges Eigenleben, wir hängen in der Vergangenheit fest oder schweifen in die Zukunft ab, durchkauen Ereignisse, die eventuell einmal passieren könnten. Und machen uns im Anschluss Vorwürfe, wieder zu viel gegrübelt zu haben. Gedanken und Gefühle kommen und gehen. Das ist ganz natürlich. In das berüchtigte Grübel-Karussell kommen wir erst, wenn wir uns gedanklich gegen etwas sperren oder es (zu) stark bewerten. Oft sind es nämlich nicht die tatsächlichen Dinge, die bestimmte Emotionen in uns auslösen, sondern das, was wir über diese Dinge denken.

Wenn man sich traut, auch Unangenehmes zuzulassen, ohne es zu bewerten, zu grübeln oder sich abzulenken, sinkt der Stresspegel. Meditation hilft in solchen Situationen sehr.

Auch im Kopf von Jugendlichen geht manchmal alles drunter und drüber. Stress und Leistungsdruck verschlimmern das Ganze. Dabei ist Nachdenken prinzipiell nichts Schlechtes. Im Gegenteil: Es kann sogar Glücksgefühle auslösen – z. B. wenn wir ein Problem lösen, jemandem eine Freude machen oder Neues lernen.

Eine kleine Achtsamkeitsübung für jeden – Man braucht nur einige Minuten Zeit
- Einige Male ganz bewusst tief ein- und ausatmen.
- Augen schließen und den Fokus auf den Körper und die Stimmung legen, hineinhorchen: Das gelingt am besten, indem man einmal durch den Körper scannt, von Kopf bis Fuß, und wahrnimmt, wie sich der Körper anfühlt, welche Gedanken kreisen.
- Betonung liegt auf Wahrnehmen: Bei dieser Kurzmeditation und Achtsamkeitsübung geht es darum zu trainieren, nicht bei einem Gefühl oder einem Gedanken hängen zu bleiben, sondern Unangenehmes ziehen zu lassen, ohne sich wütend dagegenzustemmen. Das gelingt, indem man registriert, dass man „hängen bleibt" und dann die Aufmerksamkeit auf den nächsten Körperteil oder einfach wieder auf die Atmung legt. Vielleicht hilft es beim Loslassen, sich selbst zu sagen: „Oh, ok, das ist ein Gedanke, der mich beschäftigt."

https://www-de.scoyo.com

3 *Beschreibe das „Grübel-Karussell", in dem du dich des Öfteren befinden könntest.*

4 *Versuche die kleine Achtsamkeitsübung jeden Morgen durchzuführen – denn zu diesem Zeitpunkt bist du noch ganz bei dir und die Hektik des Tages hat noch nicht begonnen.*

Sich seiner selbst bewusst werden – Ich bin einzigartig!

5 *Übersetze die folgenden Zitate von John Wooden. Umschreibe mit deinen Worten, was John Wooden damit zum Ausdruck bringen will.*

„Never try to be better than someone else. Learn from others, and try to be the best you can be. Success is the by-product of that preparation."
John Wooden (1910 – 2010; erfolgreichster US-Basketball-Trainer aller Zeiten)

„Do not let what you cannot do interfere with what you can do."
John Wooden

6 *Warum macht es laut John Wooden wenig Sinn, sich dauernd mit anderen zu vergleichen?*

Jeder Mensch kann irgendetwas gut oder sogar sehr gut. Es gibt Schätze, die nur in dir liegen. Einige kennst du vielleicht schon und andere warten darauf, dass du sie ans Tageslicht bringst.

7 *Welche Stärken hast du? Fertige eine Liste mit deinen Stärken an.*

8 *Nun schreibst du über die Stärken deines Banknachbarn. Vergleicht eure Listen. Was stimmt überein, was weicht ab? Kannst du ein Muster erkennen?*

Flow – der Weg zum Glück durch Tätigsein

Der amerikanische Psychologe Mihaly Csikszentmihalyi (*1934; gesprochen „Mihai Tschik-sent-mihai") gilt als führender Experte der Glücksforschung. In seinen Untersuchungen der letzten dreißig Jahre kam er zu folgender Erkenntnis: Das größte Glück erleben Menschen nicht etwa im Urlaub im Liegestuhl am Meeresstrand. Die besten Momente im Leben sind nicht die passiven oder entspannten. Glück ereignet sich bei der Arbeit, bei Tätigkeiten, die unser ganzes Leistungsvermögen in Anspruch nehmen.

Nur wenn wir (heraus-)gefordert werden, können wir das Glücksgefühl erreichen, das Csikszentmihalyi als **Flow** bezeichnet: so sehr in eine Tätigkeit vertieft sein, dass nichts anderes eine Rolle zu spielen scheint – wie Kinder während des intensiven Spiels.

Im Flow läuft alles wie von selbst. Künstler beim Malen oder Sportler bei Höchstleistungen berichten oft von Flow-Erfahrungen. Nach

Csikszentmihalyi kann dieses Gefühl von Glück auch bei alltäglichen Tätigkeiten hervorgerufen werden. Dafür müssen folgende Voraussetzungen geschaffen werden:

1. **Ein klar gestecktes Ziel:** Was will ich erreichen? Was möchte ich mit meinem Leben anstellen?
2. **Rückmeldung über den Erfolg:** Beim Sport ist das ganz leicht, aber wie kann man beim Erlernen einer Fremdsprache Erfolge erzielen? Manchmal geht das schon über das leichtere Verstehen eines Songtextes des Lieblingsstars.
3. **Ausreichende Fähigkeiten:** Hier ist es besonders wichtig, dass die Anforderung einer Tätigkeit im richtigen Verhältnis zu den Fähigkeiten des Handelnden steht. Es soll also weder zu einer Über- noch Unterforderung kommen.
4. **Stellen der Sinnfrage:** Motivation leitet sich direkt aus der persönlichen Sinngebung für eine Tätigkeit ab. Es kann eine banale Beschäftigung sein. Wenn der Handelnde ihr einen persönlichen Sinn geben kann, kann es zu einer Flow-Erfahrung kommen.

Nach http://www.lernwerk.de

1 *Fasse die Flow-Theorie von Mihaly Csikszentmihalyi mit eigenen Worten zusammen.*

2 *Beschreibe die Konsequenzen, die sich aus der Flow-Theorie für uns ergeben.*

3 *Übertrage die Flow-Theorie auf deine Lebenssituation, z. B. in der Schule. Wie könntest du dies angehen? Besprich dich mit deinem Banknachbarn.*

4 *Vergleiche die Flow-Theorie mit dem Zitat des indischen Meisters Kirpal Singh (S. 134). Welche Parallelen fallen dir auf? Sprich darüber.*

„Es sind nicht die äußeren Bedingungen, die bestimmen, in welchem Maße die Arbeit zu einem hervorragenden Leben beiträgt. Entscheidend ist, wie man arbeitet und welche Erfahrungen man machen kann, wenn man sich den Herausforderungen der Sache stellt.

Mihaly Csikszentmihalyi

136

Glücksstrategien für den Umgang mit dem Du

Achtsamkeit mit dem anderen – Glück durch Aufmerksamkeit

Das aus dem Buddhistischen stammende Konzept der Achtsamkeit beinhaltet sowohl aufmerksame Beobachtung als auch eine nicht verurteilende Wahrnehmung. Wir sind achtsam,
5 wenn wir einer Person oder einem Problem unsere ungeteilte, entspannte Aufmerksamkeit zukommen lassen. Wer achtsam ist, ist nicht abgelenkt oder erledigt mehrere Dinge gleichzeitig. [...] Wir wünschen uns, dass andere
10 Menschen uns mit Respekt behandeln und uns in dem wertschätzen, was wir tun und wer wir sind. Wenn wir zum Beispiel jemandem etwas erzählen, stört es uns gewaltig, wenn der andere nebenbei mit dem Handy Nachrichten und
15 E-Mails checkt. Ebenso freuen wir uns über ein Dankeschön für einen Gefallen. Wenn wir Respekt und Wertschätzung einfordern, müssen wir auch darauf achten, diese Werte gegenüber anderen zu leben. In dem Moment, in dem wir
20 uns komplett auf den anderen einlassen, unsere

Aufmerksamkeit mit allen Sinnen auf ihn richten, kämen wir beim Zuhören gar nicht auf die Idee, nach unserem Handy zu greifen.

Gewöhne dir also an, deinem Gegenüber deine volle Achtsamkeit zu schenken. [...] So- 25 bald du anderen Menschen mit Wertschätzung begegnest, bekommst du diese auch zurück.

Wenn wir mit jemandem zu tun haben, der griesgrämig oder arrogant ist, der uns ein Nein entgegnet oder einen Fehler macht, ist es 30 mit unserer Wertschätzung meist schnell vorbei. Versuche auch in solchen Situationen den anderen so zu wertschätzen, wie er ist. Er ist nicht besser oder schlechter als du. Gestehe ihm zu, momentan mit dem Leben zu hadern, aber 35 schätze ihn als Menschen. Indem du ihn gerade in solchen Momenten mit Wert beschenkst, ändert sich auch dein Bewusstsein in Bezug auf deine eigenen Schwächen.

www.dastutmirgut.net

 Lies den Text. Wie kannst du durch achtsamen Umgang mit anderen glücklich werden?

Eine Geschichte der Achtsamkeit

Es kamen einige Schüler zu einem alten Zenmeister. „Herr", fragten sie, „was tust du, um glücklich und zufrieden zu sein? Wir wären auch gerne so glücklich wie du."
5 Der Alte antwortete mit mildem Lächeln: „Wenn ich liege, dann liege ich. Wenn ich aufstehe, dann stehe ich auf. Wenn ich gehe, dann gehe ich, und wenn ich esse, dann esse ich."
10 Die Fragenden schauten etwas betreten in die Runde. Einer platzte heraus: „Bitte, treibe keinen Spott mit uns. Was du sagst, tun wir auch. Wir schlafen, essen und gehen. Aber wir sind nicht glücklich. Was ist also dein Geheimnis?"
15 Es kam die gleiche Antwort: „Wenn ich liege, dann liege ich. Wenn ich aufstehe, dann

stehe ich auf. Wenn ich gehe, dann gehe ich, und wenn ich esse, dann esse ich."

Die Unruhe und den Unmut der Suchenden spürend fügte der Meister nach einer Weile hin- 20 zu: „Sicher liegt auch ihr und ihr geht auch und ihr esst. Aber während ihr liegt, denkt ihr schon ans Aufstehen. Während ihr aufsteht, überlegt ihr, wohin ihr geht, und während ihr geht, fragt ihr euch, was ihr essen werdet. So sind eure 25 Gedanken ständig woanders und nicht da, wo ihr gerade seid. In dem Schnittpunkt zwischen Vergangenheit und Zukunft findet das eigentliche Leben statt. Lasst euch auf diesen nicht messbaren Augenblick ganz ein und ihr habt 30 die Chance, wirklich glücklich und zufrieden zu sein." *www.balanced-mind.de*

2 *In der Geschichte steht die Achtsamkeit im Mittelpunkt. Beschreibe die Anleitung zum Glücklichsein, die der Zenmeister (= Lehrer im Buddhismus) gibt.*

3 *Wie kannst du diese Übungen auf dein eigenes Leben übertragen? Fertige eine Liste an, wie du in deinem Lebensalltag achtsamer sein kannst.*

4 *Überlege, wie du deinen Umgang mit deinen Mitmenschen achtsamer gestalten kannst.*

Soziale Bindung – Glück durch ein Miteinander

Zum Thema „Wie ein glückliches Leben gelingt" führt die US-amerikanische Harvard University in Cambridge seit dem Jahr 1937 eine der aufwendigsten Langzeitstudien der Geschichte
5 durch. Nach Meinung von Psychiatrieprofessor George Vaillant, dem langjährigen Leiter der Studie, liegt ein glückliches Leben bis ins hohe Alter zum Großteil in unseren Händen. Und das trotz der unkontrollierbaren Faktoren, die
10 wir nicht beeinflussen können, wie das familiäre Umfeld, in das wir hineingeboren wurden, oder die Gene der Vorfahren. Die **Grant-Studie** beleuchtet das Leben von 268 männlichen Harvard-Absolventen der Jahrgänge 1939 bis 1945.
15 Sie werden in regelmäßigen Abständen systematisch medizinisch untersucht und intensiv zu ihrem Leben befragt: über ihre Kindheit und Jugend, ihre Karrieren und Beziehungen, ihren Erfolg und ihr Scheitern.
20 Erste Ergebnisse der noch laufenden Studie liegen bereits vor. Wie gelingt also ein glückliches Leben? Vor 50 in einer stabilen Beziehung leben, geistig aktiv sein, Sport treiben, nicht zu viel essen und Alkohol trinken sowie nicht rau-
25 chen – und auch im Alter aktiv bleiben, so Vaillant. Hier zeigt sich, dass die Gesundheit eine grundlegende Voraussetzung für Glück ist.

„Das mit Abstand Wichtigste ist die Bindung", sagt Vaillant. „Dabei geht es nicht unbe-
30 dingt um die Bindung zum Lebenspartner, sondern eher um die grundsätzliche Beziehung zu anderen Menschen" – und zwar im Sinne einer menschenliebenden und einfühlsamen Verbin-

dung. Ein wichtiger Faktor für ein gelungenes 35 Leben ist auch die Art und Weise, wie die Menschen mit Schicksalsschlägen umgehen. „Jeder erlebt schwierige Situationen", sagt Vaillant. Wie man dann damit umgehe, sei wesentlich für die Zukunft. Besonders erfolgreich sind die 40 sogenannten „Adaptierer", die sich altruistisch verhalten und versuchen, aus schwierigen Situationen für die Zukunft zu lernen. „Sie kanalisieren ihre starken Gefühle oder aufkommenden Aggressionen so, dass sie innerlich keinen Scha- 45 den anrichten, beispielsweise mit Sport", sagt Vaillant. Dagegen ist es unglücklich, Probleme nach innen oder außen zu projizieren, ohne sie zu verarbeiten. Denn dies führe zu psychischen Krankheiten und aggressivem Verhalten. 50

Dass die Zufriedenheit des Menschen weit weniger von den Genen bestimmt wird als bisher angenommen, geht auch aus einer Datenanalyse der Langzeitstudie „Sozio-ökonomisches Panel (SOEP)" unter Mitwirkung des Deutschen Ins- 55 tituts für Wirtschaftsforschung (DIW) hervor. So kann jeder Mensch sein Glück durch private und berufliche Entscheidungen selbst beeinflussen. Das Wohlbefinden hängt vor allem von den Lebensumständen in fünf zentralen Bereichen 60 ab: Partnerschaft, Lebensziele, soziale Kontakte, Lebensstil, Religiosität und das Verhältnis von Arbeit und Freizeit. Zu den Erfolgsfaktoren eines glücklichen Lebens zählen demnach eine gute Partnerschaft, soziales Engagement und 65 Freundschaften.

Nach www.sinndeslebens24.de

5 *Welche Aussagen werden in der Grant-Studie in Bezug auf Glück getroffen? Fasse diese mit eigenen Worten zusammen.*

6 *Welche sozialen Bindungen sind dir wichtig? Erstelle ein Schaubild, das alle für dich* *wichtigen Personen miteinbezieht und jeweils einen Grund benennt, warum sie für dich an dieser Position wichtig sind.*

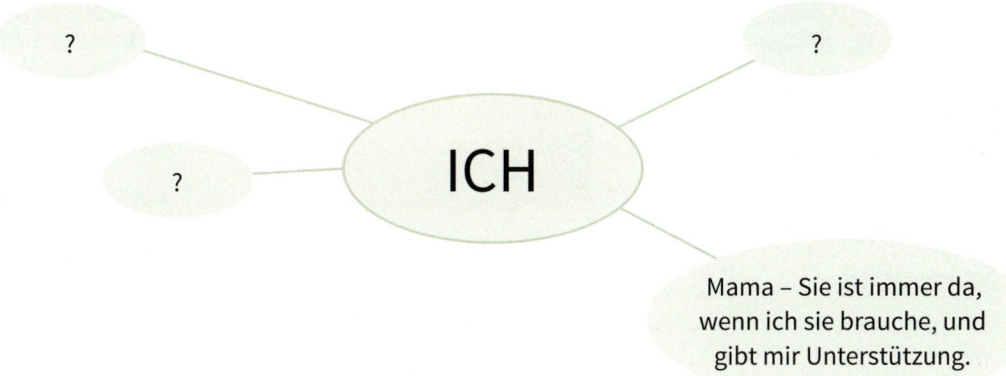

? ? ?

ICH

Mama – Sie ist immer da, wenn ich sie brauche, und gibt mir Unterstützung.

Kommunikation – Glück durch Gespräche?

7 *Betrachte die Zeichnung. Vermute, was die Frau wohl antworten wird.*

8 *Wie hat sie die Aussage des Mannes wohl verstanden? Warum kann sie sich mit dieser Aussage auch angegriffen fühlen?*

9 *Was könnte bei diesem Dialog schieflaufen?*

Wenn wir miteinander sprechen, geht es nicht nur um die sachliche Ebene. Jede Aussage enthält auch eine Beziehungsebene. Diese sagt etwas über uns aus und enthält einen Appell. So kann eine einfache Aussage wie „Es klingelt an der Haustür!" der Anfang eines großen Konfliktes sein. Der Kommunikationswissenschaftler Friedemann Schulz von Thun (*1944) hat ein Kommunikationsmodell entwickelt. Er geht davon aus, dass jede Aussage vier Botschaften hat bzw. nach vier Seiten hin interpretiert werden kann. Nämlich:

Es klingelt an der Haustür!

1. **Sachebene (Sachinhalt)** = worüber ich informiere (der Inhalt der Nachricht);
2. **Selbstkundgabe** = was ich damit über mich aussage (Absichten, Gefühle usw.);
3. **Beziehungshinweis** = was ich von der anderen Person halte und wie wir zueinander stehen;
4. **Appell** = wozu ich die andere Person auffordern möchte.

Sachinhalt

Selbstkundgabe

Äußerung

Appell

Sender
mit vier
Schnäbeln

Beziehungshinweis

Empfänger
mit vier
Ohren

10 *Erkläre die Abbildung mithilfe des Textes von Seite 139 mit eigenen Worten.*

Ein Beispiel für dieses Kommunikationsmodell:
Eine Mutter kommt in das unordentliche Zimmer der 15-jährigen Tochter und verlässt dieses kopfschüttelnd wieder.

Sachebene: Das Zimmer ist unordentlich.
Selbstkundgabe: Die Mutter ist genervt oder geschockt von der Unordnung. Sie mag keine Unordnung. Sie ist vielleicht darüber enttäuscht, dass die Tochter sich nicht an ihre Anweisungen hält.
Beziehungshinweis: Das Verhältnis zwischen den beiden ist vertrauensvoll, sonst könnte die Mutter nicht so ehrlich reagieren. Außerdem zeigt die Mutter ihre Missbilligung über die Unordnung.
Appell: Räum dein Zimmer endlich auf!

11 *Beschreibe eine andere Möglichkeit, wie die Mutter reagieren könnte.*

12 *Formuliere für die Tochter eine Antwort.*

Wenn man nun also in der Lage ist, die vier Gesprächsebenen voneinander zu trennen, gelingt Kommunikation leichter. Man kann sozusagen die „Störebene" herausfiltern. Man ist sich bewusst, dass Aspekte in einem Gespräch mitschwingen, die nur bei einem der beiden Gesprächspartner zum Tragen kommen und von ihm vielleicht nicht so gemeint sind. Gelungene Kommunikation macht glücklich, da sie nicht darauf abzielt, versteckte Botschaften zu übermitteln.

13 *Liste weitere Mittel für eine gute Kommunikation auf.*

Was Religion und Philosophie über das Glück wissen

Aristoteles – der griechische Philosoph

Aristoteles (384–322 v. Chr.)

Die Glückseligkeit stellt sich dar als ein Vollendetes und sich selbst Genügendes, da sie das Endziel allen Handelns ist.

1 *Was meint Aristoteles mit diesen Worten? Versuche den Sinn zu erfassen.*

Aristoteles ist der Gründervater der Glücksdiskussion. Sein Begriff vom menschlichen Glück basiert auf der Zielorientiertheit menschlichen Lebens und Handelns. Wir tun, was immer wir im menschlichen Sinne tun, um etwas zu erreichen. Manches tun wir um der Handlung selbst willen, manches Tun ist nur Mittel zum Zweck und andere Handlungen sind in übergeordnete Ebenen eingebettet. Nun gibt es verschiedene Dinge, die wir um ihrer selbst willen erstreben und tun. Aristoteles entwickelte dazu eine Art Struktur des Glücks: In seiner Schrift „Nikomachische Ethik" stellte er dar, dass sich das menschliche Wesen durch Gewohnheiten entwickelt, die von der Kultur jedes Einzelnen abhängen. Aristoteles war der Meinung, dass alle Wesen nach Glückseligkeit streben. Diese könne auf unterschiedlichen Wegen erreicht werden.

Laut Aristoteles vereint der Mensch drei verschiedene Seelen in sich: die Pflanzenseele, die Tierseele und die Vernunftseele. Diese bestimmen die „Form" des Menschen. Um die Glückseligkeit zu erlangen, muss der Mensch all die Fähigkeiten und Möglichkeiten, die in ihm schlummern, entfalten und benutzen können.

Aristoteles unterschied drei Formen des glücklichen Lebens:
- ein Leben der Lust und der Vergnügungen,
- ein Leben als freier, verantwortlicher Bürger und
- ein Leben als Forscher und Philosoph.

Der Philosoph war der Meinung, man solle nicht im Extrem leben, sondern alle drei Formen des glücklichen Lebens miteinander vereinen. Aristoteles strebte stets an, einen **goldenen Mittelweg** zu finden. „Nur durch Gleichgewicht und Mäßigung werde ich ein glücklicher oder harmonischer Mensch."

2 *Erkläre mit deinen Worten, wie der altgriechische Philosoph und Denker Aristoteles Glück erreichen wollte.*

3 *Wähle aus deinem Alltagsleben eine Situation aus, bei der du das Glück durch den „goldenen Mittelweg" erreichen kannst.*

4 *Erkläre deine Haltung zu dieser Art des Glücklichwerdens.*

Erich Fromm

Erich Fromm (1900–1980; deutscher/US-amerikanischer Psychologe, Psychoanalytiker und Philosoph)

Glück ist mit einer Zunahme an Vitalität, an Intensität des Fühlens und Denkens und an Produktivität verbunden. Unglück bedeutet eine Abnahme dieser Fähigkeiten und Funktionen. Glück und Unglück sind so sehr ein Zustand unserer Gesamtpersönlichkeit, dass körperliche Reaktionen oft mehr darüber verraten als bewusste Gefühle. […] Unser Körper lässt sich über den Stand unseres Glücks nicht so leicht täuschen wie unser Geist […]. Das subjektive Glücksempfinden, sofern es nicht das gesamte Wohl-Sein des Menschen einschließt, ist lediglich ein illusorischer Gedanke über ein Gefühl und hat mit echtem Glück nichts zu tun. Lust oder Glück, die nur im Kopfe eines Menschen existieren und nicht die Verfassung seiner Gesamtpersönlichkeit prägen, möchte ich Pseudo-Lust oder Pseudo-Glück nennen.
Erich Fromm: Psychoanalyse und Ethik

Glück ist eine aus der inneren Produktivität des Menschen entstehende Leistung, kein Geschenk der Götter. Glück und Freude ist nicht die Befriedigung eines auf physiologischem oder psychologischem Mangel beruhenden Bedürfnisses; nicht die Beseitigung einer Spannung, sondern die Begleiterscheinung allen produktiven Tätigseins im Denken, Fühlen und Handeln. Freude und Glück unterscheiden sich nicht in der Qualität, sondern nur insofern, als Freude sich auf einen einzelnen Akt bezieht, während man vom Glück sagen kann, es sei eine stetige oder integrierte Erfahrung von Freude. Wir können von „Freuden" in der Mehrzahl sprechen, von „Glück" jedoch nur in der Einzahl.
Erich Fromm: Psychoanalyse und Ethik

1 *Gib die Aussagen des Psychoanalytikers Erich Fromm zum Thema Glück wieder.*

2 *Formuliere die Unterschiede zur Vorstellung von Glück bei Aristoteles.*

Hinweise auf Glück in den Weltreligionen

In allen großen Weltreligionen wird wahres Glück als ein göttliches Erlebnis beschrieben: Man ist Gott besonders nah und überwindet die Grenzen des Lebens auf der Erde. Um das zu erreichen, muss man selbstsüchtige Wünsche ablegen und ein gutes Leben führen. Wie so ein gutes Leben aussieht, wird in jeder Religion ein bisschen anders beschrieben. Das ewige Glück ist allerdings erst nach dem Tod möglich. Christen, Muslime und Juden können im Jenseits bei Gott beziehungsweise im Paradies sein. Buddhisten und Hindus glauben an die Wiedergeburt. Für sie bedeutet vollkommenes Glück, aus dem Kreislauf der Wiedergeburten auszubrechen und so erlöst zu werden.

Der katholische Priester Max Freiberger:

Das Wort Glück ist im Neuen Testament nicht ein einziges Mal zu finden. Dabei ist dies doch unser wichtigstes Buch in der Bibel. Wobei das nicht heißen soll, dass das Christentum zu diesem Thema nichts zu sagen hat. Man spricht eher von „Freude" oder „Heil", wenn es um Glück geht. So verkünden die Engel den Hirten am Weihnachtsabend eine „große Freude" (Lk 2,10). Die Gleichnisse im Neuen Testament zeigen, wie Jesus mit den Menschen umgeht, und sollen uns Christen Vorbilder für Nächstenliebe liefern. Danach versuchen auch heute die meisten von uns zu leben. Das zeigen die Gemeinden zum Beispiel, indem wir für Hilfsorganisationen spenden und uns um Menschen kümmern, die arm sind und Hilfe brauchen. Das Leben in der Gemeinschaft ist für uns Christen allgemein sehr wichtig. Wer mit vielen anderen zusammen beten, singen und über Gott sprechen kann, der fühlt sich glücklich und geschützt. Glück ist im Christentum aber immer auch mit Schmerz verbunden. Jesus musste viel Leid ertragen und sogar sterben, um die Menschen zu erlösen. In solchen besonders schweren Zeiten kann der Glaube trösten. Wer traurig und enttäuscht ist, kann durch sein Vertrauen in Gott stärker werden. Glück zeigt sich also nicht nur, wenn es einem gut geht, sondern besonders dann, wenn es einem schlecht geht. Jedes Glück im Leben ist aber nur eingeschränkt: Ewiges und vollkommenes Glück erfahren wir nur nach dem Tod, wenn wir in Gottes Himmelreich eingehen.

Rabbi Moshe Ehrenberg:

In unserer Religion – dem Judentum – erhält man vollkommenes Glück nicht erst nach dem Tod, sondern schon im Hier und Jetzt. Bei uns beruft man sich auf die Thora, die auch Teil der Bibel der Christen ist, nämlich das Alte Testament. Hier kommt einige Male das Wort Glück vor. Ähnlich wie bei den Christen können wir in der Beziehung zu Gott Glück erfahren. Es ist aber nichts, das man sich selbst verschaffen kann oder auf das man einen Anspruch hat. Glück ist ein Geschenk, und zwar nur von Gott. In der Geschichte von Josef, der als Sklave nach Ägypten kam und schließlich zum Wirtschaftsminister des Pharao aufstieg, heißt es: „Ihm glückte alles, was er unternahm" (Gen 39,2 f.). Ob man erfolgreich ist oder scheitert, liegt in Gottes Händen. Zum eigenen Glück kann man beitragen, indem man ein gutes Leben führt. Wer Gutes tut, dem wird auch Gutes getan – also, es wird ihm von Gott geschenkt. „Du zeigst mir den Weg, der zum Leben führt. Du beschenkst mich mit Freude, denn du bist bei mir. Ich kann mein Glück nicht fassen, nie hört es auf." (Psalm 16,11) Eine Garantie für Glück gibt es bei uns allerdings nicht. Auch guten Menschen widerfährt Schlechtes. Man muss sich bei uns damit zufriedengeben, was einem gegeben wird. Wir glauben wie die Christen, dass es einen tieferen Sinn geben muss, warum einem gerade das passiert. Aber es ist alles von Gott gegeben. Deswegen ist bei uns das Glück eher auf das Leben bezogen und nicht auf das, was nach dem Tod kommt.

Imam Mohamed Idriz:

Bei uns im Islam ist es das höchste Glück, ins Paradies zu kommen. Allah entscheidet darüber, wenn er unser Handeln im Leben bewertet. Wir nennen dieses Gericht Gottes auch den Tag des Glückes. Absolute Glückseligkeit kann ein gläubiger Muslim nur durch den Willen Allahs erreichen. So steht im Koran: „Allahs Wohlgefallen aber ist das größte. Das ist die höchste Glückseligkeit." (Sure 9, Vers 72) Wer die fünf Pflichten des Islam erfüllt und gegen die eigene Selbstsucht ankämpft, kann sich weiterentwickeln und damit glücklich werden. Wer tugendhaft, also vorbildlich lebt, kann gar nicht unglücklich sein.

Bei uns ist das Glück also kein Zufall, sondern die Summe richtiger Entscheidungen. Das bedeutet, man hält sich von Leidenschaften fern und lebt maßvoll. Indem man jeden Tag gegen die eigene Selbstsucht kämpft, kann man sich weiterentwickeln und an der Schönheit Gottes teilhaben.

Die hinduistischen Mönche Naresh Verma und Kamal Kapoor:

Bei uns in Indien, dem Geburtsland des Hinduismus, nennt man die höchste Freude und vollkommene Glückseligkeit „ananda" – wörtlich übersetzt das „Nicht-Unglück". Diesen Zustand kann ein Mensch erreichen, wenn er an der göttlichen Kraft des Universums, dem Brahman, teilhat. Wir Hindus gehen davon aus, dass jeder ganz tief im Inneren ein glücklicher Mensch ist. Man muss dieses Glück nur zum Vorschein bringen und die nutzlosen Eigenschaften wie Hochmut, Selbstsucht oder Angeberei loswerden. Mit Yoga und Meditation unterstützen wir diesen Prozess. Beim In-sich-Versenken sind wir ganz auf uns konzentriert und beherrschen nicht nur unseren Körper, sondern vor allem unseren Geist, was besonders glücklich macht. Wahre Glückseligkeit erlangen wir durch die Loslösung von menschlichen Gefühlen. Der Gipfel des Glücks ist für uns, wenn wir aus dem Kreislauf der Wiedergeburt ausbrechen und uns in der göttlichen Kraft auflösen, also aufhören, ein eigenständiges Ich zu sein. Man kann sich das so vorstellen, als ob ein Regentropfen ins Meer fällt. Man erreicht diesen Zustand durch zwei Wege: zum einen, indem man absolut auf Besitz verzichtet und sein Leben als Bettler oder Pilger verbringt; zum anderen, indem man sich auf die Gottesliebe stützt und zu den Göttern betet. Wir Hindus kennen sehr viele Götter, zu denen man beten kann, darunter auch Lakshmi, die Göttin des Glücks. Ein weiterer Weg ist die selbstlose Tat: Um wirklich selbstlos zu sein, muss man sein Leben und seine Pflichten erfüllen, ohne dafür eine Belohnung oder einen eigenen Vorteil zu erwarten – nicht einmal ein Dankeschön.

Der buddhistische Mönch Kalu Rinpoche:
*Bei uns kann man den Kreislauf des Wieder-
geborenwerdens nur durchbrechen, wenn man
wunschlos glücklich ist. Wir nennen diesen
Zustand: die Erleuchtung. Man ist vollkommen
bei sich und zufrieden und sieht die Dinge, wie
sie sind. Ob man es nun Glück, Frieden oder
Erleuchtung nennen will – der Weg dorthin heißt
„der edle achtfache Pfad". Er soll den Menschen
helfen, sich von schlechten Gefühlen zu befreien.
Zum edlen achtfachen Pfad gehört zum Beispiel
das richtige Denken und Reden. Auf dem Weg
zur Erleuchtung sollen verschiedene Lehren und
Methoden dabei helfen, entspannter und glücklicher zu leben. Im Gegensatz zu den anderen
Weltreligionen gibt es keinen Gott, zu dem man
beten und den man um Glück bitten kann. Der
Mensch ist auf sich selbst gestellt. Nach der
Lehre Buddhas ist das Leid der wichtigste Grund,
warum wir nicht glücklich sind. Deshalb sollen
wir dies überwinden. Die Meditation hilft einem
dabei. Wenn man alle schlechten Eigenschaften überwunden hat, kann man ins Nirvana
eingehen. Hier sind wir in der Vorstellung dem
Hinduismus ganz nahe. Im Buddhismus ist man
glücklicher, wenn man für sich selbst gar kein
Glück verlangt.*

1 *Teilt euch in fünf Gruppen auf. Jede Gruppe wird eine Expertengruppe für eine Weltreligion.*

2 *Geht den folgenden Fragenkatalog durch. Erstellt eine Art Steckbrief mit den wichtigsten
Aussagen zum Thema „Glück" in der jeweiligen Religion:*
- *Wählt die Religion, die ihr vorstellen wollt.*
- *Beschreibt den Weg, auf dem in eurer vorzustellenden Religion Glück erreicht werden kann.*
- *Lest euch die Aussagen der anderen Religionen durch. Findet Parallelen zu der von euch
gewählten Religion.*
- *Listet Unterschiede zwischen den Glücksvorstellungen eurer Religion und derjenigen der
anderen Religionen auf.*

3 *Trage deine Ergebnisse den anderen vor und vergleicht sie miteinander.*

4 *Welche Religion vertritt deine Vorstellungen von Glück am deckungsgleichsten? Finde Gründe.*

5 *Verfasse einen Leitfaden zum Glück in den Weltreligionen und mische – wie bei einem Kuchen-
rezept – die besten Zutaten miteinander. Es ist bestimmt spannend, welche unterschiedlichen
Ergebnisse in deiner Ethikgruppe herauskommen.*

Happy Planet Index

Der Happy Planet Index (HPI), der Index des glücklichen Planeten, zeigt an, wie gut Nationen darin sind, ihren Bürgerinnen und Bürgern ein langes, glückliches, nachhaltiges Leben zu ermöglichen. Der HPI wurde im Jahr 2006 von der unabhängigen britischen Denkfabrik „New Economics Foundation" als alternatives Maß zu den Standardindikatoren der Wirtschaft, etwa dem BIP (Bruttoinlandsprodukt) entwickelt. Das BIP misst die Leistung einer Volkswirtschaft nur in Geldeinheiten und lässt dabei andere Kriterien wie Umweltverträglichkeit, Nachhaltigkeit oder Lebensqualität unberücksichtigt.

> „Das Bruttoinlandsprodukt misst alles, außer dem, was das Leben lebenswert macht."
> Robert Kennedy, US-amerikanischer Politiker (1925–1968)

Der HPI dagegen stellt das Wohlbefinden und die Lebenserwartung den Umweltbelastungen bzw. dem Ressourcenverbrauch einer Nation gegenüber. Der HPI stellt demnach die Frage, welches Land in der Lage ist, das Wohlbefinden der heutigen Generation zu maximieren und gleichzeitig die dadurch entstehenden Umweltbelastungen zu minimieren, um auch zukünftigen Generationen ein lebenswertes Leben zu ermöglichen.

Der HPI verwendet drei Variablen:
- subjektives Wohlbefinden,
- Lebenserwartung und
- ökologischer Fußabdruck.

Berechnung des HPI
Lebenserwartung mal subjektives Wohlbefinden mal der sich ergebenden Ungleichheiten innerhalb der Bevölkerung geteilt durch den ökologischen Fußabdruck

Info: ökologischer Fußabdruck
Der ökologische Fußabdruck ist ein Maß für den Verbrauch an natürlichen Ressourcen jedes Menschen. Er berechnet, welche Fläche benötigt wird, um den Verbrauch von Rohstoffen für Ernährung, Konsum, Energieverbrauch, Mobilität usw. zu decken. Die Flächen werden addiert und so entsteht der ökologische Fußabdruck. Die Maßeinheit für den Flächenverbrauch ist der sogenannte „globale Hektar" (gha).
Mehr zum ökologischen Fußabdruck erfährst du auf Seite 181.

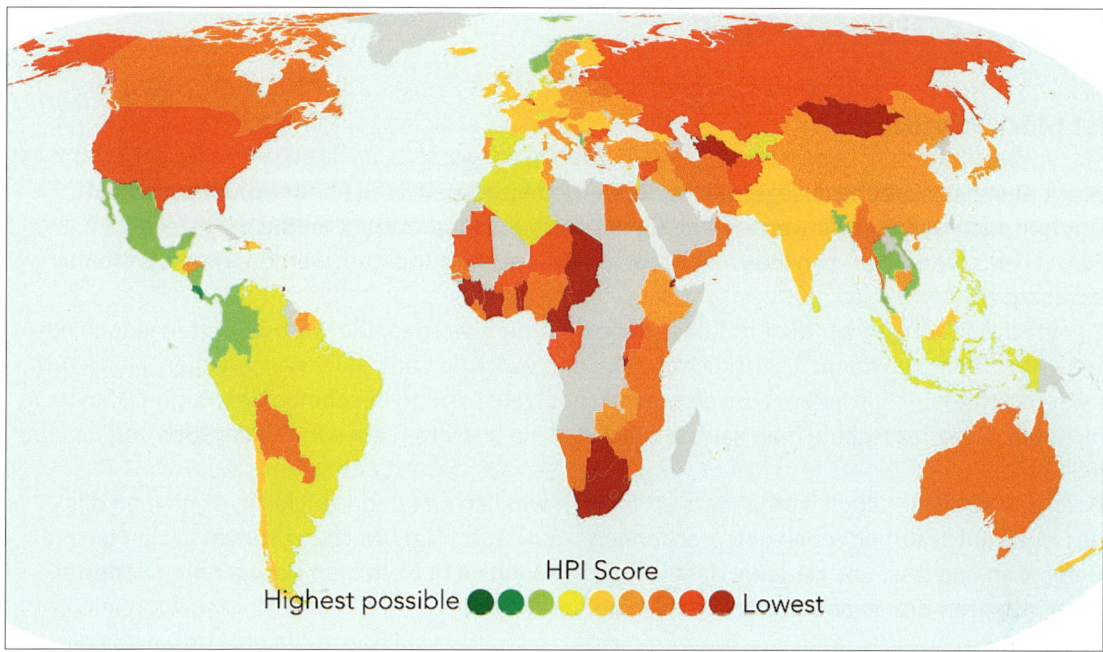

HPI Score
Highest possible ●●●●●●●●● Lowest

Deutschland liegt auf Platz 49. Costa Rica belegt schon zum dritten Mal in Folge den ersten Platz. Der kleine Staat in Zentralamerika weist die höchste Artendichte der Welt auf. Das BIP pro Einwohner beträgt nur etwa ein Viertel des deutschen Wertes. Die Wirtschaft Costa Ricas basiert hauptsächlich auf Tourismus und Landwirtschaft. Costa Rica hat keine Armee. Die Kosten für das Militär hat das Land in Bildung und Gesundheit investiert. Auch im Bereich Umweltschutz haben die fünf Millionen Einwohner des Landes viel erreicht. Die Energie stammt zu fast 100 Prozent aus erneuerbaren Energien. Statt Geld für Ölimporte auszugeben, hat Costa Rica lieber in den Schutz seiner Urwälder investiert. Im Jahr 2021 will Costa Rica ein CO_2-neutraler Staat werden.

1 *Welche Länder sind nach dem Happy Planet Index die drei glücklichsten des Planeten? Informiere dich, warum dies so ist.*

2 *Formuliere Bedingungen für subjektives Wohlbefinden der Bevölkerung eines Landes.*

3 *Nenne Gründe dafür, dass die klassischen Industrieländer, in denen es den Menschen wirtschaftlich gut geht, nicht auf den vorderen Rängen des Happy Planet Index zu finden sind.*

4 *Was könnte Deutschland tun, um seinen HPI zu verbessern? Schlage Maßnahmen vor.*

5 *Vergleiche die beiden Indikatoren BIP und HPI. Wäge ab, welcher Index die Realität eines Landes besser abbildet.*

6 *Zähle Messwerte auf, die der HPI nicht beinhaltet. Entscheide dich begründet für einen Messwert, den du gerne in den HPI aufnehmen würdest.*

7 *Stelle eine Verbindung zwischen HPI und dem Thema „Glück" her.*

147

Glücksversprechungen

Heul vor Glück!

Mach dich glücklich!

Ist Glück käuflich?

Glück ist in der Werbung allgegenwärtig! Es werden hier nämlich nicht nur Produkte verkauft, sondern auch Gefühle. Wir werden ständig mit Werbung konfrontiert, an Bushaltestellen, im Fernsehen, im Radio und im Internet. Sogar auf öffentlichen Toiletten werden wir mit Werbung bombardiert.

Eigentlich sollten wir über die Produktvorteile informiert werden. Die Werbeexperten jedoch nutzen unser Verlangen danach, glücklich zu sein, und verkaufen uns Glücksversprechen. Man kauft keinen Brotaufstrich, sondern ein Versprechen auf Wellness und Geschmacksexplosion. Man kauft nicht nur einen Turnschuh, man kauft ein Ticket in ein besseres Leben mit mehr Spaß und Beliebtheit.

Doch das wirkliche Leben läuft anders ab. Ist man wirklich erst dann glücklich, wenn man das passende Auto fährt oder den entsprechenden Lippenstift trägt? Werbung spricht gezielt unsere Gefühle an und lässt uns glauben, dass wir unsere Sehnsucht nach dem Dazugehören nur erreichen, wenn wir das angepriesene Produkt kaufen.

So schmeckt Glück!

Werbung zeigt uns, was wir begehren sollen und wann wir glücklich zu sein haben!

Auch wenn die anfängliche Freude über den neu erworbenen Gegenstand groß ist, lange dauert das Glück mit dem neuen Auto, dem Lippenstift oder dem Markenshirt nicht. Auf Dauer hat noch keines dieser Produkte bewirkt, dass wir zufriedener und glücklicher sind. Meist fühlen wir uns auch nur so lange wohl, bis ein neueres, besseres Produkt auf dem Markt erscheint.

Werbung macht uns also nicht glücklicher, sondern hält eine Milliardenmaschinerie am Laufen. Die Werbemacher interessiert nur eines: der Profit!

Um diesem Kreislauf des Begehrens zu entkommen, müssen wir Werbung bewusst wahrnehmen und sie und unser eigenes Verhalten kritisch hinterfragen.

- Warum wollen wir dieses Produkt überhaupt haben?
- Brauchen wir es tatsächlich? Oder wollen wir damit etwas anderes befriedigen?
- Kann ich dieses Verlangen nicht auch anders stillen?

1 *Beschreibe die Aufgaben der Werbung.*

2 *Suche zwei Beispiele, wie für verschiedene Produkte mit Glücksversprechen geworben wird. Entscheide dich, ob du Jugendliche oder eine andere Zielgruppe wählst. Suche in Zeitschriften, bei YouTube oder auf Internetseiten. Mache ein Foto oder einen Screenshot, drucke ihn aus und klebe ihn auf ein Blatt.*

> Bitte nie vergessen:
> Die besten Dinge im Leben sind GRATIS!

3 *Schreibe danach auf, um welches Produkt es sich handelt, welche Zielgruppe angesprochen wird und was die Werbung mit Glück zu tun hat.*

Bin ich schön?

Immer mehr Menschen sind heutzutage unzufrieden mit ihrem Körper. Durch Castingshows, TV-Sendungen, Zeitschriften und die Werbung wird ein Bild von Schönheit vermittelt, dem
5 viele nacheifern. Um so auszusehen wie die Models, nehmen viele eine Menge in Kauf. Bereits viele Jugendliche denken sogar über Schönheitsoperationen nach – sowohl Mädchen als auch
10 Jungen. Was bedeutet der Begriff „schön" überhaupt und wie sehr haben sich die Ideale gewandelt?

Nicht nur viele Frauen, sondern auch Männer, und besonders
15 Jugendliche, sind unzufrieden mit ihrem Aussehen. Viele verfallen regelrecht einem „Schönheitswahn". Nicht wenige wollen sich sogar operieren lassen, um auch
20 so auszusehen wie die Stars, die sie von überallher anblicken. Auf den Titelbildern von Zeitschriften oder auf Werbeplakaten sehen sie so perfekt aus: schlanke Figur,
25 reine Haut, glänzende Haare, flacher Bauch, eine große Oberweite und lange Beine. Doch solche perfekten Körper gibt es in der Realität eigentlich nicht.

30 Deswegen werden die Models, Schauspielerinnen, Schauspieler, Sänger und Sängerinnen für Foto- oder Filmaufnahmen extra stark geschminkt, um zum Beispiel kleinere Makel wie unreine Haut zu verdecken. Anschließend
35 werden die Fotos meist auch noch am Compu-

ter nachbearbeitet, also geschönt, sodass auch die kleinsten Pickelchen oder Fältchen an den Augen nicht mehr zu sehen sind. Danach sieht man ein perfektes Gesicht sowie keine „Orangenhaut" und keinen „Schwabbelbauch" mehr. 40 Auch die Oberweite von Frauen wird manchmal

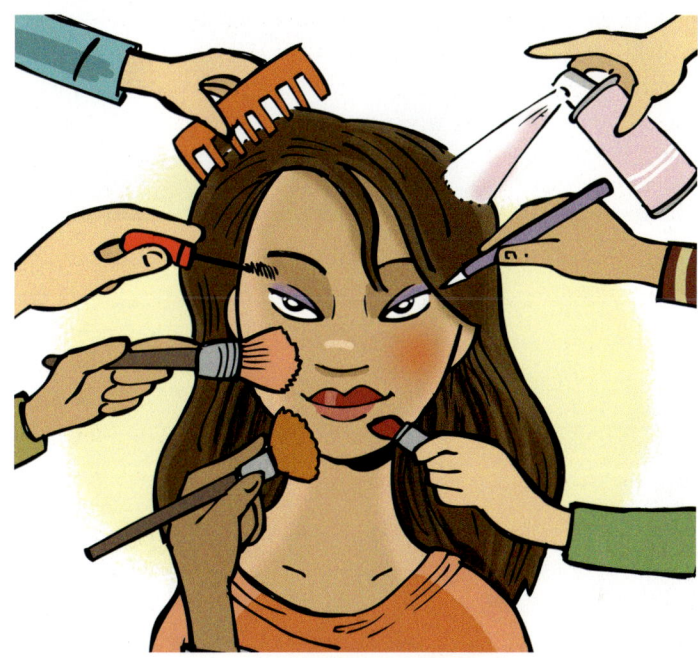

Die Beauty-Industrie verspricht makellose Schönheit.

noch vergrößert, um den Blick auf ihr Dekolleté zu lenken. So perfekt und makellos sehen die Models aber in Wirklichkeit meist überhaupt nicht aus.   45

Nach www.helles-koepfchen.de

1 *Welche Schönheitsideale sind den Menschen heute wichtig? Wie sieht deiner Meinung nach der perfekte Mensch aus? Fertige eine Collage mit den Schönheitsvorstellungen der Gegenwart an.*

2 *Betrachte dich im Spiegel und kennzeichne auf einer Körperskizze, mit welchen Teilen deines Äußeren du zufrieden bist.*

In der Promiwelt ist es allgemein üblich, sich virtuell verschönern zu lassen. Hier siehst du ein Beispiel dafür, wie ein Bildbearbeitungsprogramm ein Mädchen von nebenan verändert. Mittels Computertechnik verwandeln sich Menschen wie du und ich in makellose Hollywoodschönheiten.

3 *Recherchiere im Internet weitere Vorher-nachher-Bilder.*

Ich bin Laura, gehe in die achte Klasse und achte sehr auf mein Aussehen. Mit vierzehn bin ich auch im richtigen Alter. Morgens im Bad brauche ich fast eineinhalb Stunden. An normalen Schultagen lege ich nur Lipgloss, Mascara und Lidschatten auf, meine Frisur beansprucht jede Menge Zeit. In den Ferien, wenn ich keinen Druck habe, starte ich dann das volle Programm und klicke zum Beispiel meine Lieblings-Beauty-Kanäle in YouTube an. Dort informiere ich mich über die neuesten Schminktipps fürs Abend-Make-up oder wie ich meine Lippen besser in Szene setzen kann. Super finde ich besonders die Einkaufstipps. Für meine Schönheit gebe ich alles. Vielleicht werde ich doch noch als Model entdeckt. Dann würde ich auch so toll aussehen wie die Mädchen in den Werbespots. Mein größter Wunsch wäre es, wenn mich alle auf einem riesigen Plakat sehen könnten. Deshalb veröffentliche ich auch fleißig Bilder von mir im Netz, natürlich schön bearbeitet. Ein bisschen anstrengend finde ich es aber schon, immer perfekt aussehen zu wollen wie die Models.

4 *Beschreibe Lauras Selbstbild. Was ist ihr wichtig?*

5 *Laura wird von verschiedenen Medien beeinflusst. Erläutere diese Einflüsse.*

6 *Kannst du Laura Tipps geben, wie sie ihren Schönheitswahn überwinden kann, um glücklicher oder entspannter zu leben?*

7 *Gehe in dich: Wo bist du zu perfektionistisch mit deinem Körper?*

8 *Überlege, was persönliches Glück und ein übertriebener Körperkult voneinander trennt.*

8 Frauen sehen aus wie Supermodels

3.000.000.000 nicht!

Werbeindustrie und Medien machen uns Tag für Tag glauben, wie der perfekte Mensch auszusehen hat. Doch die makellosen Einheitsschönheiten sind sämtlich retuschiert. Sie gaukeln eine Realität vor, die es nicht gibt. Stattdessen treiben die überall präsenten Hochglanzbilder vor allem Frauen und Mädchen in Selbstzweifel, sinnlose Diäten und Operationen. Vom Schönheitswahn lebt ein ganzer Industriezweig mit Milliardenumsätzen. Viele Konsumenten wollen sich jedoch nicht mehr mit den überschlanken Models identifizieren. Daher kommen seit einigen Jahren vermehrt Models mit molligerem Körper zum Einsatz, die sogenannten Plus-Size-Models.

9 *Fotografiere dich einmal ganz bewusst, ohne irgendeinen Filter zu verwenden. Würdest du dieses Bild posten?*

10 *Lege verschiedene Filter über dein Foto. Welchen verwendest du? Begründe deine Wahl.*

11 *Was ist schön? Galt es immer schon als schön, möglichst schlank zu sein? Informiere dich über die unterschiedlichen Schönheitsideale in der Geschichte.*

Das kann und weiß ich jetzt …

Darüber weiß ich jetzt Bescheid:

Achtsamkeit   persönliche Glücksvorstellung   Flow

   Kommunikationsmodell   Aristoteles   Happy Planet Index (HPI)

   Schönheitsideal   Religionen und Glück   Erich Fromm

1 *Du siehst zehn Aussagen zum Thema „Glück".*
Fertige aus ihnen deine persönliche Hitliste. Benutze dazu ein Blatt.
Du kannst natürlich auch eigene Glücksbringer einfließen lassen.

Mich macht meine eigene Gesundheit und die meiner Familie glücklich.

Mich macht lieben und geliebt werden glücklich.

Ich erlebe im Urlaub großes Glück.

Ich bin glücklich, wenn ich mit Freunden zusammen bin.

Ich empfinde Glück bei der Freude über die kleinen Dinge des Lebens.

Ich bin glücklich, wenn ich Ziele erreiche, die ich mir selbst gesteckt habe.

Gutes zu tun, beschert mir Glücksmomente.

Wenn ich im Lotto gewinnen würde, das wäre mein größtes Glück.

Ich verbessere durch Musikhören meine Glücksstimmung.

Ich werde glücklicher, wenn ich eine schwierige Situation gemeistert habe.

2 *Markiere auf deinem Blatt alle Glücksbringer, die nichts mit Geld zu tun haben. Beschreibe, was dir dabei auffällt.*

3 *Vergleiche deine Hitliste mit deinen Mitschülern. Überlege, was die Ergebnisse über einen Menschen aussagen.*

7 Ethik in der Welt der digitalen Medien

Ich surfe – also bin ich

1 *Betrachte das Bild. Welche Gedanken löst es bei dir aus? Sprich darüber.*

2 *Bringe das Bild in Zusammenhang mit der Überschrift.*

3 *Wie viel Zeit verbringst du im Internet? Führe ein Onlinetagebuch, in das du jede Minute einträgst, in der du im Netz unterwegs warst. Vergiss auch WhatsApp & Co nicht.*

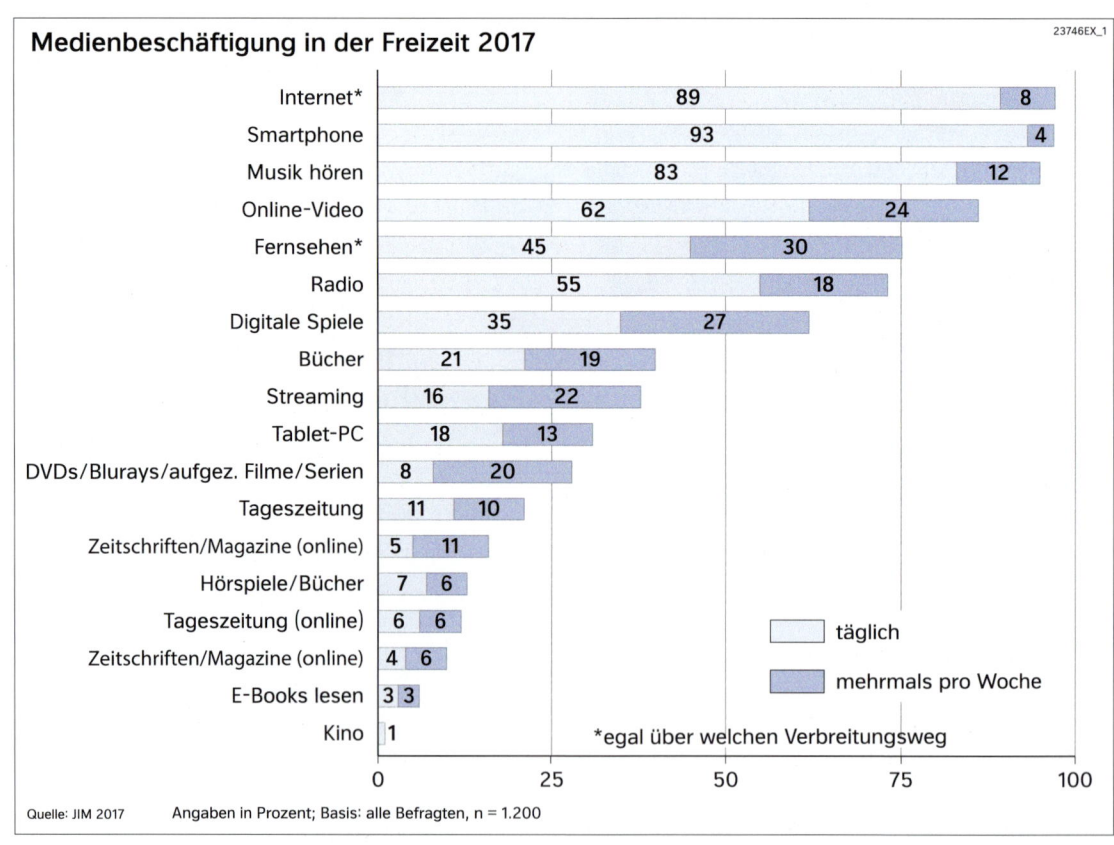

Medienbeschäftigung in der Freizeit 2017   23746EX_1

täglich / mehrmals pro Woche

Medium	täglich	mehrmals pro Woche
Internet*	89	8
Smartphone	93	4
Musik hören	83	12
Online-Video	62	24
Fernsehen*	45	30
Radio	55	18
Digitale Spiele	35	27
Bücher	21	19
Streaming	16	22
Tablet-PC	18	13
DVDs/Blurays/aufgez. Filme/Serien	8	20
Tageszeitung	11	10
Zeitschriften/Magazine (online)	5	11
Hörspiele/Bücher	7	6
Tageszeitung (online)	6	6
Zeitschriften/Magazine (online)	4	6
E-Books lesen	3	3
Kino	1	

*egal über welchen Verbreitungsweg

Quelle: JIM 2017   Angaben in Prozent; Basis: alle Befragten, n = 1.200

154

4 *Vergleiche nun, welche Medien von Jugendlichen in Deutschland am meisten genutzt werden. Was fällt dir auf? Deckt sich diese Grafik mit deiner Lebenswirklichkeit?*

5 *Was stellst du bei Betrachtung der Tabelle rechts fest? Vergleiche dein Onlinetagebuch mit den Durchschnittswerten für deine Altersgruppe.*

Alter in Jahren	Dauer der durchschnittlichen Internetnutzung pro Tag
6 bis 7	11 Minuten
8 bis 9	16 Minuten
10 bis 11	22 Minuten
12 bis 13	59 Minuten
14 bis 15	93 Minuten
16 bis 18	115 Minuten

www.t-online.de

Eine Unterhaltung zwischen zwei Freundinnen:

Ronja: Ich bin gerne im Internet, wenn ich für die Schule etwas recherchieren muss. Das geht einfach am schnellsten, und ich wüsste sonst gar nicht, wo ich nach Informationen für ein Referat schauen sollte.

Luisa: Genau, aber ich lade mir auch gleichzeitig gerne Musik für mein Smartphone im Netz herunter. So habe ich gute Lieder im Ohr, wenn ich zur Schule fahre.

Ronja: Das ist ja auch eine tolle Sache. Was machst du sonst noch?

Luisa: Ich chatte auch ganz gerne mit Freunden in Italien, die haben wir im Urlaub kennengelernt. So können wir wenigsten Kontakt halten. Manchmal skypen wir auch. Das ist fast, als ob wir wirklich miteinander sprechen würden.

Ronja: Ich jage oft auch Schnäppchen im Internet. Das heißt, dass ich viele Klamotten nicht mehr im Laden kaufe, sondern Rabatte und Angebote im Internet nutze und mir so viel Geld spare. Praktisch ist auch, dass ich alles nach Hause geschickt bekomme.

Luisa: Ja, das ist echt eine super Erleichterung! Aber weißt du, was noch echt toll ist? Das sind die vielen YouTube-Videos. Da findet jeder etwas, was ihm gefällt oder ihn interessiert.

Ronja: Stimmt! Das mache ich auch total oft. Die vielen Beautykanäle helfen einem doch immer in Notsituationen, z. B. wenn man einen Pickel abdecken muss oder dunkle Augenringe hat.

6 *Luisa und Ronja besprechen, wie sie das Internet nutzen. Nenne die Möglichkeiten, die die beiden im Internet sehen.*

7 *Erläutere, wofür du das Internet nutzt.*

8 *Stelle dar, wie die Unterhaltung zwischen zwei Jungen aussehen könnte. Worin unterscheiden sich die Verwendungsmöglichkeiten zwischen Mädchen und Jungen?*

9 *Ergänze zusätzliche Verwendungsmöglichkeiten in deinem Onlinetagebuch.*

Das Internet: Chancen und Gefahren

Licht ...

Briefe schreiben? Informationen fürs Referat in der Bibliothek suchen? Eine Telefonzelle suchen, um die Mutter von unterwegs anzurufen? Das ist schon lange Schnee von gestern. Das geht sehr viel schneller. Denn es gibt das World Wide Web. Das Internet ist aus dem Alltag von Jugendlichen nicht mehr wegzudenken und auch viele jüngere Kinder nutzen das Internet bereits, häufig über Smartphones und damit über einen ständigen Onlinezugang. Wie nutzen Jugendliche eigentlich ihr Internet?

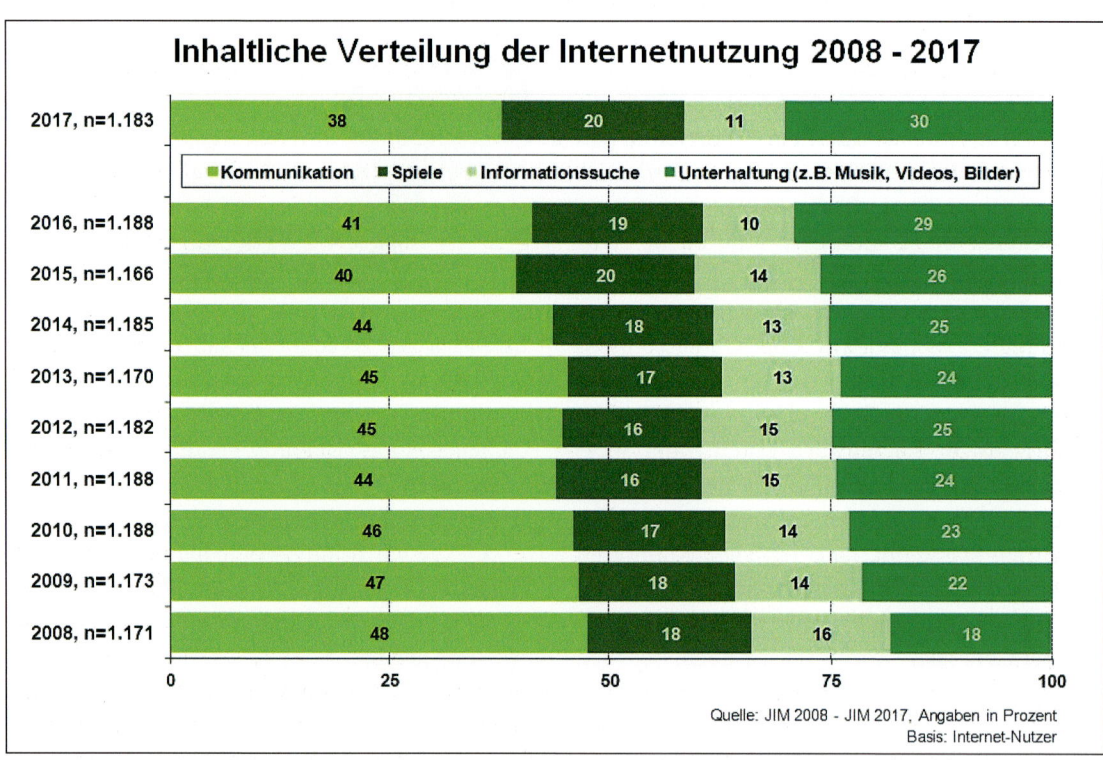

Inhaltliche Verteilung der Internetnutzung 2008 - 2017

Legende: Kommunikation, Spiele, Informationssuche, Unterhaltung (z.B. Musik, Videos, Bilder)

Jahr	Kommunikation	Spiele	Informationssuche	Unterhaltung
2017, n=1.183	38	20	11	30
2016, n=1.188	41	19	10	29
2015, n=1.166	40	20	14	26
2014, n=1.185	44	18	13	25
2013, n=1.170	45	17	13	24
2012, n=1.182	45	16	15	25
2011, n=1.188	44	16	15	24
2010, n=1.188	46	17	14	23
2009, n=1.173	47	18	14	22
2008, n=1.171	48	18	16	18

Quelle: JIM 2008 - JIM 2017, Angaben in Prozent
Basis: Internet-Nutzer

1 Beschreibe die Nutzungsmöglichkeiten, die Jugendliche mit dem Internet haben. Was steht hinter den Oberbegriffen Kommunikation, Spiele, Informationssuche und Unterhaltung?

2 Nenne Unterschiede zwischen 2008 und 2017.

3 Fallen dir weitere Möglichkeiten ein, wie das Internet Chancen für Jugendliche bieten kann? Erstelle eine Liste.

Lektürevorschlag: Ich werde YouTube-Star!

Der Lehrer und Autor Florian Buschendorff schreibt Jugendromane über Themen wie Cybermobbing und Handysucht. In seinem neuesten Buch „Ich werde YouTube-Star!" widmet er sich dem bei Jugendlichen mit Abstand beliebtesten Internetangebot.

Felix und Leon haben ihren eigenen YouTube-Kanal. Doch noch fehlt ihnen die richtige Idee, um erfolgreiche YouTuber zu werden. Bei Any, einem coolen Mädchen aus ihrer Schule, läuft es da deutlich besser: Die YouTuberin macht angesagte Beauty-Videos und wird dafür von vielen Mädchen bewundert. Angeblich soll sie sogar Geld mit ihrem Kanal verdienen. Das spornt Felix und Leon an. Doch der Weg zum YouTube-Star ist steinig und zeigt den beiden bald auch seine Schattenseiten ...

Florian Buschendorff

4 *Viele Jugendliche träumen von einem eigenen YouTube-Kanal. Erläutere deine Meinung dazu.*

5 *Beschreibe die Chancen von Menschen, die so tätig sind.*

6 *Finde Beispiele dafür, dass Jugendliche durch ihren eigenen Internetauftritt berühmt wurden.*

7 *Für viele Menschen sind die sozialen Netzwerke nicht mehr aus ihrem Leben wegzudenken. Warum ist das so? Nenne drei Gründe, warum du in sozialen Netzwerken vertreten bist.*

8 *Welche drei Aktivitäten mit dem Handy oder im Internet müssen unbedingt sein? Nenne zwei, die nicht unbedingt sein müssen. Gib jeweils eine Begründung dafür an.*

Jugendliche zwischen zwölf und 19 Jahren sind täglich im Durchschnitt mehr als eine Stunde in Online-Netzwerken unterwegs.

Die Nutzung erfüllt drei Hauptfunktionen: erstens die Selbstdarstellung, das „Sehen und Gesehenwerden", zweitens die Vernetzung mit anderen Menschen und drittens Informationen sowohl privater wie öffentlicher Art.

www.zeit.de

Nutzung und Interaktion im Internet nehmen einen zentralen Platz im Medienalltag junger Menschen ein. Auch bei der Entwicklung und Festigung der eigenen Identität spielt die Mediennutzung eine entscheidende Rolle. Das Internet bietet hier den Heranwachsenden eine Plattform, sich einer breiten Öffentlichkeit zu präsentieren. Die reale Identität wird mithilfe von Blogs, Twitter, Videoplattformen oder sozialen Netzwerken abgebildet – eine digitale Identität entsteht.

In Profilen haben neben persönlichen Daten auch Hobbys, Interessen oder Fotos Platz. Zusätzlich kann man Interessensgruppen, denen man sich zugeneigt fühlt, beitreten. Die Auswahl ist groß: von Stars, Vereinen und Hobbys bis hin zu Gruppen wie „Pünktlich ist, wenn noch wer nach mir kommt!" Videoplattformen bieten die Möglichkeit, selbst produzierte Beiträge hochzuladen. Via Blogs und Twitter kann die Welt an allen Aktivitäten und Gedanken teilhaben.

Nach www.sicherheit-macht-schule.de

9 *Was ist eine digitale Identität? Beschreibe genau.*

10 *Erstelle ein Profil von dir, falls du noch keines entworfen hast. Wie muss es aufgebaut sein?*

157

... und Schatten

Pornografie, Gewaltszenen und rassistische oder andere aufhetzende Inhalte sind für Kinder (und Jugendliche) ungeeignet. Dennoch sind sie im Netz zu finden. Anbieter von pornografischen
5 Seiten dürfen ihr Angebot nach deutschem Recht nur für Erwachsene öffnen und tun dies in der Regel auch, weil sie eine Bezahlung über Kreditkarte erwarten. Allerdings greift dieses Recht nicht bei Internetangeboten aus dem
10 Ausland: Es gibt etliche Seiten mit pornografischen Inhalten, die ohne Zugangsbeschränkung abrufbar sind – und diese sind auch jüngeren Jugendlichen oft schon bekannt. Unabhängig davon kursieren im Netz zudem immer mehr
15 Nacktfotos oder sexualisierte Darstellungen, die häufig von Privatpersonen hochgeladen und weiterverbreitet („geteilt") werden. Auch Gewaltdarstellungen sind zu finden. Gelegentlich tauchen besonders geschmacklose Seiten
20 auf, deren Adressen auf Schulhöfen verbreitet werden. Bei der Nutzung von YouTube können Kinder unvermittelt auf Gewaltdarstellungen stoßen; häufig handelt es sich dabei um reale Vorkommnisse (z.B. Kriegsbilder, Hinrichtun-
25 gen), die zum Zweck der Dokumentation eingestellt wurden. Immer wieder werden auch von Kindern und Jugendlichen selbst Gewaltszenen aus dem Schulleben weiterverbreitet („Happy Slapping").
30 Persönliche Daten sind die Währung, mit der im Netz bezahlt wird. Entsprechend interessant sind Namen, E-Mail-Adressen und die Kenntnis über persönliche Vorlieben für Firmen und Adresshändler. Kinder geben in Chats oder
35 bei Gewinnspielen häufig leichtfertig persönliche Daten an. Das führt zu einer Fülle von unerwünschten E-Mails (Spam), im schlimmsten Fall aber auch zu Belästigungen durch Erwachsene

mit pädophilen Neigungen, die gezielt nach Kindern Ausschau halten. Auch unwissentlich 40 werden Daten preisgegeben. So funktionieren Messenger-Dienste wie WhatsApp nur, wenn sie ständig die Kontakte mit den Daten aus dem Adressbuch abgleichen. Andere Apps greifen nach der Installation auf Daten zu, die sie nicht 45 unbedingt zum Funktionieren bräuchten. Communitys leben davon, dass die Nutzer möglichst viel aus ihrem privaten Leben preisgeben: den echten Namen, Fotos, Schule, Erlebnisse, Bewertungen o. Ä. Selbst wenn das Profil sorg- 50 fältig angelegt wird, können aus den Daten Erkenntnisse gewonnen werden, wer sich hinter diesem Profil verbirgt.

In Web-Chats (also Chats, die direkt im Browser abrufbar sind und in denen meist viele 55 Leute gleichzeitig „reden") können Kinder bedrängt und sexuell belästigt werden, wenn es keine oder keine ausreichende Moderation gibt und sich die Chatter zu einem Gespräch unter vier Augen zurückziehen können. Dies ist in 60 allen Erwachsenen-Chats der Fall, aber auch in manchen vorgeblichen Kinder-Chats. Selbst wenn Kinder nicht direkte Opfer von Belästigungen werden, können sie in Chats Diskussionen mitverfolgen oder auf Seiten gelenkt 65 werden, die nicht für sie geeignet sind. Teilweise kann auch der rüde Ton in Chats oder eine sexuell gefärbte Sprache Kinder verunsichern und verstören. Chats, die in Spiele, Apps oder Communitys integriert sind, haben meist noch 70 nicht einmal einen erkennbaren Betreiber. Sie unterliegen keinerlei Kontrolle und keinerlei Schutz. Dort kann es ebenfalls zu Belästigungen oder zu Mobbing kommen.

www.internet-abc.de/eltern

1 *Nenne die Gefahren des Internets, die im Text angesprochen werden.*

2 *Beschreibe deine eigenen Erfahrungen mit diesen Schattenseiten des Internets.*

Aus dem Leben gegriffen

Ich spiele gerne am Computer, am liebsten Online-Rollenspiele. Eigentlich darf ich das noch gar nicht, weil die Spiele oft erst ab 16 Jahren freigegeben sind. Aber es macht einfach Spaß, etwas Verbotenes zu tun. Ich klebe am Wochenende oft zehn Stunden ohne Unterbrechung am Bildschirm. Das Computerspiel ist dann meine Welt. Wenn meine Mutter mal ins Zimmer kommt, brauche ich ein paar Sekunden, bis ich sie erkenne. Am liebsten würde ich gar nicht mehr essen oder mich aus meinem Zimmer bewegen. Die Schule ist mir eh egal. Das Einzige, was zählt, ist, in den nächsten Level zu kommen. (Bela, 14 Jahre)

Ich habe mir eine neue App heruntergeladen: „Sarahah". Da kann ich völlig ohne Absender mit Freunden chatten – ich bin also anonym. Ich dachte, das könnte lustig sein, einfach meiner Freundin ein paar Komplimente zu schicken, und sie weiß gar nicht, woher das kommt. Aber dann habe ich lauter Nachrichten mit fiesen Beschimpfungen erhalten. Ich wusste nicht, wer so sauer auf mich ist. Es ist ja anonym! Ich war total am Boden zerstört. Mein Vater hat die App einfach wieder runtergelöscht. Leider habe ich immer noch beim Einschlafen Angst, weil ich keine Ahnung habe, wer so gemein zu mir war. Vielleicht ist es ja jemand von meinen Freunden. Einfach gruselig, diese Vorstellung. (Mehdi, 15 Jahre)

Ich bin in sieben WhatsApp-Gruppen. So habe ich voll den Überblick, was alle immer so treiben. Die vielen eingehenden Nachrichten nerven schon auch. Weil ich immer ON bin, muss ich natürlich allen antworten. Auch nachts. Gestern haben wir wieder mal in meiner BEST FRIENDS FORVEVER-Gruppe bis um zwei Uhr nachts gechattet. Heute bin ich in der Schule völlig down. Meine Mutter hat mich letzte Woche zum Arzt geschickt. Der sagt, es ist akuter Schlafmangel bei mir. Und er hat mich gewarnt, dass ich mein Handy öfter mal ausschalten soll. Sonst könnte ich so eine Art dauernden Erschöpfungszustand bekommen. Vielleicht sollte ich das mal probieren. (Elena, 14 Jahre)

Neulich habe ich auf einer Internetseite für Kosmetik eine Werbung für den Gratisdownload von Filmen und Serien angeklickt. Aber ich habe nicht gemerkt, dass das nur für zwei Wochen umsonst ist. Dann hätte ich kündigen müssen. Jetzt kostet mich das 7,95 € im Monat. Auf meiner Handyrechnung steht, dass ich gleich für zwölf Monate im Voraus zahlen muss. Natürlich habe ich gleich gekündigt. Zahlen muss ich trotzdem. Meine Eltern waren total sauer, dass ich einfach was angeklickt habe. Nach dem ganzen Stress habe ich ihnen versprochen, nie mehr so naiv zu sein. (Sirin, 13 Jahre)

3 *Lies die Äußerungen der Jugendlichen. Welche weiteren Gefahren im Internet fallen dir ein?*

4 *Schreibe einer dieser Personen eine E-Mail, in der du auf ihr Erlebnis eingehst und ihr Tipps gibst, wie sie solche Gefahren umgehen kann.*

Sich verantwortungsbewusst im Internet bewegen

Urheberrecht – Was ist das?

Paul, das kannst du nicht machen, das kann richtig teuer werden!

Ach was, das ist doch nur ein Filmchen. Das macht jeder!

1 *Darf Paul sich seine Serie im Internet anschauen? Erläutere, wie du das machst.*

Hast du schon mal was von URHEBERRECHT gehört? Vielleicht solltest du das mal lieber im Internet suchen, als deine blöde Serie zu glotzen!

Die Urheber von Werken der Literatur, Wissenschaft und Kunst genießen für ihre Werke Schutz nach Maßgabe dieses Gesetzes.

2 *Was bedeutet der Satz, den Paul vorliest? Versuche zunächst alleine eine Bedeutung zu finden.*

> **Urheberrecht**
> Das Urheberrecht schützt ein Werk, das heißt, es gehört dem Menschen, der es geschaffen hat. Ähnlich wie bei materiellen Gütern, z.B. einem Auto, dürfen andere dieses Werk nicht einfach nutzen. Sie müssen den Besitzer zuvor um Erlaubnis fragen oder entsprechend Geld für die Verwendung zahlen. Ein Werk gilt dann als Werk, wenn es vollendet ist. Es reicht also nicht, eine gute Idee zu haben, um sich auf das Urheberrecht berufen zu können. Zu den Werken zählen z.B. Lichtbildwerke, Filmwerke, Software, Musikstücke, Schriftwerke oder wissenschaftliche Arbeiten.
>
> *Nach www.br.de*

3 *Fasse den Text mit eigenen Worten zusammen und fertige in deinem Heft eine Tabelle an, in der du Beispiele für die verschiedenen Arten von Werken auflistest.*

Begriff	Beispiel
Schriftwerke	Alle geschriebenen Texte, wie z.B. das Buch „Das Schicksal ist ein mieser Verräter"

Meine Daten gehören mir!?

Der 14-jährige Tarik hat sich unsterblich in seine Klassenkameradin Lilly verliebt. Er ist aber viel zu schüchtern, sie in der Schule anzusprechen. Zum Glück weiß er, dass Lilly bei einer bestimmten Online-Community angemeldet ist. Um seiner Angebeteten näher zu sein, registriert sich Tarik ebenfalls dort. Er denkt sich: „Wenn schon nicht im echten Leben, dann bin ich ihr wenigstens im Netz näher. Jetzt kann ich ihr wenigstens von mir erzählen, ohne dass die anderen in der Klasse gleich etwas mitbekommen." Also bestückt er sein Profil mit vielen Details über sich und postet viele Fotos.

Es scheint zu klappen. Lilly antwortet ihm und sie kommen sich online näher. Tarik fasst sich ein Herz. Mit schmachtenden Liebesschwüren gesteht er auf ihrer Pinnwand seine Liebe. Er unterschreibt mit „Dein Hase", da er mitbekommen hat, dass das bei Mädchen gut ankommt. Aus seinem Freundeskreis ist niemand bei der Community. Also wird es niemand von seinen Freunden mitbekommen. Zwei Tage später, als er sich in der Umkleidekabine seines Hockeyvereins umzieht, fällt ihm das Grinsen seiner Teamkollegen auf. Einer klopft ihm auf die Schulter und fragt lachend: „Na Hase, wie läuft's denn heute?" Alle brechen in schallendes Gelächter aus. Tarik will auf die Toilette verschwinden. Da sieht er an der Tür einen Ausdruck seines Online-Liebesgeständnisses an Lilly kleben! Am liebsten wäre er auf der Stelle im Erdboden versunken.

1 *Dieses Beispiel zeigt, wie wichtig der Schutz privater Daten und damit die Privatsphäre ist. Berichte: Hast du schon einmal erlebt, dass deine Daten nicht in deinem Sinne gebraucht wurden?*

2 *Gib Tarik einen Rat, was er jetzt tun soll.*

Wir hinterlassen beim Surfen im Internet viele Daten an verschiedenen Stellen. Du musst dir immer wieder bewusst machen, dass alle deine Spuren im Internet gespeichert werden. Es gibt zwar Regeln, was mit deinen Daten passieren und wer auf welche Daten zugreifen darf. Jedoch kannst du dich nicht immer darauf verlassen, dass diese Regeln tatsächlich eingehalten werden. Gründe dafür können menschliche Fehler, aber auch kriminelle Handlungen sein. Oft ist noch nicht im Detail klar, wie genau Gesetze im Internet anzuwenden sind.

Deshalb: Kümmere dich selbst aktiv um den Schutz deiner eigenen Privatsphäre im Internet!

Was sollte ich vor der Veröffentlichung meiner Daten im Internet beachten?

Natürlich muss jeder für sich selbst entscheiden, wie und wie viel man von sich im Netz zeigt. ABER: Das Internet vergisst nicht! Stelle dir also vor Veröffentlichung deiner Daten (Fotos, Informationen zu Privatem) im Internet folgende Fragen:

1. Würde ich diese Informationen oder Fotos auch meinen Eltern, meinen Lehrern/Lehrerinnen oder sogar einem fremden Spaziergänger auf der Straße erzählen/zeigen?
2. Könnte jemand diese Angaben gegen mich oder zu meinem Nachteil verwenden?
3. Könnten mir die Inhalte zu einem späteren Zeitpunkt (z. B. in fünf Jahren) peinlich oder unangenehm sein?
4. Könnte eine Veröffentlichung für eine andere Person Nachteile bringen?

Das Recht am eigenen Bild!?

In Deutschland hat jeder Mensch das Recht am eigenen Bild. Das bedeutet, dass jeder selbst bestimmen kann, ob ein Foto von ihm gemacht wird oder nicht.

Ich darf ja sagen, wenn ich das Foto nicht möchte. Wenn jetzt aber von einem Promi ein Bild gemacht wird, das ihm nicht gefällt?

Das ist eine gute Frage.

1 *Das ist eine gute Frage von Paula. Kannst du sie beantworten?*

Das Recht am eigenen Bild

Das Recht am eigenen Bild wird in den Paragrafen 22, 23 und 33 des Kunsturheberrechtsgesetzes (KunstUrhG) beschrieben. Die Grundlage hierfür ist unser Grundgesetz, Artikel 2 (Freie Entfaltung der Persönlichkeit) in Verbindung mit Artikel 1 (Schutz der Menschenwürde):

Ein kurzer Auszug:

§22 KunstUrhG: „Bildnisse dürfen nur mit Einwilligung des Abgebildeten verbreitet oder öffentlich zur Schau gestellt werden. [...]"

§33 KunstUrhG: „(1) Mit Freiheitsstrafe bis zu einem Jahr oder mit Geldstrafe wird bestraft, wer entgegen den §§ 22, 23 ein Bildnis verbreitet oder öffentlich zur Schau stellt. [...]"

Ausgenommen davon sind „Personen der Zeitgeschichte". Das sind beispielsweise bekannte Schauspieler, Musiker oder Sportler.

2 *Die Infotafel gibt dir Zugang zu Gesetzestexten aus dem* **Kunsturheberrecht**. *Lies sie dir durch und erkläre dann noch einmal Paula die Gesetzeslage.*

3 *Nenne Beispiele, wo du vielleicht bei der Verwendung von Bildern etwas zu großzügig umgegangen bist. Überlege, was du in Zukunft berücksichtigen musst.*

Wenn Post vom Anwalt kommt

Die Abmahnung ist ein Schreiben, das von einem Anwalt stammt und auf eine Rechtsverletzung hinweist. Hierin wird der Angeschriebene aufgefordert, eine sogenannte Unterlassungs- und Verzichtserklärung abzugeben und Anwaltskosten und Schadensersatz zu zahlen. Man sollte diese Abmahnungen ernst nehmen. Jedoch sollte man nicht einfach nur schnell zahlen, sondern erst einmal selbst einen Anwalt und damit einen Fachmann hinzuziehen. Dann können überteuerte Forderungen oder Fehler behoben werden.

Illegales Hochladen von Musikdateien und Filmen ist also kein Kavaliersdelikt!

Fakten, Fakten, Fake ...

„Fake News"

Der Ausdruck „Fake News" stammt aus der englischen Sprache. „Fake" heißt „falsch" oder „gefälscht", „News" heißt „Nachrichten". Fake News bedeutet also „gefälschte Nachrichten". Anders ausgedrückt: Fake News sind erfundene Nachrichten. Nicht immer jedoch sind Fake News völlig aus der Luft gegriffen. Manchmal wird zu einer wahren Nachricht etwas dazu erfunden. Die Nachricht bekommt so eine neue Bedeutung. Sie wird zu einer neuen Nachricht. Solche Nachrichten nennt man ebenfalls Fake News. Auch Bilder kann man fälschen. Im Internet gibt es häufig gefälschte Nachrichten. Und auch gefälschte Bilder. Zum Beispiel auf Facebook oder Twitter.

Ein Beispiel für Fake News

Im Internet verbreitete sich die Nachricht: „Flüchtlinge zünden Kirche in Dortmund an". Ein Bild zeigt Feuerwehrmänner vor einer Kirche. Das Bild ist keine Fälschung. Aber: Die Kirche wurde gar nicht angezündet. Eine Silvesterrakete flog in eine Bauplane und entzündete die Plane. Die Bauplane umhüllte einen Teil der Kirche. Deshalb kam die Feuerwehr. Die Flüchtlinge haben also keinen Brand gelegt. Die Nachricht ist erfunden.

Nach http://www.bpb.de

1 *Zähle Möglichkeiten auf für Menschen, die Fake News im Netz verbreiten wollen.*

2 *Kennst du Beispiele für Falschmeldungen im Netz? Erzähle davon.*

Hoaxes nennt man die vielen Falschmeldungen, die im Internet kursieren, beispielsweise:
- Kettenbriefe,
- Vorsicht! Handy explodiert beim Aufladen!
- Krebskranke suchen Menschen mit bestimmter Blutgruppe.

Die meisten Hoaxes sind einfach nur nervig und manchmal auch witzig. Einige jedoch spielen ganz bewusst mit unseren Gefühlen wie der Angst vor Krankheit und Tod, Bedrohung durch jemanden oder mit Rachegefühlen.

3 *Finde Gründe dafür, dass Falschmeldungen und Kettenbriefe in Umlauf gebracht werden. Liste mögliche Folgen auf.*

4 *Überlegt und recherchiert in Gruppen, wie man sich davor schützen kann. Erstellt Tipps dazu.*

5 *Um Fake News zu entlarven, müssen wir Nachrichten auf mehreren Wegen überprüfen. Welche Medien würdest du dazu heranziehen? Sprich darüber.*

Respekt und menschliche Würde im Internet

Geht das? Ein Tag ohne digitale Daten?

Der Wecker klingelt. Es ist 6:45 Uhr. Zeit zum Aufstehen, aber da war doch was? Mein Gehirn arbeitet fieberhaft und kämpft gegen den letzten Traum und den Wunsch weiterzuschlafen ...
5 ach ja ... heute ist der Tag, an dem ich keine Datenspuren hinterlassen möchte. Ich stehe auf. Darf ich das Radio einschalten? Ja, denn niemand erfährt, ob ich es eingeschaltet habe. Darf ich Kaffee kochen? Ja, ein Glück! Ich
10 möchte gerne auf mein Handy schauen und die Nachrichten lesen. Aber das geht nicht, dann wird gespeichert, dass ich sie gelesen habe. Außerdem darf ich mein Handy ja gar nicht einschalten, zum Glück habe ich gestern den Akku
15 rausgenommen. Normalerweise rufe ich auch meine E-Mails ab vor dem Gang ins Büro, aber ... das darf ich heute nicht, denn mein Login ins Internet wird notiert. Also los, auf ins feindliche Leben draußen. Ach ... M i s t ... ich darf das
20 Auto nicht benutzen! Das hatte ich ganz vergessen. Dann werde ich zu spät kommen. Auf den Straßen gibt es Überwachungskameras für den Verkehr und ich möchte ja heute keine Datenspuren in Form von Videos hinterlassen. Und
25 außerdem sendet das Auto ja über die Blackbox Infos über mein Fahrverhalten an meine Kfz-Versicherung. Ich hätte auch nicht auf die Autobahn fahren dürfen – unter Mautbrücken werden die Nummernschilder fotografiert, von
30 jedem Auto! Ich schleiche mich also mit meinem Fahrrad aus dem Haus. Am Bahnhof darf

ich nicht vorbeifahren, dort hängt eine Kamera. Endlich im Büro, darf ich die Zeitstempeluhr nicht benutzen (Datenspuren, wann ich wo war!), ich sage später, ich hätte es vergessen. 35 Den Computer darf ich anmachen ... oder? Nein, besser nicht, denn auch dort gibt es Protokolldateien im Netzwerk der Firma. Darf ich telefonieren? Auch nicht ... M I S T ... natürlich weiß die Telefongesellschaft, von welchem Apparat 40 aus wohin wann und wie lange angerufen wird! Mein Handy? SMS? WhatsApp? Keine Chance! Derselbe Datenspeicherwahn. Besser, ich sage, dass ich mich krank fühle, denn arbeiten kann ich sowieso nicht. Ich schleiche also wieder zu- 45 rück nach Hause, mit Angst davor, gefilmt zu werden. Eigentlich wollte ich noch einkaufen, aber ... Kameras in jedem Laden ... ich bräuchte auch noch Geld vom Automaten ... Daten, Daten, Daten, die gespeichert werden. Meine Kre- 50 ditkarte? Ein einziger Daten-Horror! Kein Risiko heute. Ich hole mir noch eine Flasche Wasser am Kiosk und zahle in bar. Hatte der Besitzer einen Fotoapparat an der Wand? Oder fange ich schon an zu spinnen? Zu Hause angekommen, 55 schalte ich den Fernseher ein (darf ich ...? Bei Satellitenempfang ja, bei Kabelempfang nein – zum Glück habe ich eine Schüssel), ziehe die Vorhänge zu und setze mich auf meine Couch. Ein toller Tag, so ganz ohne Datenspuren, oder? 60
www.klicksafe.de

1 *Wo hinterlässt der Erzähler überall Datenspuren? Gehe seinen Tag durch.*

2 *Denke über deinen eigenen sogenannten digitalen Fußabdruck nach: Welche Daten geistern von dir im Netz herum?*

3 *Gib deine Meinung zu der Aussage „Der gläserne Nutzer ist längst Realität" wieder.*

4 *Vielleicht möchtest du jetzt auch einen Tag ohne Datenspuren erleben. Versuche es einfach!*

Regeln für die sozialen Netzwerke

1. Mach dich mit den Nutzungsbedingungen vertraut.
2. Melde Verstöße gegen Verhaltensregeln.
3. Respektiere die anderen Nutzer.
4. Keine persönlichen Daten in deinem Profil.
5. Wähle dein Foto sorgsam aus.
6. Fotos von anderen nur mit deren Genehmigung hochladen.
7. Prüfe regelmäßig deine Freundeslisten
8. Prüfe Freundschaftsanfragen sorgsam.
9. Wende dich bei Problemen an deine Eltern oder Erwachsene deines Vertrauens.
10. Veröffentliche nur notwendige Daten.

www.sicherheit-macht-schule.de (Anja Monz, Ronald Schäfer, Elke Lehmann)

5 *Lies dir die Regeln gut durch und beantworte für dich, ob du sie einhältst.*

6 *Finde zu jeder Regel ein passendes Beispiel.*

Die Würde des Menschen ist unantastbar!?

Google deinen Namen und ich sage dir, wer du bist – Persönliches und Peinliches im Netz

Computerspiel verursachte Amoklauf in der Schule

Schülerin begeht Selbstmord nach Cybermobbingattacke

Die neuen Internetcommunitys – so wird man im Internet ausspioniert

Internet – Gewaltauslöser oder Freizeitbeschäftigung?

Nacktbilder von Schülerin – unerlaubt im Internet verbreitet: hartes Urteil der Richter

Gewalt auf dem Pausenhof – Schüler verprügeln Gleichaltrigen und filmen dabei

Das Internet vergisst nie – Auszubildender wegen kompromittierender Bilder bei Facebook entlassen

7 *Lies dir die Schlagzeilen gut durch und ordne sie den Oberpunkten Gewalt – Sexismus – Erniedrigung – Cybermobbing zu.*

Der folgende Text stammt aus dem Grundgesetz der Bundesrepublik Deutschland. Dieses besteht aus 146 Artikeln. Artikel 1 lautet wie folgt:

(1) Die Würde des Menschen ist unantastbar.
(2) Sie zu achten und zu schützen ist Verpflichtung aller staatlichen Gewalt.

8 *Vergleiche die Schlagzeilen mit dem ersten Artikel des Grundgesetzes. Was fällt dir auf?*

puterspiele Gewalt und Aggressivität fördern können. Die Fans solcher Spiele haben meist wenig Verständnis für diese Sichtweise. Sie sehen die Spiele als ihr Hobby und verweisen z.B. auf sog. E-Sports-Ligen, also professionell organisierte sportliche Wettkämpfe, bei denen verschiedene Teams gegeneinander spielen. Sie argumentieren, dass es sich „nur um ein Spiel" oder um einen Wettkampf handelt und nicht um einen Kampf im „echten Leben". Die Spieler betonen, dass sie Spielen und wirkliches Leben unterscheiden könnten. Das heißt, nur weil sie Gewalt im Spiel anwenden, werden sie nicht in ihrem Alltag gewalttätig gegenüber anderen.

www.medienfuehrerschein.bayern.de

Im Internet gibt es leider viel zu oft Ereignisse, die die Menschenwürde verletzen:

Über Computerspiele wird in den Medien stark diskutiert. So wird befürchtet, dass Com-

9 *Beurteile diese Aussage. Können Computerspiele eine Gefahr sein? Worin könnte deiner Meinung nach die Gefahr liegen?*

Happy Slapping heißt das Phänomen. Im Internet gibt es dazu unzählige Videos. Sie zeigen alle dieselben Bilder: Ein völlig unbeteiligter Mensch wird von Jugendlichen
5 unvermittelt angegriffen. Die Täter schlagen dem Opfer ins Gesicht. Meist sind die Angegriffenen so perplex, dass sie sich nicht einmal wehren können. Einer aus der Gruppe filmt den Angriff mit seinem Handy. Das
10 Video stellen die Jugendlichen dann ins Internet, beispielsweise auf YouTube. So lief es auch am vergangenen Sonntag in Schwabing. Ein 67-jähriger Münchner radelte durchs Viertel. Plötzlich klingelte sein Handy.
15 Er stoppte, um den Anruf anzunehmen. Das war gegen 14.20 Uhr an der Kreuzung Berliner- Ecke Johann-Fichte-Straße. Plötzlich tauchten drei Teenager auf. Einer von ihnen kam auf den 67-Jährigen zu. Ohne
20 Grund und ansatzlos holte er nach Angaben eines Polizeisprechers aus und schlug dem Professor mit der Hand mitten ins Gesicht. Etwas weiter hinten standen seine beiden Spezl. Ein 14-Jähriger filmte die Attacke mit seinem Smartphone. Anschließend liefen 25 die drei Jugendlichen weg. Das völlig perplexe Opfer blieb zurück. Der Mann ging zur Polizei und erstattete Anzeige. Die Polizei konnte die drei Schüler aufgrund der Personenbeschreibung ermitteln. Das Trio war 30 zuvor mit anderen Teenagern in Streit geraten. Daher waren ihre Personalien bekannt. Die Polizei nahm die Jugendlichen fest. Das Video ist beschlagnahmt. Die Schüler hatten keine Zeit, die Aufnahme ins Internet zu 35 stellen. Der Schläger ist erst 13 Jahre alt und damit noch strafunmündig. Die Eltern der Teenager wurden informiert und auch das Jugendamt ist eingeschaltet.

www.abendzeitung-muenchen.de

10 *Beschreibe Happy Slapping. Erläutere die Motive der drei Jugendlichen.*

11 *Beurteile, inwiefern bei diesem Vorfall die Menschenwürde verletzt wird.*

12 *Happy Slapping stellt eine besondere Form des Cybermobbings dar. Recherchiere im Internet darüber, z. B. auf www.klicksafe.de oder www.jugendinfo.de.*

Der Begriff **Sexting** geistert derzeit vermehrt durch die Medien. Das Wort setzt sich zusammen aus SEX und TEXTING (= Versenden von Textnachrichten) und meint, dass Jugendliche anzügliche Fotos verbreiten und tauschen.

13 *Gestalte eine Fotostory mit zehn bis zwölf Bildern zum Thema „Cybermobbing". Wähle einen Schwerpunkt (z. B. Happy Slapping, Gewalt, Sexting). Drucke die Fotos aus und beschrifte sie mit Sprechblasen.*

14 *Findet euch in Sechsergruppen zusammen und lasst euch auf folgendes Rollenspiel ein:*

Mobbingopfer

1. Du wirst von einem oder mehreren deiner Mitschüler gemobbt. Wie kannst du dich verhalten und angemessen reagieren, ohne die Situation eskalieren zu lassen?
2. Schildere in der Gesprächsrunde deine Lage. Wie konnte es dazu kommen, dass du gemobbt wirst? Wie soll es weitergehen? Was wünschst du dir?

Täter

1. Du mobbst deinen Mitschüler in WhatsApp. Dafür kannst du unterschiedliche Gründe haben, verschiedene Mittel einsetzen und dir „Unterstützung" holen. Übertreib es aber nicht – es ist nur ein Spiel!
2. In der Gesprächsrunde musst du dir viele Fragen und vielleicht auch Vorwürfe gefallen lassen. Schildere deine Sicht der Dinge.

Mitläufer oder Beobachter

1. Du beobachtest, wie dein Mitschüler von anderen gemobbt wird. Überlege, ob und wie du reagierst, und handele dann.
2. In der Gesprächsrunde bist auch du gefragt – was hast du gesehen? Und was hast du (nicht) getan? Warum? Bringe dich in das Gespräch ein.

Mutter/Vater des Opfers

1. Du bemerkst, dass dein Kind sich verändert, stiller und verschlossener wird. Versuche herauszufinden, was los ist, und unternimm gegebenenfalls etwas.
2. In der Gesprächsrunde vertrittst du dein wichtigstes Anliegen: Du möchtest, dass es deinem Kind gut geht. Was muss getan werden, um diesen Zustand wiederherzustellen?

Klassenlehrer

1. Dir kommt zu Ohren, dass angeblich ein Schüler deiner Klasse gemobbt wird. Stimmt das Gerücht? Wie reagierst du?
2. Kläre in der Gesprächsrunde gemeinsam mit den Anwesenden den Fall und besprich mit ihnen mögliche Konsequenzen.

Mutter/Vater des Täters

1. Je nachdem, ob dir Besonderheiten im Verhalten deines Kindes auffallen, solltest du entscheiden, ob und wie du handelst.
2. In der Gesprächsrunde wirst du mit dem Verhalten deines Kindes konfrontiert. Bist du überrascht? Verärgert? Wie erklärst du dir, was passiert ist? Was wirst du tun?

www.teachtoday.de

167

Das kann und weiß ich jetzt …

Darüber weiß ich jetzt Bescheid:

Chancen des Internets   *digitaler Fußabdruck*

Urheberrecht   *Hoaxes*   *Recht am eigenen Bild*

Datenschutz   *Gefahren des Internets*   *Fake News*

Sexting   *Happy Slapping*   *YouTube-Star*

Werden demütigende Bilder, Spott, Beleidigungen oder verletzende Kommentare über jemanden erst einmal über das Internet verbreitet, lassen sich diese nicht so einfach rückgängig machen. Deswegen solltest du möglichst wenig von dir persönlich preisgeben.

Acht Regeln für den Umgang mit privaten Daten im Internet

1. Stelle möglichst wenig Daten von dir ins Internet. Wohnort, Schule, Handynummer oder gar Passwörter sollten auf jeden Fall dein Geheimnis bleiben.

2. Stelle möglichst wenige Bilder und Videos von dir ins eigene Profil ein.

3. Beachte beim Anlegen deines Profils die Sicherheitseinstellungen für den privaten Bereich.
   Bei Fragen wende dich an den Internetbeauftragten deiner Schule.

4. Gib deinen Privatbereich nicht für jedermann frei. Prüfe jede Freundschaftsanfrage kritisch. Denke daran, dass andere Community-Mitglieder nicht immer die Wahrheit über sich erzählen.

5. Grundsätzlich solltest du deinen Privatbereich nur deinem engsten Freundeskreis zugänglich machen. Das sind ausschließlich die Personen, mit denen du dich auch in der realen Welt triffst.

6. Lass dich nicht auf Streitereien in Internetforen ein. Häufig gibst du dann im Eifer des Gefechts Dritten gegenüber viel über dich preis.

7. Achte darauf, dass du nicht heimlich fotografiert oder gefilmt wirst. Falls du jemanden dabei ertappst, wie er dich fotografiert – sprich ihn sofort an und fordere ihn auf, die Bilder zu löschen. Wende dich gegebenenfalls an einen Erwachsenen.

8. Das Internet vergisst nicht. Denke daran: Was du öffentlich machst oder was von dir öffentlich gemacht wird, lässt sich so gut wie nicht mehr aus dem World Wide Web löschen.

8 Mit Konsumgütern verantwortungsbewusst umgehen

Unsere Konsumwelt

Was ist Konsum?
Konsum (lateinisch „consumere" = verbrauchen) bedeutet allgemein den Verzehr oder Verbrauch von Gütern. Insbesondere versteht man darunter den Kauf von Gütern durch Konsumenten für den privaten Gebrauch.

Konsum ist wohl schon so alt wie die Menschheit selbst. Denn Güter hat der Mensch schon immer verbraucht. In einer sogenannten **Konsumgesellschaft** befriedigen die Menschen nicht nur ihre unmittelbaren Existenzbedürfnisse. Sie sind auch in der Lage, Luxusbedürfnisse zu befriedigen, also sich auch die zum Überleben eigentlich unnötigen „schönen Dinge" des Lebens anzueignen.
Die Geschichte unserer heutigen Konsumgesellschaft beginnt im **England des 18. Jahrhunderts**. Dort entstand im Zuge der Industrialisierung eine kaufkräftige Bürgerschicht, die in der Lage war, sich mit Luxusartikeln zu versorgen. Baumwollkleidung aus Indien kam in Mode. Die Modebranche mit ihren wechselnden Kollektionen wurde für eine breitere Bevölkerungsschicht immer wichtiger. Modezeitschriften entstanden und kurbelten die Nachfrage an. Der Modetrend hielt auch auf dem Kontinent, in Frankreich und Deutschland, Einzug.

Eine Litfaßsäule

In der **zweiten Hälfte des 19. Jahrhunderts** entstand dann mit den großen Kaufhäusern eine ganze Werbebranche, die die Lust auf Konsum beflügeln sollte. Im Jahr 1855 wurden in Berlin die ersten Litfaßsäulen aufgestellt. Werbung in Zeitungen und Zeitschriften wurde Normalität.
Nach dem Zweiten Weltkrieg entstand die Massenkonsumgesellschaft in der Form, wie wir sie heute kennen. Im Zuge des Wirtschaftswunders der **1950er- und 1960er-Jahre** hielt in deutschen Haushalten Einzug, was in den USA schon seit Längerem Standard war: Auto, Fernseher, Kühlschrank und Elektrogeräte aller Art. In den **1980er-Jahren** entwickelte sich dann eine Art Luxussucht. Wer nicht eine bestimmte Marke trug oder besaß, gehörte einfach nicht dazu. Zugleich zeigten sich die Schattenseiten des ungebremsten Konsums: von Müllbergen über nachteilige Auswirkungen auf die Gesundheit bis zur Endlichkeit von Rohstoffen wie Erdöl. Die Konsumenten fingen an, nun kritischer und bewusster einzukaufen.

Mit dem Internet ab Mitte der **1990er-Jahre** entstanden neue, vorher unvorstellbare Möglichkeiten von Konsum und Werbung. Statt sich außer Haus begeben und aufwendig nach etwas Passendem suchen zu müssen, war und ist die Erfüllung jedes Konsumwunsches jetzt nur noch einen Mausklick weit entfernt. Ländergrenzen spielten keine Rolle mehr. Plötzlich stand die Produktvielfalt der ganzen Welt offen. Konsum wurde von einem Erlebnis zu einer gängigen Freizeitaktivität.

1 *Lies den Text genau durch und fasse wichtige Meilensteine bei der historischen Entwicklung von Konsum mit eigenen Worten zusammen.*

2 *Im Text wird von „schönen Dingen" gesprochen, die sich die Menschen in einer Konsumgesellschaft leisten. Was stellt ihr euch außer den im Text genannten heutzutage darunter vor? Nennt für euch selbst mindestens drei „schöne Dinge" und diskutiert über die Antworten.*

Wie Konsumgüter zum Verbraucher gelangen

Die erste Handelstätigkeit des Menschen über weitere Entfernungen ist bereits in der Bronzezeit (Ende des 3. Jahrtausends v. Chr.) nachgewiesen. Handel bedeutet, dass Güter an einem Ort produziert, dann transportiert und an einem anderen Ort verwendet werden. Wie Produkte heutzutage entstehen und ihren Weg zu uns als Konsumenten finden, zeigen die folgenden Beispiele.

1 *Teilt euch in Gruppen ein und sucht euch jeweils eines der folgenden Produkte aus.*

2 *Findet möglichst viel über die Produktion, den Transportweg und den Verkauf dieser Waren heraus und erstellt eine Präsentation dazu. Folgende Fragestellungen helfen euch dabei:*
- *Aus welchen Bestandteilen besteht das Produkt?*
- *Wer ist für die Produktion der Bestandteile verantwortlich?*
- *Woher stammen die einzelnen Bestandteile und wo wird das Produkt hergestellt?*
- *Wie viele einzelne Schritte sind für die Herstellung bis zur Auslieferung an den Konsumenten notwendig?*
- *Wodurch wird der Preis des Produkts beeinflusst?*
- *Gibt es nachteilige Konsequenzen bei der Herstellung des Produkts?*

3 *Präsentiert eure Ergebnisse in der Klasse.*

171

Das Smartphone – wirklich „smart"?

Licht …

Das Smartphone hat seit seiner Markteinführung 2007 eine steile Karriere erlebt. Mittlerweile besitzen weltweit zwei von drei Personen zwischen 18 und 35 Jahren solch ein kleines Wundergerät. Tendenz steigend. Smartphones sind praktisch: Sie sind Tor zur Welt, Büro für die Jackentasche und Kommunikationszentrale in einem. Man ist (fast) immer und überall erreichbar.
Ein einziges Gerät reicht für Musik, Fotografieren, E-Mails, Chatten und Surfen im Internet. Mittlerweile kann man damit sogar bargeldlos bezahlen und seine Bankgeschäfte erledigen. Für die Industrie sind Smartphones ein gigantischer Umsatzbringer.

… und Schatten

Doch es gibt auch Schattenseiten. Smartphone-Herstellung bedeutet auch Kinderarbeit und unmenschliche, krankmachende Arbeitsbedingungen. Zudem hat das Smartphone eine schlechte Umweltbilanz. Die Herstellung von hundert Geräten verursacht den gleichen CO_2-Ausstoß wie die Produktion und Entsorgung eines Kleinwagens.
Ein seltenes Metall wie Indium ist unverzichtbar für den Bau von Displays. Es wird bei gleichbleibender Produktion nur noch bis ins Jahr 2030 reichen. Was dann?

Ein Smartphone wiegt nur ein paar hundert Gramm. Doch seit 2007 wurden davon über sieben Milliarden produziert. Und weil die Hersteller bisher keine nennenswerten Anstrengungen unternommen haben, ein leicht recycelbares Produkt zu schaffen, ergibt das einen riesigen, giftigen Müllberg. Für die Hersteller ist es gewinnbringender, alle zwei Jahre ein neues Gerät zu verkaufen. Sie steuern Konsumenten sanft zum Neukauf. So werden z. B. alte Smartphone-Generationen per Softwareupdate verlangsamt oder können gar nicht mehr auf das aktuelle Betriebssystem aktualisiert werden.

Kinderarbeit in einer Erzmine im Kongo

1 *Nenne die Gründe für die rasante und weltweite Verbreitung von Smartphones.*

2 *Sprecht über euren persönlichen Gebrauch von Mobiltelefonen. Wie sehr sind diese Geräte in euren Alltag eingebunden?*

3 *Stelle dir einen Tag/eine Woche/einen Monat ohne Mobiltelefon vor. Beschreibe, wie sich dein Leben dann verändern würde.*

4 *Lies die Seite 173 aufmerksam.*
   a) Liste die einzelnen negativen sozialen und ökologischen Auswirkungen der Produktion auf.
   b) Beschreibe die schlimmsten Umweltprobleme während der Entstehung und der „Lebenszeit" eines Smartphones.
   c) Schlage Maßnahmen zur Verbesserung der Umweltbilanz von Smartphones vor.
   d) Diskutiert in der Klasse, welchen Beitrag ihr dazu leisten könnt.

Ein Smartphone reist um die Welt

❶ **Gewinnung der Rohstoffe**
- über 60 verschiedene Rohstoffe auf der ganzen Welt; seltene Metalle: Indium wird bei gleich-bleibender Förderung etwa im Jahr 2030 verbraucht sein
- lebensgefährliche Kinderarbeit in nicht gesicherten Minen in Afrika
- Vergiftung des Bodens und des Wassers
- Finanzierung von Kriegen in den Förderländern (Kongo)

❷ **Herstellung**
- Einschmelzen und Herstellung der einzelnen Bestandteile sowie Zusammenbau meist in Asien (China, Indien)
- unwürdige, überlange Arbeitszeiten bis zur Erschöpfung der Arbeiter/-innen
- krankmachende, giftige Chemikalien
- riesiger Energiebedarf bei der Herstellung, der etwa in China zum großen Teil über umwelt-verschmutzende Kohlekraftwerke bereitgestellt wird; Der Energieverbrauch aller von 2007 bis 2017 hergestellten Smartphones entspricht dem Jahresenergieverbrauch Indiens

❸ **Nutzung durch Verbraucher, z. B. in Deutschland**
- Neugerät pro Konsument in Deutschland im Durchschnitt etwa alle zweieinhalb Jahre
- Anreiz zum Ersatz des (meist noch) funktionierenden Altgerätes als „Gratisbeigabe" zum Neuvertrag
- Weiternutzung herstellerseits zunehmend erschwert; bei vielen Modellen ist Akkutausch oder Speichererweiterung durch den Verbraucher nicht möglich

❹ **Entsorgung**
- Nur ein Prozent aller Smartphones wird fachgerecht entsorgt; das komplizierte Design der Geräte erschwert Recycling
- Die meisten Smartphones landen auf der Mülldeponie
- Etwa ein Viertel des Elektroschrotts wird illegal nach China, Indien, Ghana oder Nigeria gebracht; dort: nicht fachgemäße Entsorgung; Austreten krebserregender oder organ-schädigender Dämpfe

Verantwortungsvoller Konsum

Anders als unsere Großeltern sind wir heutzutage daran gewöhnt, dass wir alle Lebensmittel, die wir gerne hätten, das ganze Jahr über und in der gewünschten Menge kaufen können. Weil das so einfach funktioniert, interessiert uns der Aufwand, der hinter jedem Produkt steckt, weniger. Wer weiß schon, dass etwa ein Erdbeerjoghurt bis zu 5 000 km Transportstrecke hinter sich hat, bis es in unserem Kühlschrank landet? Was nicht schmeckt oder vergessen wird, werfen viele einfach in die Mülltonne.

1 Finde Gründe, warum manche Lebensmittelgruppen öfter im Müll landen als andere.

2 Überprüfe dich selbst. Erstelle ein „Lebensmittelabfall"-Tagebuch über eine Woche. Darin hältst du fest, welche Lebensmittel bei dir zu Hause in der Mülltonne landen und wie das zu vermeiden gewesen wäre.

Tag	Weggeworfene Lebensmittel	Maßnahme zur Vermeidung
Montag	…	…
…	…	…

3 Schätze grob, wie viele Kilogramm CO_2 deine Ernährung im Monat verursacht.

4 Zählt alle Werte aus eurer Klasse zusammen. Rechnet aus: Wie weit könnte ein Auto mit eurem gesamten CO_2-Wert fahren, wenn es durchschnittlich 150 g CO_2 pro km ausstößt?

5 Überlege, weshalb biologisch produzierte Lebensmittel weniger CO_2 bei der Herstellung erzeugen.

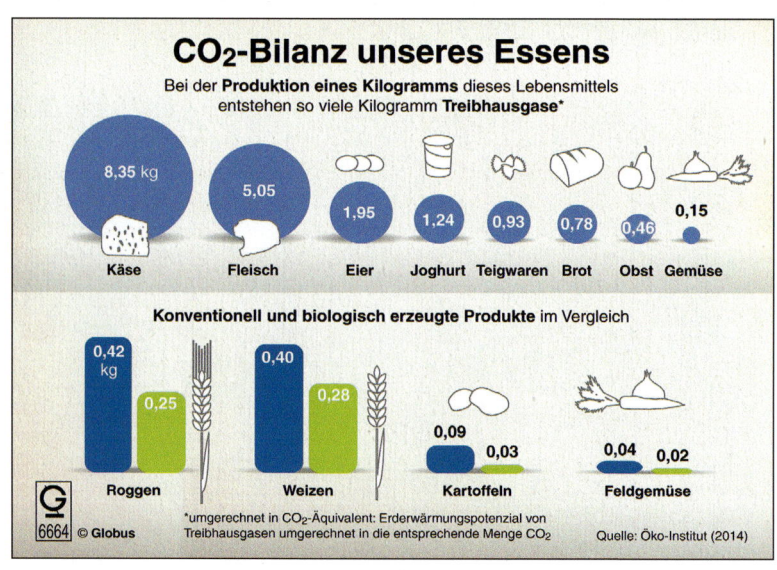

174

„Zu gut für die Tonne"

2012 wurde die Informationskampagne „Zu gut für die Tonne" vom Bundesministerium für Ernährung und Landwirtschaft (BMEL) ins Leben gerufen. Ziel: die Lebensmittelverschwendung nachhaltig zu verringern. Wir haben mit dem Projektkoordinator Steffen Ortwein gesprochen.

5 **Magazin für Restkultur:** *Noch ist auf Ihrer Seite unverändert von den 82 kg Lebensmitteln, die jährlich pro Person weggeschmissen werden, zu lesen. Wann, schätzen Sie, kommen wir runter von dieser Zahl und welchen Idealwert wünschen*
10 *Sie sich? Und überhaupt: Warum werfen wir eigentlich so viele Lebensmittel weg?*

Steffen Ortwein: Mit unseren Aktivitäten möchten wir einen Beitrag leisten, um das EU-weit gesteckte Ziel einer Halbierung der
15 vermeidbaren Lebensmittelabfälle bis 2020 zu erreichen. Zum Start der Kampagne hatte das Bundesernährungsministerium eine Studie der Universität Stuttgart über Lebensmittelabfälle vorgestellt. Ihr zufolge entsteht der Großteil der
20 Lebensmittelabfälle (61%) in Privathaushalten, gefolgt von Großverbrauchern wie Kantinen sowie der Industrie (jeweils 17%). Zu Ihrem zweiten Teil der Frage: Uns ist die Wertschätzung verloren gegangen. Wir haben keinen
25 Mangel an guten und gesunden Lebensmitteln. Wir können täglich unter 170 000 Produkten im

Lebensmittelhandel auswählen. Wir leben im Überfluss. Das ist ein großer Erfolg der vergangenen Jahrzehnte. 30

Aber dieser Luxus hat auch eine Schattenseite: Was immer ganz selbstverständlich zur Verfügung steht, wird oft nicht wertgeschätzt. So landen viele Lebensmittel allzu schnell in der Tonne. Das betrifft vor allem Obst und Gemüse. Ob 35 welker Salat, schrumpelige Möhren oder Äpfel mit Druckstellen – all das, was bei falscher Lagerung schnell unansehnlich wird, landet am 40 häufigsten im Müll. Andere Gründe finden sich beim Einkauf: Wir lassen uns verführen, wir greifen voreilig zu Großpackungen, obwohl wir sie nicht aufbrauchen, oder wir prüfen zu selten den Vorratsschrank. Es sind viele kleine Hand- 45 lungen, zu denen wir uns verleiten lassen, die sich aber ganz einfach vermeiden ließen.

www.magazin-restkultur.de (gekürzt)

1 *Erinnere dich, wann du zuletzt in einem Restaurant Essen übrig gelassen hast. Was hast du damit gemacht?*

Tipps

der Initiative „Zu gut für die Tonne" zur Eingrenzung von Lebensmittelverschwendung:
- Mehr wissen: Warum werfen wir Lebensmittel weg? Wie rette ich Lebensmittel?
- Besser planen: einen Überblick über die Vorräte verschaffen; überlegt einkaufen;
- Besser lagern: Aufbewahrungstechniken, Platzwahl, Haltbarkeit;
- Besser essen: die richtige Menge kochen, Resteverwertung, im Voraus planen.

Nach https://www.zugutfuerdietonne.de

2 *Recherchiere im Internet unter www.zugutfuerdietonne.de über die Bedeutung und Anwendungsmöglichkeiten dieser Tipps.*

3 *Besorge dir die App der Initiative „Zu gut für die Tonne" für dein Smartphone und lerne damit, wie du in deinem Alltag in Zukunft besser mit Lebensmittelresten umgehen kannst.*

175

Nachhaltig konsumieren – Wie geht das?

Leitbild „Nachhaltigkeit"

Das Leitbild „Nachhaltigkeit" bezeichnet eine gesellschaftliche Entwicklung, in der die Bedürfnisse heutiger Generationen befriedigt werden sollen, ohne die Bedürfnisbefriedigung kommender Generationen zu gefährden. Die Erfahrung zeigt jedoch, dass ein wichtiges Ziel der Rio-Definition* häufig vernachlässigt wird: die Chancengleichheit für *alle* derzeit auf der Erde lebenden Menschen, also dass die Menschen in Industrieländern nicht weiter auf Kosten der Menschen in Entwicklungsländern leben.

www.bzfe.de

Begriffsklärung:

*Rio-Definition: Im Jahr 1992 nahmen rund 10 000 Delegierte aus 178 Staaten an der UN-Konferenz für Umwelt und Entwicklung in Rio de Janeiro teil. Als Ergebnis wurde das Konzept der nachhaltigen Entwicklung als internationales Leitbild anerkannt.

Folgende Prinzipien unterstützen einen „nachhaltigen Konsum":

1. Bevorzugung pflanzlicher Kost vor Fleisch

Wie du bereits weißt, verursacht die Massentierhaltung nicht nur Leid unter den Tieren, sondern erzeugt auch die meisten klimaschädlichen Gase (Schaubild auf Seite 174, unten). Gemüse benötigt weniger Fläche für den Anbau, weniger Wasser und weniger Transportweg.

2. Ökologisch erzeugte Lebensmittel

Bioanbau vermeidet Belastungen des Bodens mit Nitrat, Insektengiften und Tierarzneimitteln. Die Bodenfruchtbarkeit wird durch Erhaltung der Humusschicht verbessert. Bioanbau ist transparent und vertrauenswürdig. Der Verzicht auf importierte Futtermittel und Dünger ist umweltfreundlich. Nachteil für Konsumenten: Bioware ist teurer als konventionell produzierte Ware.

3. Regionale und saisonale Lebensmittel

Regionale Produktion bedeutet kürzere Transportwege. Viele Erzeugerbetriebe können besichtigt und dort kann eingekauft werden. Das erhöht Transparenz und die Identifikation des Verbrauchers mit den Produkten seiner Region.

Regionales und saisonales Gemüseangebot auf einem Bauernmarkt

Saisonaler Anbau erfolgt im Einklang mit den Jahreszeiten. Das heißt: weniger Energieverbrauch durch Heizen von Gewächshäusern oder lange Transportwege. Saisonale Produkte sind billiger und gesünder.

4. Bevorzugung gering verarbeiteter Lebensmittel

Verarbeitung bedeutet jede Maßnahme, die das Rohprodukt verändert. Deshalb sollte man so oft wie möglich Rohprodukte verzehren. Sie enthalten keine Konservierungsmittel, Zusatzstoffe, keinen versteckten Zucker oder versteckte Fette.

Lebensmittelzusatzstoffe

sollen die Eigenschaften von Lebensmitteln verbessern, ihren Geschmack beeinflussen, das Aussehen, die Haltbarkeit verbessern oder die technologische Verarbeitung erleichtern. EU-weit sind rund 320 Zusatzstoffe zugelassen. Zusatzstoffe sind beispielsweise Emulgatoren, die Margarine streichfähiger machen, oder Verdickungsmittel, mit denen ein Pudding steifer wird. Viele Zusatzstoffe werden auch zum Färben oder zum Verstärken des Geschmacks verwendet oder um die Handhabung des Lebensmittels zu erleichtern. Typische Beispiele sind hier die Treibgase in Sprühsahne, Backtriebmittel in Backteigen oder Schaummittel in Sahne oder Creme. *https://www.bvl.bund.de*

5. Fair gehandelte Lebensmittel

Die meisten fair gehandelten Produkte sind ökologisch erzeugt. Sie ermöglichen den Erzeugern ein zuverlässiges Einkommen. Auch bei uns sichern fair gehandelte Produkte Arbeitsplätze. Da die Grundnahrungsmittel bei uns in den letzten Jahrzehnten immer billiger geworden sind (Schweinefleisch etwa um 75 %), sollte es im Gegenzug möglich sein, etwas höhere, faire Preise zu bezahlen.

6. Ressourcenschonendes Haushalten

Frisch Einkaufen und Verarbeiten benötigt weniger Energie durch Lagerung (Kühlschrank). Zum regionalen Bauernmarkt kann man mit dem Einkaufskorb meist zu Fuß gehen. Es ist keine Plastikverpackung nötig. Lebensmittelverschwendung lässt sich durch vorausschauendes Handeln verhindern.

Fairtrade-zertifizierte indonesische Kaffeebäuerin

7. Genussvolle und bekömmliche Speisen

Die gesündeste Ernährung lässt sich nicht durchhalten, wenn sie nicht schmeckt. Die leckere, sachgerechte Zubereitung ist genauso wichtig wie die Schritte vorher. Essen ist ein soziales und kulturelles Event.

Gemeinsam kochen und essen macht Spaß.

1 *Beschreibe die Punkte, wo du bereits nachhaltig konsumierst.*

2 *Besuche einen Wochenmarkt bei dir ums Eck. Befrage einen Anbieter hinsichtlich Nachhaltigkeit. Berichte der Klasse von deinen Eindrücken.*

3 *Zahlt sich der Konsum regionaler, höherpreisiger Bioprodukte auch für Geringverdiener aus? Welche Vorteile haben auch Geringverdiener davon?*

4 *Viele Bauern haben sich auf Viehhaltung spezialisiert. Wenn weniger Fleisch gegessen wird, verlieren sie ihre Existenzgrundlage. Mache Vorschläge für ihr wirtschaftliches Überleben.*

Gütesiegel – Wegweiser im Konsumdschungel

Über 1 000 Gütesiegel (Label) sollen die Verbraucher durch den Einkaufsdschungel lotsen. Doch statt zu beraten, erzeugt diese Flut eher Ratlosigkeit. Um die Aussagekraft eines Siegels zu beurteilen, spielen Anspruch, Unabhängigkeit der Zertifizierung, Transparenz und Kontrolle eine Rolle. Zeichen, die nur die Einhaltung der Gesetze anzeigen, oder Zeichen, die sich die Anbieter selbst verliehen haben, haben so gut wie keine Aussagekraft. Gütesiegel gibt es in verschiedenen Formen:

- **Allgemeine Gütesiegel** weisen auf besondere Qualitäten von Produkten und Dienstleistungen, z. B. gesundheitliche, soziale oder ökologische Eigenschaften, hin.
- **Umweltzeichen**, auch Öko-Label genannt, kennzeichnen die Umwelteigenschaften eines Produktes. Sie finden sich auf Produkten, die umweltschonend und schadstoffarm hergestellt werden und die umweltfreundlich entsorgt werden können.
- **Prüfzeichen** tragen Produkte, die sicherheitstechnische Anforderungen erfüllen und die gebrauchstauglich sind. Bekannte Prüfzeichen sind z. B. TÜV, VDE oder GS.
- **Eigenmarken**, auch Handelsmarken genannt, sind unternehmenseigene Label. Sie zeichnen sich oft durch eine besondere Eigenschaft, z. B. ein günstiges Preis-Leistungs-Verhältnis, aus.
- **Test-Label** werden von Institutionen wie der STIFTUNG WARENTEST oder ÖKO TEST vergeben. Sie zeigen Testergebnisse zu einer bestimmten Produktreihe oder Dienstleistung.
- **Regionalzeichen**, auch Herkunftszeichen genannt, werben für Produkte aus einer bestimmten Region. Dabei kann es sich um Städte, Länder oder Landstriche handeln.

Wichtige Gütesiegel

Der Blaue Engel kennzeichnet seit 1978 Produkte und Dienstleistungen mit besonderer Umweltqualität. Er ist das älteste und eines der bekanntesten Umweltlabels.

Das *Bio-Siegel* kennzeichnet seit 2001 Lebensmittel aus kontrolliert ökologischer Landwirtschaft. Die Produkte müssen die EU-Anforderungen für den ökologischen Landbau erfüllen.

Das *Fairtrade-Siegel* kennzeichnet Lebensmittel aus fairem Handel wie Kaffee, Bananen, Blumen oder Textilien. Kriterien sind beispielsweise Mindestpreise für Produzenten, keine illegale Kinderarbeit und umweltschonender Anbau. Rund 50 % der Fairtrade-Produkte stammen aus biologischem Anbau.

Das *Bioland-Label* ist das bekannteste Label für Produkte aus organisch-biologischer Landwirtschaft. Die Vergabekriterien gehen über die gesetzlich vorgeschriebenen EU-Vorgaben hinaus.

IVN Naturtextil best zertifiziert umweltschonend und sozial verträglich produzierte Textilien aus Naturfasern. Bewertet wird die ganze Produktionskette: Rohstoffgewinnung, Verarbeitung, Arbeitsbedingungen und Lagerung.

Das *Bayerische Bio-Siegel* kennzeichnet Bioerzeugnisse aus Bayern, deren Herkunft und Verarbeitung lückenlos nachverfolgbar ist. Träger des Zeichens ist der Freistaat Bayern.

Nach Gut zu wissen: Gütesiegel in Bayern

1 *Nenne je ein Beispiel für die sechs Formen von Gütesiegeln und beschreibe es kurz.*

2 *Wähle zwei Label auf www.label-online.de und stelle die Label der Klasse vor.*
   a) ein Label, das zuverlässig Qualität kennzeichnet,
   b) ein Label, dem du keine Aussagekraft beimisst.

3 *Recherchiere im Internet ein Gütesiegel für deine Region und bewerte es.*

Der Aussteiger

Er hatte eine Uni-Karriere vor sich, wie es sich viele wünschen würden. Doch dann schlug Wolf-Dieter Storl einen ganz anderen Weg ein.

[...] Hoch oben in den Adelegger Bergen
5 im Westen des Allgäus liegt sein Zuhause [...].
Vor 26 Jahren haben Storl und seine Familie
die Zivilisation hinter sich gelassen, soweit das
eben geht, mitten in Europa. Die Einsamkeit
hoch oben auf der Alm ficht Storl nicht an. Sei-
10 ne Freunde sind die Pflanzen. Der promovierte
Ethnologe und Botaniker hat einen Weg gefunden, wie er im Einklang mit der Natur leben
und dank ihrer Erzeugnisse überleben kann. Er
weiß, wie man sich in einer hoch industrialisier-
15 ten Welt weitgehend selbst versorgt – und wie
viel Arbeit das macht.

[...] Nach den langen Wintermonaten [...] ist
seit einer Woche wieder körperliche Arbeit gefragt. Der Garten muss umgegraben, die Beete
20 angelegt werden. Ein Knochenjob.

Der Garten. Eine auf den ersten Blick unordentlich anmutende Fläche hinter dem Wohn-
haus, ein paar wild wuchernde Kräuter, ein paar
Schollen, durchsetzt noch mit Pflanzenresten
25 vom Vorjahr, eine Handvoll Obstbäume. Viel
kleiner, als man annehmen würde bei einem
Stück Land, das eine kleine Familie größtenteils
ernährt. [...]

„Die ersten Winter waren unglaublich hart."
30 Ohne Auto, ohne elektrische Geräte, der einzige
Ofen heizte nur zwei Zimmer, geschlafen wurde
auf Stroh. „Wenn der Schnee hoch lag, kamen
wir oft wochenlang nicht ins Tal", erzählt Storl.
Die Möbel habe er selbst aus gefundenen Holz-
35 resten gezimmert, abends mahlten sie mit der
Hand Getreide, um Brot zu backen.

Bevor der Garten Früchte trug, suchten sie
Wildkräuter, Beeren, Pilze im Wald. [...]

Storl ist in Dresden geboren, als Kind wan-
40 dert er mit den Eltern zuerst nach Westdeutsch-
land, dann in die USA aus. [...] „Amerika war auf

der Suche nach der Wundernahrung, auf dem
Weg in die industrialisierte Landwirtschaft",
sagt Storl. „Die Leute verloren ihre Beziehung
zur Erde, zur Umwelt." [...] 45

Natürlich, gibt er zu, ist sein Leben für viele
eine einzige Plackerei. „Wir wurden oft gefragt,
warum wir uns so plagen, wo doch [...] alles
so billig ist", sagt er und lacht. [...] Das Projekt
Selbstversorgung sei eigentlich etwas für eine 50
Großfamilie oder eine Kommune mit vielen hel-
fenden Händen und viel Wissen, das über Generationen weitergegeben wird, sagt Storl. „Die
meisten Leute haben keine Ahnung, wie lange
es dauert, bis ein Beet richtig angelegt ist, wie 55
viel Zuwendung eine Pflanze braucht, bevor
man von ihr ernten kann oder wie anstrengend
Sauerkraut stampfen ist." Oder wie groß der
Frust ist, wenn über Nacht die spanische Nackt-
schnecke [...] einen Teil der Ernte vernichtet hat. 60
Aber das wird mehr als aufgewogen, findet der
Gärtner, mit der Freude über die erste Brenn-
nesselsuppe im Frühling oder dem Seelenfrie-
den nach einem Tag harter Arbeit im Freien. [...]

Der alte Mann [...] weiß, dass in der Welt da 65
draußen viele nach einem gesünderen Gleichgewicht aus Konsum und Umweltschutz suchen. Viele, die wissen wollen, woher ihr Essen
kommt. Ihnen möchte er sein Wissen weiter-
geben. Und was macht eine Kleinfamilie in der 70
Großstadt, die Eltern voll berufstätig, die Kinder in der Schule, also keine Zeit, sich komplett
selbst zu versorgen? „Sie legt sich einen ganz
kleinen Garten an", sagt Storl [...].

www.fr.de/Nadja Erb

1 *Befrage dich selbst: Könntest du dir ein solches Leben vorstellen?*

2 *Zähle die Vor- und die Nachteile eines solchen Aussteigerdaseins auf.*

Unser Leben in der Einen Welt

Nach dem Zweiten Weltkrieg bezeichnete man die westlichen Industriestaaten als Erste Welt, die kommunistischen Staaten als Zweite Welt und die restlichen Länder, vor allem die Entwicklungsländer, als Dritte Welt. Als sich zu Beginn der 1990er-Jahre der kommunistische Block auflöste, betrachtete man diese Begriffe als veraltet. Vor allem kirchliche und entwicklungspolitische Organisationen haben die Bezeichnung „Eine Welt" geprägt, um den trennenden Blockgedanken zu überwinden und an die gleichberechtigte, gemeinsame Verantwortung aller Menschen für die Welt, in der wir leben, zu erinnern.

Die Ziele der Eine-Welt-Bewegung sind:

- Entwicklungszusammenarbeit,
- Unterstützung von Emanzipations- und Menschenrechtsbewegungen,
- interkulturelle Bildungsarbeit,
- Förderung des Fairen Handels und
- Selbsthilfe von Migranten und Migrantinnen aus Ländern des Südens.

https://de.wikipedia.org

1 *Werte das obere Schaubild aus. In welchen Bereichen siehst du die größten Fortschritte?*

2 *In welchen Bereichen siehst du den größten Nachholbedarf (unteres Schaubild)?*

3 *Nenne drei Maßnahmen, mit denen du den Eine-Welt-Gedanken unterstützen kannst.*

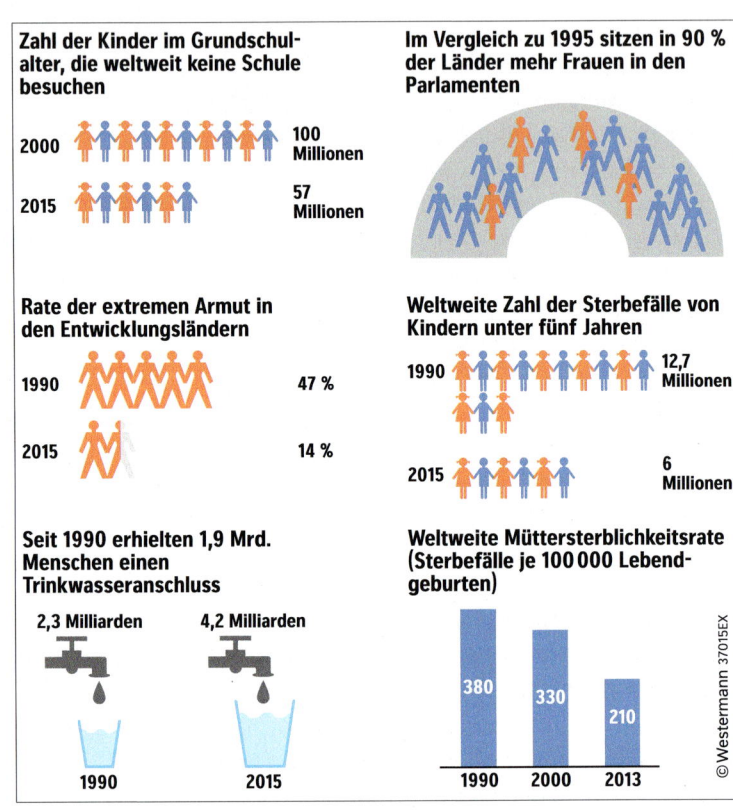

Unser ökologischer Fußabdruck

1 *Definiere den „ökologischen Fußabdruck" mit deinen Worten.*

2 *Schaut euch die einzelnen Angaben zum „Flächenfußabdruck" verschiedener Länder der Erde an. Nennt Gründe für die auffälligen Unterschiede.*

3 *Erstelle deinen persönlichen Fußabdruck unter http://www.fussabdruck.de/. Speichere dein Ergebnis. Lies die vorgeschlagenen Maßnahmen durch.*

   a) Vergleicht eure Ergebnisse in der Klasse.

   b) Nenne drei Maßnahmen, die du sofort umsetzen könntest, um deinen ökologischen Fußabdruck zu verbessern.

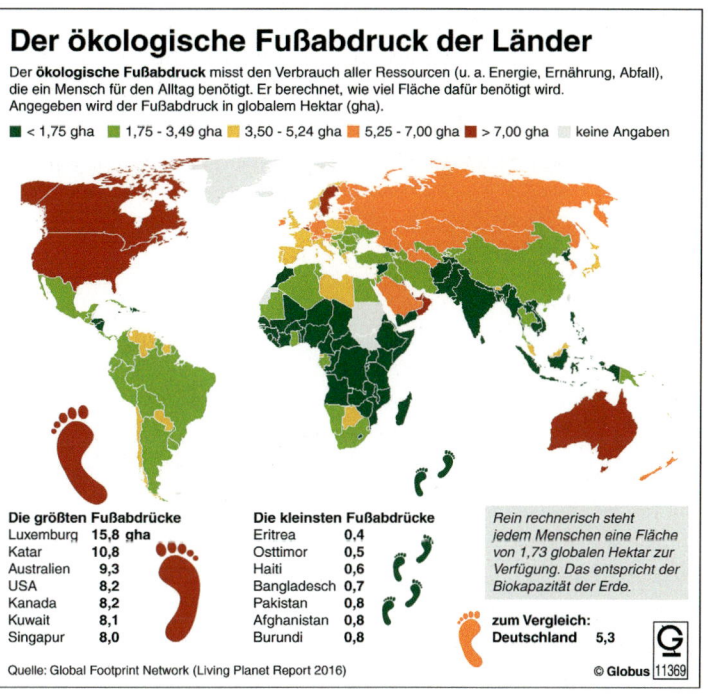

Racheal aus Ghana

Racheal Kumah ist 19 Jahre alt und lernt Schneiderei an einer Berufsschule. Sie verdient noch kein eigenes Geld und wird von ihrer Familie unter-
5 stützt. Ihr ökologischer Fußabdruck beträgt nur **1,1 gha.** Das liegt deutlich unter dem Durchschnitt in Ghana von 1,8 gha.

10 **Ernährung:** Der Bereich Ernährung macht mit Abstand den größten Teil von Racheals Fußabdruck aus (fast 1 gha). Sie isst täglich Fisch. Zweimal pro
15 Woche isst sie außerdem Hühnchen und Eier. Die Lebensmittel, die Racheal isst, sind regional und saisonal und überwiegend nicht industriell verarbeitet. Das ist in Ghana auch preislich am günstigsten.

Wohnen: Racheal wohnt bei ihrer Familie. Hier 20 teilen sich insgesamt neun Personen 20 m² (!). Eine Heizung wird in Kumasi nicht benötigt.

Mobilität: In der Woche fährt Racheal etwa 20 km 25 mit dem Trotro (ein Kleinbus). Oft läuft sie die kurze Strecke zur Schule aber auch.

Konsum: Racheal kann 30 im Monat etwa 20 Cedi (5 Euro) für Konsumgüter ausgeben. Ihre Familie besitzt einen Fernseher. Verpackungsmüll gibt es wenig. Am häufigsten sind Wasserplastikbeutel. Andere Lebensmit- 35 tel sind manchmal in Plastiktüten verpackt, oft aber auch in Bananenblättern.

www.brot-fuer-die-welt.de

4 *Beurteile, was du vom Fußabdruck Racheals aus Ghana lernen kannst.*

Das kann und weiß ich jetzt ...

Darüber weiß ich jetzt Bescheid:

Konsumgüter Produktionskette Rohstoffe Transportwege

Entsorgung CO$_2$-Bilanz ökologische und soziale Bilanz

nachhaltiger und verantwortungsvoller Konsum Regionalität

ökologischer Fußabdruck Gütesiegel für ökologische und

soziale Standards Eine-Welt-Gedanke

1 *Du weißt jetzt viel über Nachhaltigkeit und Umweltschutz. Wie stellst du dir dein Leben mit dem Umweltschutzgedanken vor, wenn du 30 Jahre alt sein wirst? Liste mehrere Punkte auf, die für dich sehr wichtig sein werden.*

2 *Leben wir bereits in der „Einen Welt"? Führe drei Argumente an, die dafür, und drei, die dagegen sprechen.*

Projektidee

„Gesunde Pause"

Ein Leitbild nachhaltigen Konsums ist die Verwendung von saisonalen und regionalen Lebensmitteln, über die ihr auf Seite 176 etwas erfahren habt.

Um dieses Leitbild umzusetzen, könnt ihr das Projekt „Gesunde Pause" an eurer Schule starten. Arbeitet dazu mit lokalen Unternehmen/Lebensmittelläden/Landwirten zusammen, die euch kostenlos übriges Obst oder Gemüse der Saison überlassen können. Diese Lebensmittel können in der Pause an alle Mitglieder der Schulfamilie ausgeteilt werden und als Ergänzung zum mitgebrachten Pausensnack oder einem Mensaangebot vor Ort dienen.

Dabei solltet ihr folgende Sachverhalte im Vorfeld klären:

- Umfang der möglichen Spenden (täglich/wöchentlich),
- Lieferung und Ansprechpartner für die Organisation,
- Helfer beim Verteilen.

Ihr könnt auch zunächst eine Testphase starten und das Feedback der Schüler/Lehrer dazu einholen und auswerten. Mit der richtigen Organisation und Unterstützung könnte daraus in der Folge ein Dauerprojekt werden.

Begriffserklärungen

Ahimsa
(Sanskrit, ahiṃsā, wörtlich das Nicht-Verletzen)
Gewaltlosigkeit – eines der wichtigsten Prinzipien im
Hinduismus und Buddhismus.

Autonomie
Freiheit, Selbstständigkeit, Unabhängigkeit (z. B.
von den Eltern). Der Wunsch nach Autonomie ist
während der Pubertät ganz normal.

Autorität
Ein auf Leistung oder Tradition beruhender Einfluss
einer Person oder einer Institution und daraus
erwachsendes Ansehen. Man unterscheidet zwischen Amtsautorität, Sachautorität und natürlicher
Autorität.

Bedürfnisse
Ein Wunsch oder ein Verlangen nach etwas. Maslow
unterscheidet zwischen Defizit- und Wachstumsbedürfnissen.

Bibel
Umfasst die heiligen Schriften der Juden und Christen. Sie ist unterteilt in das Alte und in das Neue
Testament. Die Schriften des Alten Testamentes,
die die Zeit bis zu → Jesus' Wirken umfassen, bilden
die Glaubensgrundlage der Juden. Für die Christen
gilt zusätzlich auch das Neue Testament, das die
Botschaft von Jesus Christus überliefert, als Wort
Gottes.

Bionik
Lernen von der Natur, indem Naturwissenschaft und
Technik die Lösungen der Natur für ähnliche Proble-
me nachbauen.

Brahman
Die göttliche Ewigkeit in der hinduistischen Welt-
sicht.

Buddha
Den Ehrentitel „Buddha" (= „der Erwachte") erhielt
Siddhartha Gautama, der 563 v. Chr. in Nordindien
geboren wurde.

Buddhismus
Die Religion der Anhänger Buddhas.

buddhistisch
Dem Buddhismus zugehörig, auf dem Buddhismus
beruhend.

Dilemma
Eine Zwangslage, d. h. eine Situation, in der man
sich befindet, wenn man sich zwischen zwei in glei-
cher Weise schwierigen oder unangenehmen Dingen
entscheiden muss.

Ehrenamt
Eine selbstlose Tätigkeit, bei der eine Einzelperson
oder eine Gruppe freiwillig und im Normalfall unentgeltlich Arbeit leistet.

„Eine Welt"
Gedanke der gleichberechtigten und gemeinsamen
Verantwortung aller Menschen für unsere Welt.

Empathie
Die Fähigkeit und Bereitschaft, Empfindungen,
Gedanken, Emotionen, Motive und Persönlichkeitsmerkmale einer anderen Person zu erkennen und zu
verstehen.

Feedback
Eine Rückmeldung oder Reaktion über ein Verhalten, zu deren Gelingen sowohl der Feedback-Geber
als auch der Feedback-Nehmer feste Regeln beachten sollten.

Fremdwahrnehmung
Wahrnehmung einer anderen Person. Wird häufig
mit dem Begriff „Fremdbild" gleichgesetzt.

Freud, Sigmund (1856–1939)
Österreichischer Neurologe und Tiefenpsychologe
und Begründer der Psychoanalyse. Freud gilt als
einer der einflussreichsten Denker des 20. Jahrhunderts.

halal
Halal kann mit „erlaubt" und „zulässig" übersetzt werden und bezeichnet alle Dinge und Handlungen, die nach islamischem Recht zulässig sind.

Hilfsbedürftigkeit
Ein Mensch gilt als hilfe- oder hilfsbedürftig, wenn er materieller Unterstützung oder anderer Formen sozialer, fürsorglicher oder motorischer Unterstützung, Förderung, Begleitung oder Betreuung bedarf.

Hinduismus
Eine der ältesten heute noch existierenden Religionen, die ihren Ursprung in Indien hat.

Identität
Das empfundene Selbst einer Person. Bei der Identitätsfindung geht es um die Kernfrage „Wer bin ich?"

Industrialisierung
Industrialisierung bedeutet im engeren Sinne die Einführung eines technischen Verfahrens, bei dem Produkte nicht mehr von Hand, sondern mithilfe von Maschinen hergestellt werden. Die maschinelle Produktion erlaubt eine schnellere, präzisere und kostengünstige Fertigung in sehr viel höherer Stückzahl als die Handarbeit. Die industrielle Produktionsweise wurde im England des 18. Jahrhunderts entwickelt. Wichtig waren dabei die Erfindung der Spinnmaschine, der Dampfmaschine und der Eisenbahn.
Im weiteren Sinne umfasst Industrialisierung auch den damit einhergehenden rasanten gesellschaftlichen Wandel, der bis heute andauert.
Vorteil der Industrialisierung: Viele Menschen bei uns haben heutzutage einen hohen Lebensstandard. Nachteil: Unser Lebensstandard geht oft zulasten der weniger oder nicht industrialisierten Nationen. Umweltverschmutzung durch Industrie ist ein weltweites Problem geworden.

Islam
Monotheistische Religion, die von Mohammed aus Mekka ca. 600 n. Chr. gegründet wurde.

Jesus Christus
Laut christlichem Glauben der im Neuen Testament dargestellte Sohn Gottes und Messias, der die Menschheit erlösen sollte. Für das Judentum ist Jesus nicht der Sohn Gottes. Der Islam sieht Jesus als einen der Propheten.

Judentum
Die erste große monotheistische Weltreligion, entstanden vor ca. 4000 Jahren im Nahen Osten.

Jugendschutz
Gesetzliche Vorschriften zum Schutz von Kindern und Jugendlichen vor schädlichen Einflüssen in der Öffentlichkeit und in den Medien. Verankert sind diese Vorschriften u.a. im Jugendschutzgesetz (JuSchG).

Karma
Nach den indischen Religionen die Folge guter oder böser Taten, die man im jetzigen oder in einem vergangenen Leben (Konzept der → Reinkarnation) begangen hat.

Klimawandel
Allgemein: Veränderung des Klimas. Der Begriff wird gegenwärtig für die weltweite Erwärmung von Erde, Luft und Wasser verwendet. Fast alle Wissenschaftler sind der Meinung, dass der momentane Klimawandel auf die vom Menschen in Gang gesetzte → Industrialisierung zurückzuführen ist.

Konsum
Einkauf, Nutzung und Verbrauch von Waren oder Dienstleistungen, insbesondere durch Konsumenten für den privaten Gebrauch.

Koran
Die heilige Schrift und Glaubensgrundlage des Islam. Der Korantext ist in 114 Suren (= Reihen) unterteilt.

Körperschaften des öffentlichen Rechts
Einrichtungen, die Aufgaben für den Staat übernehmen, z. B. Krankenkassen, Hochschulen, Sparkassen oder Wasserschutzverbände.

koscher
Lebensmittel, die nach den jüdischen Speisegesetzen zubereitet wurden, nennt man koscher.

Meditation
Anwendung bestimmter Techniken wie Körperhaltung, Atmung und Wiederholen sprachlicher Formeln mit dem Ziel, einen Zustand völliger Konzentration und einen Bewusstseinszustand herbeizuführen, in dem der Meditierende tiefe Wahrheiten erkennt.

Mobbing
Eine Form der Gewalt gegen eine Person über einen längeren Zeitraum hinweg mit dem Ziel der sozialen Ausgrenzung.

Mohammed
(arabisch: Muhammad = der Gepriesene) Glaubensgründer des Islam. Er wurde um 570 n. Chr. in Mekka geboren.

Moksha
Bedeutet in den indischen Religionen die Erlösung aus dem Kreislauf von Geburt – Tod – Wiedergeburt, um in die göttliche Ewigkeit einzugehen.

Monotheismus
Glaube an einen einzigen Gott.

Mythos
Überlieferte Legende oder Erzählung aus alter Zeit, vor allem zu Göttern, Helden, zur Entstehung der Welt und des Menschen.

Nachhaltigkeit
Ein Leitbild für die wirtschaftliche und gesellschaftliche Entwicklung, in der die Lebensbedürfnisse heutiger Generationen befriedigt werden sollen, ohne das gute Leben kommender Generationen zu gefährden.

Nirvana
Den Zustand der vollkommenen Ruhe, der Erleuchtung im Austritt aus dem Kreislauf des → Sansara, nennen die Buddhisten Nirvana.

Normen
Allgemein anerkannte und für eine Gesellschaft gültige und verbindliche Regeln bzw. Verhaltensformen für das Zusammenleben. Eine Norm ist eine Handlungsorientierung bzw. eine Richtschnur, nach der man das eigene Verhalten ausrichten kann.

ökologischer Fußabdruck
Messung des Verbrauchs aller Ressourcen, die ein einzelner Mensch für den Alltag benötigt, sowie die Berechnung der dafür benötigten Fläche.

Optimismus
Einstellung, bei der Positives erwartet wird. Optimisten sind erfolgsorientiert, verfolgen realistische Ziele und haben ein positives Selbstbild.

Peergroup
Eine Gruppe von Gleichaltrigen, die das Verhalten von Jugendlichen insbesondere während der Pubertät wesentlich beeinflusst. Die Peergroup hilft bei der Loslösung vom Elternhaus (→ Autonomie) und ist wichtig für die Entwicklung von Persönlichkeit und Identität.

Pessimismus
Einstellung, bei der Negatives erwartet wird. Pessimisten sind misserfolgsorientiert, verfolgen unrealistische Ziele und haben ein negatives Selbstbild.

Polytheismus
Glaube an viele verschiedene Götter.

Produktivität
Von produktiv abgeleitet: schöpferisch, nutzbringend, effektiv.

Pubertät
Auch Adoleszenz genannt: die zur Geschlechtsreife und zum Erwachsenwerden führende Entwicklung zwischen dem 11. und dem 17. Lebensjahr. Die Pubertät ist mit starken physischen und psychischen Veränderungen verbunden.

Reinkarnation
Vorstellung des Buddhismus und des Hinduismus von der Wiedergeburt der Seele in einem neuen Körper.

Rigveda
Eine um 1200 v. Chr. entstandene Sammlung heiliger Schriften des Hinduismus. Der Rigveda wurde über 2 000 Jahre lang mündlich weitergegeben, bevor er aufgeschrieben wurde.

Riten/Rituale
Festgelegte, seit langer Zeit stets gleich ausgeübte
Bräuche.

Sabbatjahr
Eine einjährige Arbeitspause, abgeleitet vom Alten
Testament, um neue Kräfte zu sammeln.

säkularer Ursprung
Weltlicher, also nicht religiöser Ursprung.

Sansara, auch: Samsara
In den indischen Religionen die Vorstellung vom
Kreislauf des Lebens von der Geburt bis zum Tod
und weiter zur Wiedergeburt.

Sekte
Neutrale Bedeutung: Glaubensgemeinschaft, die
sich von einer größeren Religion abgespaltet hat.
Negative Bedeutung: radikale und stark ideologi-
sierte Gruppe mit Werten, die nicht den ethischen
Grundwerten einer Gesellschaft entsprechen.

Selbstverwirklichung
Die Realisierung der eigenen Wünsche, Ziele und
Sehnsüchte bzw. die völlige Entfaltung seiner eige-
nen Talente und Fähigkeiten. Laut der Maslowschen
Bedürfnishierarchie ist Selbstverwirklichung das
höchste Ziel des Menschen.

Selbstwahrnehmung
Wahrnehmung der eigenen Person. Wird häufig
mit dem Begriff „Selbstbild" gleichgesetzt. Ob die
Selbstwahrnehmung bzw. das Selbstbild positiv
oder negativ ist, hängt vom Selbstbewusstsein und
von der → Selbstwirksamkeit einer Person ab
(→ Optimismus bzw. → Pessimismus).

Selbstwirksamkeit
Die Überzeugung einer Person, auf seine Umgebung
Einfluss nehmen zu können, um z. B. Herausforderungen und Krisen aus eigener Kraft erfolgreich
bewältigen zu können.

Sinn
1. die Fähigkeit, etwas wahrzunehmen und zu empfinden
2. Bewusstsein, Wahrnehmungsfähigkeit
3. Denken, Gedanken
4. Bedeutung, Sinngehalt
5. Ziel und Zweck.

transzendental
Vom lateinischen „transcendere" (= überschreiten)
abgeleitet. Transzendental bezeichnet Bereiche des
Denkens, die über die mit den Sinnen erfahrbare
Wahrnehmung hinausgehen.

Tugend
Darunter versteht man allgemein eine hervorragen-
de Eigenschaft oder vorbildliche Haltung. Im weitesten Sinne ist Tugend jede Fähigkeit, als wertvoll
geltendes Handeln zu vollbringen.

Urnenbestattung
Nach der Einäscherung eines Toten wird die Asche
in einer Urne an einem bestimmten Ort in der Erde
oder einem Urnengrab in einer Friedhofsmauer
bestattet.

Veganer
Vegan lebende Menschen nutzen nichts, was tierischen Ursprungs ist, weder Nahrungsmittel noch
andere Produkte wie Kleidung oder Kosmetik.

Vegetarier
Menschen, die kein Fleisch essen.

zivilgesellschaftlich
Teil der Gesellschaft, der vor allem durch die Bürger
selbst und nicht durch den Staat organisiert wird.

Stichwortverzeichnis

Quellennachweis

Text

S. 6: Wenn die Gefühle Achterbahn fahren. http://www.bravo.de/dr-sommer/stimmungsschwankungen-warum-du-sie-hast-was-dagegen-hilft-235605.html (29.09.2017); **S. 8 f.:** Evelyn Wenzel: Die fünf „Wut-Faktoren". http://lebensfreude-evelyn-wenzel.com/2015/ueberreagiert-5-wege-emotionalen-stress-souveraen-zu-meistern/ (29.09.2017); **S. 10 f.:** Emotionen kontrollieren. https://gedankenwelt.de/4-schritte-um-wut-unter-kontrolle-zu-bringen/ (29.09.2017); **S. 16:** Regeln beim Feedback-Geben. http://www.teachsam.de/psy/psy_kom/psy_kom_2_3_5_2.htm; Creative Commons Lizenz „CC-BY-SA 4.0" (29.09.2017); **S. 16 f.:** Regeln beim Feedback-Nehmen. http://www.teachsam.de/psy/psy_kom/psy_kom_2_3_4_3_2.htm; Creative Commons Lizenz „CC-BY-SA 4.0" (29.09.2017); **S. 21:** Identitätsfindung. http://www.praxis-jugendarbeit.de/jugendarbeits-blog/15-Identitaetsuche-bei-Jugendlichen.html (29.09.2017); **S. 24:** „Peergroup. Uta Reimann-Höhn. https://www.elternwissen.com; https://www.elternwissen.com; (29.09.2017)"; **S. 25:** Gruppenentwicklung. Ingeborg Prändl. http://gesellschaft.psycho-wissen.net/entwicklung-von-gruppen/index.html (29.09.2017); **S. 26:** Carolin Schneider: Neue Freunde. https://www.e-stories.de/view-kurzgeschichten.html?12178 (29.09.2017); **S. 31:** Text für Schaubild Streitschlichtung:. http://www.gertrud-baeumer-schule.de/media/bilder/streitschlichter/streitschlichtung.jpg (29.09.2017); **S. 32:** Konfliktlösungsstrategien. http://wiki.brainstorm-werbung.de/index.php?title=Konfliktmanage-ment (29.09.2017); **S. 33:** Paulas Problem. Lickona, Thomas: Wie man gute Kinder erzieht! Die moralische Entwicklung des Kindes von der Geburt bis zum Jugendalter und was Sie dazu beitragen können. Übersetzt von Wolfgang Althof. München: Kindt, 1989 (ISBN 978-3925412097); **S. 33:** Das Geheimversteck. Lickona, Thomas: Wie man gute Kinder erzieht! Die moralische Entwicklung des Kindes von der Geburt bis zum Jugendalter und was Sie dazu beitragen können. Übersetzt von Wolfgang Althof. München: Kindt, 1989 (ISBN 978-3925412097); **S. 33:** Mücken. Georg Lind: Moral ist lehrbar. Hg. v. Wilhelm H. Peterssen. Logos Berlin, 3. Aufl. 2015 (ISBN: 978-3832541231); **S. 34 f.:** Hans Martin Große-Oetringhaus: Faustrecht. Tatort Klassenzimmer. Texte gegen Gewalt in der Schule. Arena Verlag, Würzburg 1994 (ISBN 978-3401017846); **S. 37:** Mobbing. http://www.schueler-gegen-mobbing.de/mobbing-in-der-schule/ (29.09.2017); **S. 38:** Text des Schemas „Akteure im Mobbingprozess". Sebastian Stolte. http://www.bpb.de/lernen/grafstat/mobbing/46570/info-02-05-rollenschema; erschienen am 30.06.2010 (29.09.2017); **S. 39:** Was kann mann gegen Mobbing tun?. http://www.schueler-gegen-mobbing.de/mobbing-in-der-schule/ (29.09.2017); **S. 42:** Hilfsbedürftigkeit. http://de.wikipedia.org/wiki/Hilfsbedürftigkeit; Creative Commons Lizenz „CC-BY-SA 3.0" (04.01.2018); **S. 43:** § 9 Abs. 1 SGB II. https://www.gesetze-im-internet.de/sgb_2/__9.html (04.01.2018); **S. 44:** Monika Feth: Die blauen und die grauen Tage (cbt, München 2014; ISBN 978-3570309353); **S. 44 f.:** Monika Feth: Die blauen und die grauen Tage (cbt, München 2014; ISBN 978-3570309353); **S. 45:** Monika Feth: Über mich. http://www.monika-feth.de/Mo_Feth/buch_0/ubermich.htm (04.01.2018); **S. 46:** Empathie, Tugend, Soziales. https://de.wikipedia.org/wiki/Empathie   https://de.wikipedia.org/wiki/Tugend; Creative Commons Lizenz „CC-BY-SA 3.0" https://de.wikipedia.org/wiki/Sozial; Creative Commons Lizenz „CC-BY-SA 3.0" (04.01.2018); **S. 48:** SOS-Einrichtungen im Überblick. Nach https://www.sos-kinderdoerfer.de/informationen/organisation/sos-zahlen-fakten (04.01.2018); **S. 51:** Ehrenamt. Nach https://de.wikipedia.org/wiki/Ehrenamt; Creative Commons Lizenz „CC-BY-SA 3.0" (04.01.2018); **S. 51:** Lebenshilfe Memmingen schafft 15 Plätze im Bundesfreiwilligendienst. Marcel Salzberger und Carolin Reiche. https://www.bundesfreiwilligendienst.de/menschen-im-bfd/freiwillige-im-einsatz/detail/news/detail/News/lebenshilfe-memmingen-schafft-15-plaetze-im-bun-desfreiwilligendienst-1.html (04.01.2018); **S. 52:** Nach http://www.children.de/was-wir-tun/jugend-hilft/ (01.02.2018); **S. 60:** Zitat Bertrand Russell. http://www.pflanzen-forschung-ethik.de/ethik/natuerlichkeit.html; **S. 61:** Bayerische Verfassung, Artikel 141. http://www.gesetze-bayern.de/Content/Document/BayVerf-141; **S. 62:** Clemens Arvay: Mein Freund, der Baum. https://www.3sat.de/page/?source=/wissenschaftsdoku/192197/index.html (09.01.2018); **S. 65:** Was fühlen Tiere; Freundschaft; Treue; Liebe; Angst. https://www.gut-aiderbichl.com/fileadmin/user_upload/kolumnen/Kol_20160713_AkteTier_WasfuehlenTiere.pdf; erschienen 13.07.2018 (09.01.2018); **S. 68:** § 90a BGB. https://www.gesetze-im-internet.de/bgb/__90a.html (09.01.2018); **S. 69:** Tierversuche. https://www.tierversuche-verstehen.de/zahlen-und-fakten/ (09.01.2018); **S. 70:** Otti Wilmans: Die fünf wichtigsten Argumente für den Naturschutz . Nach https://www.zobodat.at/pdf/Mitt-Bad-Landesver-Natkde-Natschutz-Freiburg_NF_14_0477-0481.pdf (09.01.2018); **S. 70:** §1 Bundesnaturschutzgesetz vom 29.07.2009. https://www.gesetze-im-internet.de/bnatschg_2009/__1.html (09.01.2018); **S. 71:** Der Ruf nach Wildnis macht Förster wild. Gekürzt nach http://www.mittelbayerische.de/region/kelheim/gemeinden/abensberg/der-ruf-nach-wildnis-macht-foerster-wild-21078-art1312198.html; erschienen 28.11.2015 (09.01.2018); **S. 75:** Johann Wolfgang von Goethe: Gesang der Geister über den Wassern. Zit. nach: Werke. Hamburger Ausgabe. Band I, S. 43. dtv München, 1982, ISBN 3-423-05986-9; **S. 76:** Bibelzitate. Die Bibel nach Martin Luthers Übersetzung, revidiert 2017, © 2016 Deutsche Bibelgesellschaft, Stuttgart; **S. 76:** Papst Franziskus, Enzyklika Laudato si': über die Sorge für das gemeinsame Haus, Stuttgart Katholisches Bibelwerk 2015; **S. 76:** „Koran Sure 7,56. Der Koran: Das heilige Buch des Islam von L. W. Winter (Bearbeitung), Ludwig Ullmann (Übersetzer), Goldmann München 1986 (ISBN 978-3442086139); **S. 76:** Vereinte Nationen: Transformation unserer Welt: die Agenda 2030 für nachhaltige Entwicklung, Präambel . http://www.un.org/Depts/german/gv-70/band1/ar70001.pdf?OpenElement (09.01.2018); **S. 76:** Bayerische Verfassung, Artikel 131 (2). http://www.gesetze-bayern.de/Content/Document/BayVerf-131 (09.01.2018); **S. 80:** Ein Schöpfungsmythos aus dem Rigveda. Dietrich Steinwede und Dietmar Först: Die Schöpfungsmythen der Menschheit. Düsseldorf: Patmos 2004; **S. 82:** Vegetarismus im Hinduismus. Saskia Erfurth, wk, jb, cn. https://www.religionen-entdecken.de/lexikon/e/essen-im-hinduismus (09.01.2018); **S. 82:** Ahimsa. https://de.wikipedia.org/wiki/Ahimsa (09.01.2018); **S. 83:** Die Kloster-Kids in Laos. Dein Spiegel 03/10, S. 10 ff. (gekürzt und verändert); **S. 85 f.:** Bibelzitate. Die Bibel nach Martin Luthers Übersetzung, revidiert 2017, © 2016 Deutsche Bibelgesellschaft, Stuttgart; **S. 87:** Koran, 6. Sure. Der Koran: Das heilige Buch des Islam . von L. W. Winter (Bearbeitung), Ludwig Ullmann (Übersetzer), Goldmann München 1986 (ISBN 978-3442086139); **S. 89:** Bibelzitate. https://www.bibleserver.com (Einheitsübersetzung 2016) (09.01.2018); **S. 90:** Bibelzitat. https://www.bibleserver.com (Einheitsübersetzung 2016) (09.01.2018); **S. 90:** Lebensmittelkennzeichnung. http://www.bvl.bund.de/DE/01_Lebensmittel/03_Verbraucher/02_KennzeichnungLM/01_Ueberblick/lm_kennzeichnung_lebensmittel_Ueberblick_node.html (09.01.2018); **S. 96 f.:** Nele Schade: Schweigend betreten sie das Schulgebäude – Schule in China. http://www.faz.net/aktuell/gesellschaft/jugend-schreibt/schule-in-china-schweigend-betreten-sie-das-schulgebaeude-14592416.html; erschienen 03.01.2017 (14.11.2017); **S. 98:** Zitat Paul Watzlawik. https://www.spruch-des-tages.org/zitate/2775-wer-zu-sich-selbst-finden-will-darf-andere-nicht-nach-dem-weg-fragen (14.11.2017); **S. 98:** Zitat Elias Fischer. http://www.lebeblog.de/sich-selbst-verwirklichen/ (14.11.2017); **S. 99:** Elli Michler: Ich wünsche dir Zeit. Elli Michler: Ich wünsche Dir Zeit für ein glückliches Leben Don Bosco Verlag München 2011, S. 30 f. (ISBN: 978-3769818765);

S. 101: Begriff „Autorität". https://www.duden.de/rechtschreibung/Autoritaet (14.11.2017); **S. 102:** Normen (1. Absatz Text). Birkner, Heim, Pflüger: Ethik 7/8 (Schroedel, ISBN 978-3-427-30015-1); **S. 104:** Experimenter – Die Stanley Milgram Story (Film 2015). AFP oc. https://www.welt.de/gesundheit/psychologie/article132106488/Zweifel-an-Resultaten-des-Milgram-Experiments.html; erschienen 10.09.2014 (14.11.2017); **S. 108:** Sinn des Lebens. https://de.wikipedia.org/wiki/Sinn_des_Lebens; Creative Commons Lizenz „CC-BY-SA 3.0" (14.11.2017); **S. 109:** „Erwin Strittmatter. http://www.zitate-online.de/literaturzitate/allgemein/16243/der-sinn-meines-lebens-scheint-mir-darin.html (14.11.2017); Dalai Lama: http://www.zitate-online.de/literaturzitate/allgemein/17662/der-sinn-des-lebens-besteht-darin-gluecklich-zu-sein.html; ; Mark Twain: http://www.lebens-zitate.de/die-beiden-wichtigsten-tage-deines-lebens-sind-der-tag-an-dem-du-geboren-wurdest-und-der-tag-an-dem-du-herausfindest-warum-mark-twain/; Leo Tolstoi: https://gutezitate.com/zitat/209470; Hermann Hesse. http://www.zitate-online.de/literaturzitate/allgemein/19493/wir-verlangen-das-leben-muesse-einen-sinn.html (14.11.2017)"; **S. 110:** Die Geschichte vom Fischer. John Strelecky, Das Café am Rande der Welt, übersetzt von Bettina Lemke; dtv Verlag, München 2016, (ISBN978-3-423-20969-4), S. 63 – 66; **S. 111 oben:** Klappentext Strelecky. Die Geschichte vom Fischer. John Strelecky, Das Café am Rande der Welt, übersetzt von Bettina Lemke; dtv Verlag, München 2016, (ISBN978-3-423-20969-4); S. 111 unten: Text Strelecky. John Strelecky, Das Café am Rande der Welt, übersetzt von Bettina Lemke; dtv Verlag, München 2016, (ISBN978-3-423-20969-4); S. 49 f.; **S. 114:** Sekte [neutral]. https://de.wikipedia.org/wiki/Sekte; Creative Commons Lizenz „CC-BY-SA 3.0" (14.11.2017); **S. 114:** Sekte [negativ]. Carsten Upadek. https://www.planet-wissen.de/kultur/religion/jenseits_der_traditionellen_kirchen/index.html (14.11.2017); **S. 114:** Text Sekten. Jane Baer-Krause. https://www.religionen-entdecken.de/eure_fragen/woran-erkenne-ich-eine-gefaehrliche-sekte (14.11.2017); **S. 115 f.:** „Ich habe keine Wurzeln und keine Kraft zu fliegen". http://www.spiegel.de/lebenundlernen/schule/zwoelf-staemme-wie-eine-aussteigerin-versucht-ins-leben-zu-finden-a-944962.html (14.11.2017); **S. 120:** Das Kinder-Hospiz Sternenbrücke. https://sternenbruecke.de/de-de/sternenbruecke/?gclid=EAIaIQobChMI4NzEutuD1wIVBZ8bCh1tJgVNEAAYBCAAEgJrevD_BwE (14.11.2017); **S. 121:** Die Sterbephasen nach Kübler-Ross . Schäper, Sabine/Wlmes Andrea: Sterben und Tod, 1. Auflage, Troisdorf: Bildungsverlag EINS, 2009, S. 15; **S. 122:** Zitat Freud. Freud: http://gutenberg.spiegel.de/buch/kleine-schriften-i-7123/38 (05.12.2017); **S. 123:** Aus einem Trauerratgeber. https://www.trauer.de/trauer-und-trost/trauerhilfe2/die-trauerphasen (05.12.2017); **S. 124:** Klappentext Samuel Koch: Chrisoph Fasel, Samuel Koch: Zwei Leben. adeo Verlag; 4. Auflage 2012 (ISBN 978-3942208536); **S. 125:** Samuel Koch im Interview: Alles kann sich so schnell ändern. http://www.augsburger-allgemeine.de/panorama/Samuel-Koch-im-Interview-Alles-kann-sich-so-schnell-aendern-id35445322.html; erschienen 10.09.2015 (05.12.2017); **S. 126:** Lisas Schule plant einen großen Spendenlauf . http://www.augsburger-allgemeine.de/augsburg-land/Hilfe-aus-Meitingen-fuer-Nele-id38208247.html; erschienen 22.06.2018 (05.12.2017); **S. 127:** Lisa ist endlich wieder daheim. http://www.augsburger-allgemeine.de/augsburg-land/Zweimal-die-Diagnose-Leukaemie-Nele-ist-endlich-wieder-daheim-id40399537.html (05.12.2017); **S. 127:** Klappentext John Green: John Green: Das Schicksal ist ein mieser Verräter, übersetzt von Sophie Zeitz-Ventura; Carl Hanser; 29. Auflage 2012 (ISBN 978-3446240094); **S. 129:** Zitat Williams. FLOW Achtsamkeit, Hamburg, 2015, S. 170; **S. 132:** Glückliche Kindheit – und jetzt? Gabriele Herfort. https://www.beobachter.ch/familie/erziehung/erziehung-so-macht-man-kinder-glucklich; erschienen 15.09.2017 (15.09.2017); **S. 134:** Zitat Kirpal Singh. https://www.gluecksarchiv.de/flow/flow.htm (15.09.2017); **S. 135:** Eine kleine Achtsamkeitsübung für jeden. https://www-de.scoyo.com/eltern/familie/freizeit/achtsamkeitsuebungen-fuer-kinder (15.09.2017); **S. 135:** Zitate von John Wooden.

https://www.goodreads.com/quotes/234201-never-try-to-be-better-than-someone-else-learn-from. https://www.goodreads.com/quotes/11938-do-not-let-what-you-cannot-do-interfere-with-what; S. (eigene Übersetzung) (15.12.2017): ; **S. 136:** Flow – der Weg zum Glück durch Tätigsein und Zitat Csikszentmihalyi. http://www.lernwerk.de/service/tipps-fuer-eltern/flow-der-weg-zum-glueck-durch-taetigsein.html (15.09.2017); **S. 137:** Achtsamkeit mit dem anderen – Glück durch Aufmerksamkeit. Jutta Vogt-Tegen. https://www.dastutmirgut.net/achtsamkeits-impuls-wertschaetzung-menschen-gegenueber/ (15.09.2017); **S. 137:** Eine Geschichte der Achtsamkeit. Frank Rettweiler. http://www.balanced-mind.de/?p=58 (15.09.2017); **S. 138:** Soziale Bindung – Glück durch ein Miteinander. https://www.sinndeslebens24.de/ergebnisse-der-gluecksforschung-was-macht-uns-gluecklich; erschienen 22.12.2017 (15.09.2017); **S. 142:** Zitat Erich Fromm (oben). Psychoanalyse und Ethik. Bausteine zu einer humanistischen Charakterologie, in: Erich-Fromm-Gesamtausgabe (GA) Band II, dtv-Verlag, S. 115; **S. 142:** Zitat Erich Fromm (unten). Psychoanalyse und Ethik. Bausteine zu einer humanistischen Charakterologie, in: Erich-Fromm-Gesamtausgabe (GA) Band II, dtv-Verlag, S. 120; **S. 146:** Zitat Robert Kennedy. http://www.deutschlandfunk.de/bruttoinlandsprodukt-ein-mysterium.1310.de.html?dram:article_id=194402; erschienen 22.12.2017 (15.01.2018); **S. 149:** Bin ich schön? Katrin Schönfeld. https://www.helles-koepfchen.de/artikel/2775.html (15.01.2018); **S. 155:** Tabelle Internetnutzung. dpa. http://www.t-online.de/leben/familie/erziehung/id_69181226/bitkom-studie-so-viel-zeit-verbringen-kinder-im-internet.html (22.10.2017); **S. 157:** Klappentext: Florian Buschendorff: Ich werde YouTube-Star! Verlag an der Ruhr 2017 (ISBN 978-3834635433); **S. 157:** Text Nutzung Online-Netzwerke. dpa. http://www.zeit.de/news/2012-08/20/internet-fast-eine-stunde-am-tag-fuers-online-netzwerk-20151603 (22.10.2017); **S. 157:** Text Nutzung und Interaktion im Internet. Anja Monz, Ronald Schäfer, Elke Lehmann. http://sicherheitmachtschule.blob.core.windows.net/mediabase/pdf/2466.pdf, S. 12 (22.10.2017); **S. 158:** … und Schatten. https://www.internet-abc.de/eltern/familie-medien/gefahren-und-schutz-viren-mobbing-werbung-datenschutz/welchen-gefahren-sind-kinder-im-internet-ausgesetzt/ (22.10.2017); **S. 160:** Urheberrecht. http://www.br.de/sogehtmedien/medien-basics/urheberrecht/unterrichtsmaterial-medien-basics-urheberrecht-informationen-100.html (22.10.2017); **S. 162:** §22 und §33KunstUrhG:. https://www.gesetze-im-internet.de/kunsturhg/__22.html;. https://www.gesetze-im-internet.de/kunsturhg/__33.html;. (22.10.2017); **S. 163:** http://www.bpb.de/politik/grundfragen/politik-einfach-fuer-alle/258073/fake-news; erschienen 13.10.2017 (04.05.2018); **S. 164:** Geht das? Ein Tag ohne digitale Daten?. http://www.klicksafe.de/fileadmin/media/documents/pdf/klicksafe_Materialien/Lehrer_Lehrerhandbuch/LH_Baustein_8.pdf, S. 283 (22.10.2017); **S. 165:** Regeln für die sozialen Netzwerke. http://www.sicherheit-macht-schule.de/Materialien/230_Materialkatalog.htm?folder=20 (22.10.2017); **S. 166:** Text oben: Computerspiele. https://www.medienfuehrerschein.bayern.de/Unterrichtseinheit.d1038.pdf (22.10.2017); **S. 166:** Zeitungsbericht Happy Slapping. Ralph Hub. http://www.abendzeitung-muenchen.de/inhalt.happy-slapping-in-schwabing-jugendliche-schlagen-professor-und-filmen-per-handy.6d206d46-fc67-463e-b7e6-8d64116d5e60.html; erschienen 15.05.2014 (22.10.2017); **S. 167:** Aufgabe 14, Rollenspiel. Maren Gaidies und Sascha Neuroh. http://www.teachtoday.de/mediabase/pdf/699.pdf (22.10.2017); **S. 175:** „Zu gut für die Tonne". http://www.magazin-restkultur.de/zu-gut-fuer-die-tonne/ (gekürzt) (19.01.2018); **S. 175:** Tipps. Nach https://www.zugutfuerdietonne.de/was-kannst-du-dagegen-tun/ (19.01.2018); **S. 176:** Leitbild „Nachhaltigkeit". Karl von Koerber. http://www.bzfe.de/_data/files/eif_2014_09-10_5-dimensionen_nachhaltige-ernaehrung.pdf, S. 261 (19.01.2018); **S. 177:** Lebensmittelzusatzstoffe. https://www.bvl.bund.de/DE/01_Lebensmittel/03_Verbraucher/05_Zusatzstoffe/lm_zusatzst_node.html (19.01.2018); **S. 178:** „Wichtige Gütesiegel.

Georg Abel und Saphir Robert, hg. v. Die VERBRAUCHER INITIATIVE e. V und Bayer. Staatsm. d. Justiz.; https://label-online.de/fileadmin/user_upload/pdf/Broschüre_Gütesiegel_in_Bayern.pdf (19.01.2018)"; **S. 179:** Der Aussteiger. Nadja Erb. http://www.fr.de/fr-serien/arbeit—unsere-religion-/selbstversorger-der-aussteiger-a-465138; erschienen 29.04.2015 (19.01.2018); **S. 180:** Text Unser Leben in der Einen Welt. https://de.wikipedia.org/wiki/Eine_Welt; Creative Commons Lizenz „CC-BY-SA 3.0 (19.01.2018); **S. 181:** Racheal aus Ghana. Johannes Küstner. https://info.brot-fuer-die-welt.de/sites/default/files/blog-downloads/racheal_aus_ghana.pdf (19.01.2018);

Bild
|123RF GmbH, Berlin: alexmaster 93; auremar 112; Benoit Daoust 78; gbh007 58; ggfoto 87; rafaelbenari 79; saksoni 20; slplondon 120 oben rechts; topphotoengineer 107; wavebreakmediamicro 22. |123RF.com, Hong Kong: dummit 66. |akg-images GmbH, Berlin: 47, 88, 122 oben; Erich Lessing 119 unten links; Science Photo Library 85; Wittenstein 47. |alamy images, Abingdon/Oxfordshire: Far East Illustrated 92; MediaPunch Inc 49; Realy Easy Star/Tullio Valente 79. |Animal Rights Watch e.V., Aalen: 68. |APA-PictureDesk GmbH, Wien: 136. |Arco Images GmbH, Lünen: K. Irlmeier 87. |ASB Arbeiter-Samariter-Bund, Köln: 50. |Bassermann Verlag, München: Ludwig Thoma, Ein Münchner im Himmel, 978-3-8094-1870-2 119. |Bayerisches Staatsministerium für Ernährung, Landwirtschaft und Forsten, München: Freistaat Bayern 178, 178. |BilderBox Bildagentur GmbH, Breitbrunn/Hörsching: 118. |Bioland e.V., Esslingen: 178. |Blickwinkel, Witten: J. S. Pfeiffer 77. |Brot für die Welt - Evangelischer Entwicklungsdienst, Berlin: Frank Schultz 181. |Bundesministerium für Ernährung und Landwirtschaft (BMEL), Bonn: 178. |Carl Hanser Verlag, München: John Green: Das Schicksal ist ein mieser Verräter, © 2012, ISBN 978-3-446-24009-4 127. |Children for a better World e.V., München: 52. |Colourbox.com, Odense: 17, 89; © Kzenon 143; Hans Prinsen 118; HighwayStarz 167. |Courtesy of DesignCrowd.com, NSW Australia: Baby elephant' Photoshop submission by ch123 from the Hoaxes 2 contest on Worth1000 163 unten. |Das Europäische Halal Zertifizierungsinstitut, Hamburg: 88. |DLRG Deutsche Lebens-Rettungs-Gesellschaft e.V., Bad Nenndorf: 50. |dreamstime.com, Brentwood: © Blackzheep 154; © Freeskyline 161; © Monkeybusinessimages 132; © Rchphoto 144; © Stokkete 132. |DRK, Berlin: 50. |Erb, Nadja, Frankfurt: 179. |Eulabel.de: 73. |F1online digitale Bildagentur GmbH, Frankfurt/M.: Naturbild RF 64; Ojo Images 120 unten mitte. |Feth, Monika, Nörvenich: Copyright Peter Godry 45. |fotolia.com, New York: 50, 90, 162; adimas 64; Discovod 64; drubig-photo 148; fotovika 15; Gingell, Ben 120 unten Mitte; Irina Fischer 70; Kaesler Media 171; Kaiser, Anja 84; Karol Zielinski 120 unten rechts; lassedesignen 10; M. Klug 22; nothingbutpixel 57; oneinchpunch 169; paulm41 66; pit24 64; Thomas Pajot 19; weseetheworld 122 links unten. |Gerth Medien GmbH, Asslar: ©2012 adeo-Verlag 124. |Getty Images, München: © 2010 The Denver Post, MediaNews Group 134; 2009 Tom Stoddart 172; AFP 79; imageBROKER/Daniel Kreher 59; Time & Life Pictures/Howard Sochurek 47. |Getty Images - Lonely Planet Images, München: Christian Thiel 41. |Gut Aiderbichl, Salzburg: 65, 65, 65. |Haitzinger, Horst, München: 60. |Happy Planet Index, London: 146, 147. |Imago, Berlin: Metodi Popow 100. |Internationaler Verband der Naturtextilwirtschaft e.V. (IVN), Berlin: 178. |iStockphoto.com, Calgary: 68; 161378366 159 unten; AntonioGuillem 5; Bojan89 177; BraunS Titel; DGLimages 42; diego_cervo 100; drbimages 5; fatido 93; Geber86 130; Georgijevic 5; hadynyah 81; kamilpetran Titel; Kristina Kokhanova 113; kzenon 118; martin-dm 112; monkeybusinessimages 22; nullplus 129; Ratana21 171; Sandra Dombrovsky 87; simarik 171; stocknroll 150; swissmediavision 86, 93; Syldavia 5; valentinrussanov 63; Volodymyr_Plysiuk 64; Wavebreakmedia 55; Westend61 132; Wicki58 182; zdravinjo 100; © BalkansCat 41. |Johanniter-Unfall-Hilfe e.V., Berlin: Michael Bellaire 50. |JOKER: Fotojournalismus, Bonn: Ralf Gerard 58. |laif, Köln: Cai Weishuai/ChinaFotoPress 97; Naftali Hilger 57. |linksjugend [,solid]: 151. |Malteser Hilfsdienst e.V., Köln:

50. |Marine Stewardship Council (MSC), Berlin: 178. |Martina Reithofer Photography, Graz: 62. |mauritius images GmbH, Mittenwald: Zoonar GmbH / Alamy 64. |Max-Planck-Institut für biologische Kybernetik, Tübingen: Ivelina Piryankova; Betty Mohler 14. |mpfs - Medienpädagogischer Forschungsverbund Südwest c/o Landesanstalt für Kommunikation Baden-Württemberg (LFK), Stuttgart: 156. |OEKO-TEX® Service GmbH, Zürich: 72. |OKAPIA KG - Michael Grzimek & Co., Frankfurt/M.: B. & H. Kunz 63. |PantherMedia GmbH (panthermedia.net), München: 130; 20128819 41; Garetsworkshop 2; martinan 93; sangoiri 105; shalamov 130; totalpics 176; zagorodnaya Titel. |Photocase GmbH, Berlin: 2016 criene 132. |Picture-Alliance GmbH, Frankfurt/M.: 48, 49, 119 oben links; abaca 49; AP Photo 49; AP Photo/Alan Diaz 77; Arco Images 71; blickwinkel 83; blickwinkel/imagesandstories 171; Carsten Rehder 59; CHROMORANGE / M. Runkel 60; dpa 20, 49, 53, 56, 65, 69, 88, 119 oben rechts, 142; dpa / Bothma Titel; dpa Themendienst 5; dpa-Fotoreport/Brakemeier, Tim 47; dpa-infografik 18; dpa-infografik GmbH 43, 174, 174, 180 unten, 181; dpa/Andreas Gebert 41; dpa/R. Jensen 175; dpa/Reichel, Michael 54; Geisler-Fotopress 124 oben rechgts; Haas, Robert 49; Imaginechina / dpa 169; Ingo Wagner 79; Kochetkov 41; LaPresse/Daniele Badolato 100; Manfred Neubauer 63; Martin Schutt 143; Meinrad Schön 124 oben links; NurPhoto 82; Peter Bandermann/Ruhrnachrichten 163; Rolf Kremming 93; Sven Hoppe/dpa 59; Winfried Rothermel 100; Yonhap 88; ZB/Kalaene, Jens 72. |Pitopia, Karlsruhe: fotosobo, 2011 118. |RAL gemeinnützige GmbH, Bonn: 73. |Rink, Wolfgang, Northeim: 79. |Schroeder, Mike / argus, Hamburg: 169. |Shutterstock.com, New York: Budimir Jevtic 100; CREATISTA 24; Gelpi 133; jon alkain 79; JuJik 89; ssuaphotos 66; Tomasz Wozniak 144 unten; WeStudio 171; Wolfilser Titel. |SOS-Kinderdorf e.V., München: 48. |SPIEGEL ONLINE GmbH & Co. KG, Hamburg: 7. März 2018 115. |Stiftung Schüler Helfen Leben b.R., Neumünster: 52. |Stiftung Warentest, Berlin: 178. |stock.adobe.com, Dublin: Anastasia 151; blackday 150; kristall 120 oben links; mario_vender Titel; Robert Kneschke Titel; Syda Productions Titel; takada hiroto 63 oben links; © Picture-Factory 133 oben; © thelefty 141; © VRD 59; ©absolutimages 159 2. v. unten; ©akhenatonimages 20; ©AntonioDiaz 16; ©ArtushFoto 113; ©AVTG 66; ©Baltazar 75; ©bluedesign 59; ©David Pereiras 9, 9, 9, 9; ©Dmitri MIkitenko 22; ©draghicich 113; ©Drobot Dean 166; ©eyetronic 113; ©Flamingo Images 22; ©industrieblick 20; ©ink drop 107; ©itakdalee 26; ©Janina Dierks 36; ©Jürgen Fälchle 155; ©kyrinethron 81; ©Lisa F. Young 156; ©magicbeam 57 oben links; ©matrix66 59; ©MIKE RICHTER 171; ©Milles Studio 153; ©Monart Design 159 2. v. oben; ©Patryk Kosmider 66; ©Rasulov 12; ©reddees 82 unten; ©Robert Kneschke 42; ©Sabphoto 5; ©Sergey Nivens 21; ©Syda Productions 93; ©WavebreakMediaMicro 113; Мар'ян Філь 159 oben. |TCO Development, Stockholm: 73. |TransFair e.V., Köln: 178; Nathalie Bertrams 177 oben. |VDE Prüf- und Zertifizierungsinstitut GmbH, Offenbach: 178. |Verlag an der Ruhr GmbH, Mülheim an der Ruhr: Florian Buschendorff: Ich werde YouTube-Star!, 2017 157. |Verlagsgruppe Random House GmbH, München: Monika Feth: Die blauen und die grauen Tage / erschienen im cbt Verlag, München 44. |Visum Foto GmbH, München: Jiri Rezac 77; Werner Rudhart 66. |WetterOnline GmbH / www.wetteronline.de, Bonn: 77. |wikimedia.commons: Beek100/Lizenz: CC-BY-SA 3.0 170; CC BY 2.0 89; Geni 20; MLWatts/gemeinfrei 95. |© dtv Verlagsgesellschaft, München: 111.

Wir arbeiten sehr sorgfältig daran, für alle verwendeten Abbildungen die Rechteinhaberinnen und Rechteinhaber zu ermitteln. Sollte uns dies im Einzelfall nicht vollständig gelungen sein, werden berechtigte Ansprüche selbstverständlich im Rahmen der üblichen Vereinbarungen abgegolten.